从零开始学

从零开始学炒新三板 (白金版)

陆 佳 周 峰 编著

清华大学出版社

北 京

内 容 简 介

为了能够让更多投资者正确地掌握新三板交易和上市技巧,本书首先讲解新三板的基础知识,即新三板的历史、性质、前景、特点、功能、相关名词解释、新三板与沪深交易所的区别、新三板行情分析软件、新三板股票投资的优势;接着讲解新三板交易的方法与技巧,即新三板的交易指南、分析技术、K 线、均线、趋势、形态、各种技术指标(如 KDJ、MACD 等);然后讲解新三板上市的方法与技巧,即新三板的挂牌条件、挂牌企业的改制、主力券商的推荐、企业的挂牌审核以及新三板的融资、并购、信息披露、银行融资产品;最后讲解新三板的投资案例。

本书结构清晰、功能详尽、实例经典、内容全面、技术实用,在讲解过程中既照顾了读者的学习习惯,又通过具体实例剖析了新三板交易与上市中的热点问题、关键问题及种种难题。

本书适用于所有投资者,即新老三板、股票、期货、大宗商品、黄金、白银等的投资者和爱好者以及有志于在这个充满风险、充满寂寞的征程上默默前行的征战者和屡败屡战、愈挫愈奋并最终战胜失败、战胜自我的勇者。

图书在版编目(CIP)数据

从零开始学炒新三板(白金版)/陆佳,周峰编著. —北京:清华大学出版社,2017

(从零开始学)

ISBN 978-7-302-45928-6

Ⅰ.①从…　Ⅱ.①陆…　②周…　Ⅲ.①中小企业—企业融资—研究—中国　Ⅳ.①F279.243

中国版本图书馆 CIP 数据核字(2016)第 307728 号

责任编辑:李玉萍
封面设计:郑国强
责任校对:张彦彬
责任印制:沈　露
出版发行:清华大学出版社
　　　　　网　　　址:http://www.tup.com.cn, http://www.wqbook.com
　　　　　地　　　址:北京清华大学学研大厦 A 座　　　　邮　　　编:100084
　　　　　社 总 机:010-62770175　　　　　　　　　　　　邮　　　购:010-62786544
　　　　　投稿与读者服务:010-62776969, c-service@tup.tsinghua.edu.cn
　　　　　质量反馈:010-62772015, zhiliang@tup.tsinghua.edu.cn
　　　　　课件下载:http://www.tup.com.cn, 010-62791865
印 装 者:北京密云胶印厂
经　　销:全国新华书店
开　　本:170mm×240mm　　印　张:16.75　　字　数:347 千字
版　　次:2017 年 2 月第 1 版　　　　　　印　次:2017 年 2 月第 1 次印刷
定　　价:39.00 元

产品编号:068455-01

前　　言

据统计，2013 年年末新三板一共有 356 家公司，总市值 553 亿元，全年成交 8.14 亿元；2014 年年末共有 1572 家挂牌公司，总市值 4951 亿元，全年成交 130.36 亿元；2015 年年末，挂牌公司达到 3960 家，总市值 1.82 万亿元，成交 1468 亿元；截至 2016 年 8 月，挂牌公司达到 7917 家，总市值 3.73 万亿元，成交 3156 亿元。新三板市场正呈现爆发式的增长，池子不断扩大。

短短 3 年间，新三板市场不论是挂牌公司数量、总市值还是全年成交量均出现巨额翻倍。预计，2017 年年底新三板的挂牌数量将会达到 1.5 万家的规模。

新三板市场是一个没有硝烟的战场，如果没有经过系统的学习和训练，就匆匆入市，那么大多数人都会把自己的资金送给市场，然后永久性地退出市场。无视学习、轻视经验、不重视市场，是大多数投资者常犯的错误。

本书特点

特　点	说　明
12 章实战精讲	本书体系完善，由浅入深地对新三板的交易和上市进行了 12 章专题精讲，其内容涵盖了新三板基础知识、新三板行情分析软件、新三板交易流程、新三板股票交易的规则、新三板股票的协议转让、新三板股票的做市转让、两网及退市公司的交易规则、实战炒新三板、基本面分析、K 线分析、均线分析、趋势分析、形态分析、常用技术指标分析(如 MACD、KDJ)、新三板的挂牌条件、挂牌企业的改制、主力券商的推荐、企业的挂牌审核、新三板的融资、新三板的并购、新三板的信息披露、新三板的银行融资产品、新三板的投资案例等
86 个实战技巧	本书结合新三板的交易与上市实战技巧，讲解了 86 个实战技巧，其内容涵盖了 K 线应用技巧、均线应用技巧、趋势线的应用技巧、反转形态应用技巧、整理形态应用技巧、KDJ 应用技巧、MACD 应用技巧、新三板的挂牌条件、挂牌企业的改制、企业的挂牌审核、新三板的融资、新三板的并购、新三板的信息披露等

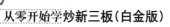
续表

特　点	说　明
100 多个实战案例	本书在讲解理论知识的过程中，列举了 100 多个案例，进行分析讲解，让广大投资者在学习理论知识的同时，更准确地理解其意义和实际应用
80 多个技能提示	本书结合新三板交易与上市实战中遇到的热点问题、关键问题及种种难题，以技能提示的方式奉送给投资者，其中包括新三板交易的特点、交易技巧、新三板上市的条件与技巧等
语言特色	本书讲解都从基础知识和基本操作开始，读者无须参照其他书即可轻松入门；在文字表述方面尽量避开专业术语，用通俗易懂的语言讲解每个知识点的应用技巧，从而突出容易学、上手快的特点

本书结构

章　节	内容体系	作　用
第 1 章	首先讲解新三板的历史、性质及前景；然后讲解新三板的特点、功能及相关名词解释；接着讲解新三板与沪深交易所、区域性股权市场的区别；最后讲解新三板行情分析软件和新三板股票投资的优势	从整体上认识新三板，并掌握新三板行情分析软件的使用技巧，为后面章节的学习打下良好的基础
第 2 章	首先讲解新三板交易的流程和开户的两个条件，接着讲解新三板投资者的类型、参与公开转让的投资者条件、参与定向增发的投资者条件；然后讲解新三板股票交易的规则、需要承担哪些交易费用、股息红利所得税是否有优惠以及新三板股票的协议转让、做市转让、特别交易事项、异常交易及监管、两网及退市公司的交易规则；最后讲解实战炒新三板	从整体上认识新三板的交易流程及交易相关知识，为新三板实战交易打下良好的基础
第 3 章	首先讲解基本面和技术面的基础知识，然后详细讲解新三板的基本面分析，接着讲解技术分析的基础、优缺点、类型、意义及两个基本工具	从整体上认识新三板交易的分析技术，为后面的新三板交易实战打下良好的基础

续表

章 节	内容体系	作 用
第4～6章	讲解新三板交易中的各种实战分析方法，如 K 线、均线、趋势线、各种形态(如双重底、双重顶等)、各种技术指标(如 MACD、KDJ 等)	要想在新三板市场中成为赢家，必须精通技术分析，因为技术分析提供了精准的进场与出场点，可以大大提高投资者的盈利能力
第7～9章	讲解新三板上市的方法与技巧，即新三板的挂牌条件、挂牌企业的改制、主力券商的推荐、企业的挂牌审核、新三板的融资	熟练掌握新三板上市的方法和技巧，为自己的公司挂牌新三板做好准备
第10～11章	讲解新三板的并购、信息披露、银行融资产品	熟练掌握新三板的并购、信息披露、银行融资产品，为自己的公司发展壮大打下良好的基础
第12章	讲解新三板的投资案例	通过新三板的投资案例，希望投资者在新三板市场中，能够认清风险，从而更好地实现盈利

本书适合的读者

本书适用于所有投资者，即新老三板、股票、期货、大宗商品、黄金、白银等投资者和爱好者以及有志于在这个充满风险、充满寂寞的征程上默默前行的征战者和屡败屡战、愈挫愈奋并最终战胜失败、战胜自我的勇者。

创作团队

本书由陆佳、周峰编著，刘志隆、王冲冲、吕雷、王高缓、梁雷超、张志伟、周飞、纪欣欣、葛钰秀、张亮、周科峰、王英茏、陈税杰等对本书的编写提出过宝贵意见并参与了部分编写工作，在此一并表示感谢。

由于编者水平有限，书中的缺点和不足之处在所难免，敬请读者批评指正。

编 者

目　　录

第 1 章

新三板快速入门

新三板作为新的投资理财渠道，越来越受到大众的关注。截至 2016 年 8 月 25 日，新三板市场总挂牌企业数达到 8415 家。其中，协议转让企业 6802 家，做市转让企业 1613 家。此外，还有申报及待挂牌的企业共 2225 家。本章首先讲解新三板的历史、性质及前景；然后讲解新三板的特点、功能及相关名词解释；接着讲解新三板与沪深交易所、区域性股权市场的区别；最后讲解新三板行情分析软件和新三板股票投资的优势。

1.1 初识新三板

要想进行新三板交易，就要了解新三板的历史、性质及前景。下面进行具体讲解。

1.1.1 新三板的历史

三板最早出现在 2001 年，当时很多人都不知道这个三板。那时的三板市场主要是放两类公司，这两类基本上都属于被遗弃的公司。一类是从"两网"转过来的股票；另一类就是因为连年亏损，企业经营不下去而从主板(就是 A 股市场)摘牌退下来的公司。可以说那个时候的三板市场就像一个垃圾场回收站，专门收集一些被人们遗弃的公司。

> **提醒** "两网股"是指 1992 年 7 月 1 日在 STAQ 系统(全国证券交易自动报价系统)法人股流通转让试点运行和 1993 年 4 月 28 日投入试运行的 NET 系统(中国证券交易系统有限公司开发设计)，并在 1999 年 9 月 9 日关闭 STAQ 和 NET 系统后遗留下来的股票。1992 年和 1993 年，在北京相继开通了 STAQ 和 NET 系统，从而形成了全国"两所两网"的资本市场格局。1998 年，由于地区证券柜台交易泛滥，国家决定整顿场外非法交易市场，STAQ 系统和 NET 系统也在其中。1999 年 9 月，STAQ 系统与 NET 系统停止交易。2001 年 5 月 25 日，根据证监会意见，中国证券业协会决定选择部分证券公司试点开展原 STAQ、NET 系统流通股转让业务，三板市场由此登上历史舞台。

2006 年 1 月，为落实国家自主创新战略、推动科技型企业借力资本市场发展，国务院决定在原有证券公司代办股份转让系统内增设中关村科技园区股份报价转让试点，允许中关村科技园区内的注册企业在符合条件的情况下，进入证券公司代办股份转让系统实行协议式报价转让。

因为这两个市场层次的服务对象、交易方式、信息披露、融资制度、投资者适当性等均存在根本性不同，为了将二者进行区分，包括媒体在内的社会各界将原来的以"两网"公司和退市公司为主体的市场层次称为"老三板"，而将 2006 年开始的以中关村园区企业为主体的市场层次称为"新三板"。

2006 年可以说是新三板的重生，从 2006 年到现在，新三板一直在不断地完善制度。国务院在实验的过程中，发现新三板的作用越来越大，可以仿照美国的纳斯达克去构造，所以在规则和政策方面都采用和参考了美国纳斯达克的成长方式。

新三板的发展历程如表 1.1 所示。

表 1.1　新三板的发展历程

时　间	事　件
2001 年 7 月 16 日	三板正式成立(老三板)
2006 年年初	新三板成立，允许北京中关村高科技企业入驻新三板
2011 年年初	新三板交易规则逐渐完善
2011 年 12 月	新三板挂牌上市企业突破 100 家
2012 年 8 月	新三板经批准开始扩大试点至"上海张江、武汉东湖和天津滨海"几大科技园区
2013 年 12 月	新三板正式扩容至全国
2014 年 8 月	新三板推出做市商制度
2015 年 3 月	新三板挂牌企业突破 2000 家
2016 年 6 月	新三板实行分层管理
2016 年 8 月	新三板挂牌企业突破 8500 家

1.1.2　新三板是全国性公开证券交易所

全国中小企业股份转让系统(俗称"新三板")是经国务院批准设立的全国性证券交易场所，全国中小企业股份转让系统有限责任公司为其运营管理机构。

2012 年 9 月 20 日，全国中小企业股份转让系统有限责任公司在国家工商总局注册成立，注册资本为 30 亿元。上海证券交易所、深圳证券交易所、中国证券登记结算有限责任公司、上海期货交易所、中国金融期货交易所、郑州商品交易所、大连商品交易所为公司股东单位。

公司的经营宗旨是：坚持公开、公平、公正的原则，完善市场功能，加强市场服务，维护市场秩序，推动市场创新，保护投资者及其他市场参与主体的合法权益，推动场外交易市场健康发展，促进民间投资和中小企业发展，有效服务实体经济。

公司的经营范围是：组织安排非上市股份公司股份的公开转让；为非上市股份公司融资、并购等相关业务提供服务；为市场参与人提供信息、技术和培训服务。

设立全国中小企业股份转让系统是加快我国多层次资本市场建设发展的重要举措。公司将在中国证监会的领导下，不断改善中小企业金融环境，大力推动创新、创业，积极推动我国场外市场健康、稳定、持续发展。

1.1.3 新三板是中国的"纳斯达克"

纳斯达克是美国最大的交易市场,起初也和我们的新三板一样,刚开始的 10 年基本没什么企业挂牌,而且市值很小,经过了 30 年的发展纳斯达克指数才涨了 1000 点。

直到 2000 年进入高科技发展的新纪元以后,大量高科技企业无法登陆纽交所转而登陆纳斯达克融资。其中有微软、IBM、苹果、谷歌这样的世界巨头。不过这些企业当时还是很小的公司,就以苹果为例,其市值只有不到 500 万美元。就是纳斯达克给了苹果发展的机会,现在苹果的市值已经超过 7000 亿美元了,多少倍?14 万倍啊。假设你当时用 1 万美元买苹果的股票,那么现在你已经是拥有 14 亿美元的富翁了。

看到了吗,这就是新三板的前景,中国是否会有自己的微软、苹果企业,这也是非常有可能的。想一想,如果阿里巴巴最早不是通过向日本人融资,而是登陆新三板融资,现在的情景会是怎样?中国又会诞生多少个亿万富翁?

纳斯达克的发展用了 40 年时间,而中国的新三板估计用不了这么长时间,因为中国的人口基数大,发展速度快,也许总共只需要花 20 年就有望赶超 A 股,花 30 年就超过纳斯达克。要知道,中国的实体经济和金融是 1:1,而美国的实体经济和金融已经是 1:100 了,可见中国的资本市场还有很大的空间发展。

1.2 新三板的特点

新三板的特点主要表现在 5 个方面,分别是以信息披露为核心的准入制度,"小额、便捷、灵活、多元"的融资制度,灵活多元的交易制度,责任权利一致的主办券商制度,严格的投资者适当性管理制度,如图 1.1 所示。

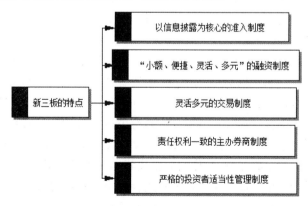

图 1.1 新三板的特点

1.2.1　以信息披露为核心的准入制度

第一，不设财务指标，关注企业规范性以及信息披露的真实性。对中介机构重点在于核查信息披露的充分、准确、完整性，督促其提高执业质量；对挂牌公司提倡信息披露为中心，强调要突出业务亮点、核心竞争力，并充分、客观地揭示风险。

第二，尊重市场选择。运营机构不对企业价值做实质性判断，而是由主办券商着眼于成长性自主遴选推荐企业，回归投资银行本质；投资者自主判断、自负盈亏；全国股份转让系统做好制度安排，提高市场运行效率。

第三，《全国中小企业股份转让系统业务规则(试行)》明确了挂牌准入的 6 项基本条件，同时发布挂牌条件适用基本标准指引，最大限度地减少了自由裁量空间，落实了"可把控、可识别、可举证"的工作原则。

1.2.2　"小额、便捷、灵活、多元"的融资制度

第一，全国股份转让系统提供普通股票、优先股、中小企业私募债等多种融资工具。创新的融资制度安排能有效满足中小微企业小额、快速的融资需求。

第二，有效贯彻公司自治原则，挂牌公司可以根据自身需要，自主确定发行股份数量、融资金额，且没有时间间隔要求。

第三，实行一定条件下的发行核准豁免与储架发行制度。根据相关规则，向特定对象发行股票后股东累计不超过 200 人的，证监会豁免核准。发行后股东累计超过 200 人或属于超过 200 人的发行，证监会也采取简便程序进行核准，审核时限为 20 个工作日；同时为简化挂牌公司涉及核准的发行程序，实施一次核准分次发行的储架发行制度。

1.2.3　灵活多元的交易制度

全国股份转让系统提供协议、做市和竞价 3 种转让方式，挂牌公司可根据公司自身情况及需要(做市及竞价须满足一定条件)，在 3 种转让方式中自主选择。

1.2.4　责任权利一致的主办券商制度

全国股份转让系统按照市场化和责权利一致的原则建立起了主办券商制度，形成券商选择企业的市场化激励约束机制，促使主办券商以销售为目的推荐企业挂牌，以

提升企业价值为目的提供持续的督导和服务。

首先，主办券商推荐并持续督导是公司挂牌的重要条件；主办券商承担尽职调查和审核职责，深入了解公司情况并决定是否推荐公司挂牌；全国股份转让系统通过检查主办券商工作底稿看其是否按规定履行了尽职调查和内核职责，以此达到使公司真实、准确、完整地披露信息的目的。

其次，主办券商在推荐公司挂牌后，要在公司挂牌期间对其履行持续督导职责，督促挂牌公司诚实守信，规范履行信息披露义务，完善公司治理。

最后，引导主办券商与挂牌公司建立长期稳定的市场化合作关系，为挂牌公司提供做市、融资、并购重组等资本市场服务，使主办券商的信誉和利益与挂牌公司长期发展紧密联系，从而分享企业长期成长收益。

1.2.5　严格的投资者适当性管理制度

由于挂牌公司多为中小微企业，经营不稳定，业绩波动大，投资风险相对较高，这在客观上要求投资者必须具备较高的风险识别和承受能力；同时，作为我国多层次资本市场创新发展的"试验田"，产品、制度等的创新，也要求参与市场的投资者必须具有一定的风险识别和承受能力。

为此，全国股份转让系统建立了较高的投资者准入标准，以切实防范风险外溢，维护投资者的合法权益。对于不符合投资者适当性要求的个人投资者，可以通过专业机构设计发行的基金、理财产品等间接投资挂牌公司。

1.3　新三板的功能

新三板的功能，主要表现在 3 个方面，分别是为投资者带来新的投资机会；为证券公司带来新的发展机遇；可以促进企业发展，如图 1.2 所示。

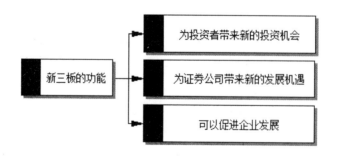

图 1.2　新三板的功能

1.3.1　为投资者带来新的投资机会

作为新兴的资本市场，新三板为投资者带来众多新的投资机遇，具体表现在以下5 个方面。

第一，挂牌公司中具有较强创新实力和较大成长空间的企业占比高，可以为投资者带来稳定的长期投资机会。

第二，挂牌公司行业分布广泛，投资者可以据此在行业层面进一步优化投资组合。

第三，挂牌公司并购重组较为活跃，投资者可以获得高溢价退出或公司事件性利好带来的投资机会。

第四，市场分层管理及不同层次市场间估值水平差异带来的投资机会。

第五，挂牌公司申请首次公开发行(IPO)或转板上市带来的投资溢价机会。

1.3.2　为证券公司带来新的发展机遇

新三板在推动证券公司回归投资银行本质、成为企业全方位解决方案提供商等方面发挥着重要作用。证券公司可通过全业务链整合，释放金融创新活力，并在此过程中实现转型升级和差异化发展。

不同于上市保荐业务模式及盈利模式，单纯的推荐挂牌通道业务回报率较低，证券公司需要从企业长远发展及持续增值服务业务中赚取回报。这就要求证券公司必须以发展及营销的眼光，站在投资者的立场去遴选真正有发展潜力的企业。同时通过系统、深入的研究，发掘企业亮点，调动潜在战略投资者及证券公司内外部高净值客户参与挂牌公司经营活动积极性，帮助企业获得长远发展。即证券公司必须充分整合通道业务、研究业务、自营业务、经纪业务等多个业务条线资源，推出全业务链发展模式，积极承担持续督导职责，参与挂牌公司发行融资、并购重组、做市转让等业务。这个过程，要求证券公司提供后续的资源跟进与支持，进行全方位的业务协作，对证券公司的研究、定价和销售能力提出了全新的挑战，并使得证券公司摆脱同质化竞争，走向不同的专业化定位。

与此同时，证券公司自身也可申请在全国股份转让系统挂牌，利用市场平台力量，进一步提升规范治理水平，通过发行融资、并购重组实现稳步扩张。

1.3.3　可以促进企业发展

新三板致力于为企业提供完善的资本市场服务，并推动企业实现自身的"基因改造"。新三板可以促进企业发展主要表现在 8 个方面，分别是直接融资、股票公开转让、价值发现、并购重组、股权激励、规范治理、信用增进、提升形象，如图 1.3 所示。

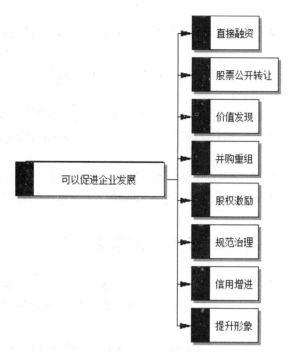

图 1.3　可以促进企业发展

1) 直接融资

全国股份转让系统"小额、便捷、灵活、多元"的融资制度安排符合中小企业融资需求特征。挂牌公司可以根据自身发展需要，在挂牌的同时发行股票，或挂牌后通过发行股票、债券、优先股等多元产品进行融资。

2) 股票公开转让

企业挂牌全国股份转让系统前，股权缺乏公开流动的场所和途径，而挂牌后，股票交易方式除了协议转让外，还可选择能有效盘活市场流动性的做市转让和竞价方式，公司股份可以在全国股份转让系统公开转让、自由流通。股份适度流动不仅方便投资人的进入和退出，还可以带来流动性溢价。

3) 价值发现

普通公司的估值方式较为单一，通常以净资产为基础估算，不能体现出企业发展潜力。资本市场看重的是企业未来的成长性而非过往表现。在全国股份转让系统挂牌后，二级市场会充分挖掘出公司潜在价值，企业估值基准也会从挂牌前的净资产变为成长预期。在实践中，很多企业一经挂牌就受到众多战略投资人的青睐，公司估值水平得到显著提高。

4) 并购重组

资本市场平台的并购重组是优化资源配置、推动产业结构调整与升级的重要战略途径。全国股份转让系统挂牌公司通常处于细分行业领先地位，增长潜力大，发展过程中主动整合产业链上下游企业以及被上市公司等收购的情况时有发生。证监会已出台《非上市公众公司收购管理办法》及《非上市公众公司重大资产重组管理办法》，减少了事前行政审批事项，突出了企业自治，降低了并购重组成本。全国股份转让系统挂牌公司可借助市场平台进行产业整合，实现强强联合、优势互补的乘法效应。

5) 股权激励

创新创业型中小微企业在发展中普遍面临人才、资金两大瓶颈，而股权激励是吸引人才的重要手段。全国股份转让系统支持挂牌公司以限定性股票、期权等多种方式灵活实行股权激励计划。企业可以根据自身需要自主选择股权激励方式，只要履行信息披露即可。这为公司吸引留住核心人才创造了条件。此外，由于挂牌公司股权有了公允的市场定价和顺畅的进出通道，这为股权激励的实施提供了更进一步的保障。

6) 规范治理

规范的公司治理是企业获取金融服务、对接外部资本的基本前提，也是实现可持续发展、确保基业长青的根本保障。主办券商、律师事务所、会计师事务所等专业中介机构将帮助公司建立起以"三会"为基础的现代企业法人治理结构，梳理规范业务流程和内部控制制度，大大提升企业经营决策的有效性和风险防控能力。挂牌后，主办券商还将对公司进行持续督导，以保障公司持续规范运营。

7) 信用增进

挂牌公司作为公众公司纳入证监会统一监管，履行充分、及时、完整的信息披露义务，信用增进效应十分明显。在获取直接融资的同时，可以向银行、小贷公司等申请信用贷款，也可参考二级市场价格向银行、证券公司等申请股权质押贷款。全国股份转让系统已与多家银行建立战略合作关系，相关银行均已开发针对挂牌公司的专属产品。

8) 提升形象

挂牌公司作为公开披露信息的公众公司，在公众、客户、政府和媒体中的形象和认知度都明显提升，在市场拓展及获取地方政府支持方面都更为容易。同时，公司行为受到一定的监管和监督，间接促进了挂牌公司的规范治理，进一步提升了企业形象。

1.4　新三板相关名词解释

下面来看一下新三板相关名词解释。

1) PE

PE 全称私募股权投资，是指通过私募形式对非上市企业进行的权益性投资，即通过上市、并购或管理层回购等方式，出售持股获利。

2) 新三板股票

新三板股票是指登陆新三板的企业股票，因为挂牌企业的股票有别于原代办股份转让系统的企业的股票，所以被形象地称为"新三板"股票。

3) 新三板概念股

新三板概念股就是沪深股市中跟新三板市场有关的股票。

4) 新三板股权投资基金

新三板股权投资基金，就是对拟在新三板挂牌或已经在新三板挂牌企业进行直接股权投资的基金类型。

5) IPO

IPO 全称首次公开募股，是指一家股份有限公司第一次将它的股份向公众出售(即首次公开发行，是指股份公司首次向社会公众公开招股的发行方式)。

6) 股票转板

股票转板是指标的公司根据内部或者外部条件的变化，自主选择(一般为升板)或者被强制性地(一般为降板)将其股票从一个市场板块转到另一个市场板块进行交易，例如新三板转板到创业板或中小板。

7) 转板制度

转板制度，是为规范市场转板行为，维护市场秩序，针对转板行为设计的基本要求，包括转板市场、对象、形式、规则、原则、条件、程序、信息披露、监管等方面所设计的制度安排，并形成完整的制度规范。

8) 创业板市场

创业板市场是指专门协助高成长的新兴创新公司特别是高科技公司筹资并进行资本运作的市场。它与大型成熟上市公司的主板市场不同，是一个前瞻性市场，注重于公司的发展前景与增长潜力。现阶段其主要目的是为高科技领域中运作良好、成长性强的新兴中小公司提供融资场所。考虑到新兴公司业务前景的不确定性，上市条件低于主板市场。

1.5 新三板与沪深交易所的区别

新三板与沪深交易所的法律性质和市场地位相同，都属于全国性证券交易场所；监管体系相同，均由中国证监会统一监管。新三板与沪深交易所的区别主要体现在服务对象、制度规则设计等方面。

新三板主要服务于创新型、创业型、成长型中小微企业，其挂牌企业与上市公司相比，"小而美"的特征十分明显。企业规模不大、处于成长早期，但具有成熟的盈利模式，在一些细分行业占据领导地位，具有较好的成长潜力和广阔的发展前景。这类企业由于具有"轻资产"等特点，难以从银行类机构获得及时、充足的信贷资金支持，而沪深交易所较高的市场准入门槛，也让此类企业难以借力资本市场。

新三板将此类企业作为主要服务对象，使资本市场支持实体经济从以往的成长后期和成熟期前移到创业前期和成长初期。企业可以更早登陆资本市场，进而带动社会资本对创新体系的支持前移。因此，全国股份转让系统的出现，大大提升了资本市场容量，吸引各类金融资源聚集，真正实现围绕产业链部署创新链，围绕创新链完善资金链的创新驱动战略要求。

为加大资本市场对中小微企业、自主创新型企业的支持力度，全国股份转让系统立足于企业特点和实际需求，制定了一系列有别于沪深交易所的挂牌准入、发行融资、交易结算、并购重组、投资者适当性等方面的制度规则。例如，在挂牌准入方面，全国股份转让系统不设财务门槛，申请挂牌的股份公司可以尚未盈利，只要股权结构清晰、经营合法规范、公司治理健全、业务明确并履行信息披露义务并经主办券商推荐即可；在交易制度方面，针对中小微企业股本规模较小、股权分散度较低的现实特点，以及未来股本扩张、公允定价等需求，提供协议、做市和竞价 3 种交易方式；为有效防范风险外溢，放大市场创新空间，设立了较高的投资者适当性标准等。

1.6 新三板与区域性股权市场的区别

新三板与区域性股权市场的区别主要表现在 5 个方面，分别是市场法律地位、挂牌公司性质、监管机构、制度安排、市场建设中的税收和外资政策，如图 1.4 所示。

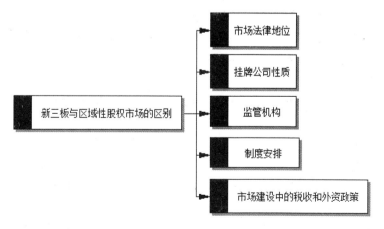

图 1.4 新三板与区域性股权市场的区别

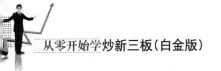
1) 市场法律地位

新三板是由国务院依据证券法批准设立的全国性证券交易场所，属于公开市场。

区域性股权市场是由地方政府批准设立的区域性股权交易市场，属于非公开市场。

2) 挂牌公司性质

新三板挂牌公司为公众公司。

区域性股权市场挂牌企业为非上市、非公众公司。

3) 监管机构

新三板挂牌公司纳入证监会统一监管。

区域性股权市场挂牌企业由地方监管。

4) 制度安排

新三板上市的股票可以以协议、做市、竞价等方式公开转让；挂牌公司股东人数可以超过 200 人；交易单位 1000 股/手；实施 T+1 交收。

区域性股权市场遵循非公开、非标准、非连续交易规则，交易方式仅能采用协议转让方式。

5) 市场建设中的税收和外资政策

新三板上市的公司，比照交易所及上市公司处理。如个人证券投资基金持有挂牌公司挂牌超过 1 年的按 25%计入应纳税所得额。

区域性股权市场没有明确规定。

1.7 新三板股票和 A 股普通股票的区别

新三板市场的股票大多属于 1～1.5 级市场，称它为股票并不准确，应该称之为股权，投资新三板企业就是投资新三板的股权。

股权和股票的所有者都是企业股东，享受权益差不多。股权和股票最直观的区别就是：股权在锁定期内的大小非流通股；股票是流通股。

1.7.1 新三板股票和 A 股普通股票的价格差别

新三板股票和 A 股普通股票的价格差别，原因是股权和股票在注入企业的时间上有着前后的差别。

我们以房地产项目为例来说：股权就相当于接近房子的成本价格，相当于自建房价格；股票就是房子最终市场的零售价格。

以商品为例来说：股权相当于批发市场价(甚至是出厂价)；股票就是零售终端

价。既然是批发，那么投资股权就必然要比股票的量大，门槛高。不可能你只买 100
股还给你批发价。

1.7.2　新三板股票和 A 股普通股票的收益差别

股票价格收益很简单，就是二级市场波动，赚取差价。而股权不但有股票这部分
收益，还有股权溢价时转让的收益，企业未上市之前，股东就享有分红、配股。新股
发行价必然高于股权转让价，开盘价一般也都高于新股发行价，所以就算股票破产持
有股权也不会亏钱。

1.7.3　新三板股票和 A 股普通股票的募集方式的差别

股票一般是企业 IPO 上市，向社会公开募集。企业可以做广告宣传自己，也可以
在媒体上发布关于自己股票价格的利好或利空；证券公司也可以发布股评引导股民购
买某一只股票。

股权都是私募。《证券法》第 10 条第 3 款规定："非公开发行证券，不得采用
广告、公开劝诱和变相公开方式。"

另外，向特定对象转让股票，未依法报经证监会核准的，转让后，公司股东累计
不得超过 200 人。

1.8　新三板行情分析软件——同花顺

新三板行情分析软件有很多，本书采用的是同花顺软件。同花顺软件是一款功能
强大的免费网上股票证券交易分析软件，是投资者炒股、炒新三板、炒期货的必备工
具之一。该软件是国内行情速度最快、功能最强大、资讯最丰富、操作手感最好的免
费证券分析软件。

1.8.1　同花顺软件的下载和安装

下面讲解同花顺软件的下载与安装。

(1) 在浏览器的地址栏中输入 http://www.10jqka.com.cn，然后按 Enter 键，就可
以进入同花顺财经的首页，如图 1.5 所示。

(2) 单击导航栏中的"软件下载"超链接，就会进入同花顺下载页面。同花顺股
票行情分析软件，有免费版、手机版和收费版，如图 1.6 所示。

图 1.5　同花顺财经的首页

图 1.6　同花顺下载页面

(3) 单击"同花顺免费版"对应的"下载"按钮，将弹出文件下载对话框，如图 1.7 所示。

(4) 单击"保存"按钮，就可以成功下载同花顺软件。

(5) 同花顺软件下载成功后，单击 按钮，将弹出打开文件对话框，如图 1.8 所示。

(6) 单击"运行"按钮，弹出同花顺安装向导对话框，如图 1.9 所示。

图 1.7　文件下载对话框

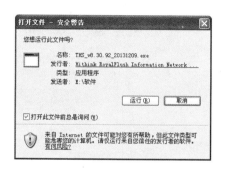

图 1.8　打开文件对话框

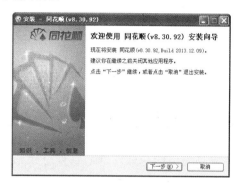

图 1.9　同花顺安装向导对话框

(7) 单击"下一步"按钮，就可以选择同花顺软件的安装位置，同时可以看到该软件安装所占空间的大小，如图 1.10 所示。

(8) 默认情况下是安装在 C 盘，在这里我把该软件安装到 D 盘，然后单击"下一步"按钮，就可以选择在什么地方创建快捷图标，如图 1.11 所示。

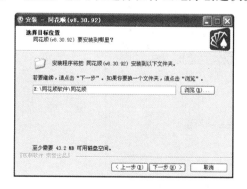

图 1.10　选择同花顺软件的安装位置

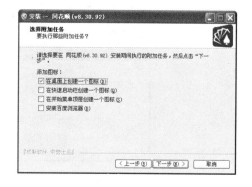

图 1.11　创建快捷图标

(9) 可以在桌面上、开始菜单中、快速启动栏中创建快捷图标，在这里只在桌面上创建快捷图标。设置好后，单击"下一步"按钮，就可以开始安装了，并弹出安装

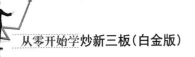

提示对话框，如图 1.12 所示。

(10) 安装完成后，就在桌面上创建了一个快捷图标，如图 1.13 所示。

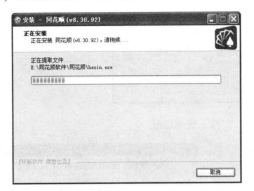

图 1.12　安装提示对话框　　　　图 1.13　在桌面上创建一个快捷图标

1.8.2　同花顺软件的用户注册与登录

成功安装同花顺软件后，要登录该软件，还要先进行用户注册。下面进行具体讲解。

(1) 同花顺软件安装成功后，单击桌面上的快捷图标，弹出"登录到全部行情主站"对话框，如图 1.14 所示。

图 1.14　"登录到全部行情主站"对话框

(2) 如果有同花顺账号和密码，就可以直接登录，如果没有还要先注册。单击"免费注册"按钮，弹出"同花顺注册"对话框，如图 1.15 所示。

图 1.15　"同花顺注册"对话框

提醒 在注册用户时，一定要上网，否则将无法注册成功。

(3) 正确输入账号、密码和确认密码后，单击"立即注册"按钮，就会显示注册成功界面，如图 1.16 所示。

提醒 输入密码和确认密码必须相同。

图 1.16　注册成功界面

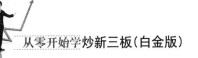

(4) 单击"账号登录"按钮，就可以成功登录同花顺软件。

1.8.3　利用同花顺软件查看新三板行情

下面具体讲解如何利用同花顺软件查看新三板行情。

(1) 会员注册成功后，再单击桌面上的快捷图标，弹出"登录到全部行情主站"对话框，在默认情况下，软件会自动识别上一次登录或注册的会员用户名和密码，如图 1.17 所示。

图 1.17　"登录到全部行情主站"对话框

(2) 如果用户名和密码都正确，单击"登录"按钮，就可以成功登录同花顺软件。

(3) 选择菜单栏中的"报价"→"转系统(新三板)"命令，就可以看到关于新三板的所有菜单命令，如图 1.18 所示。

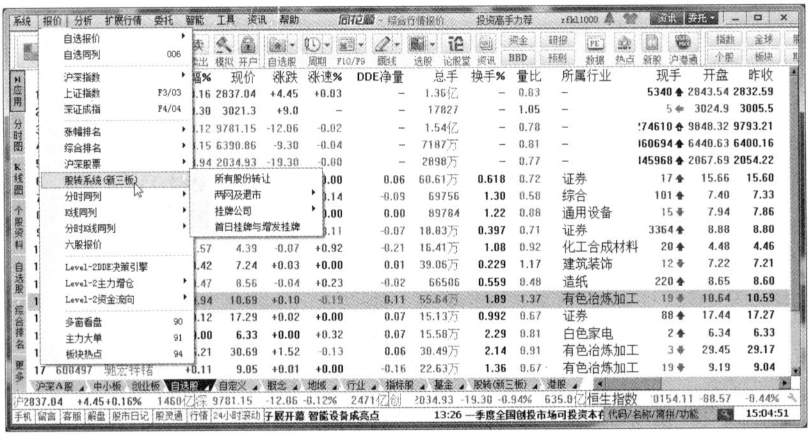

图 1.18　观看新三板的所有菜单命令

(4) 选择"所有股份转让"命令，就可以看到所有股份转让股票的报价信息，即新三板股票的名称、代码、涨幅、现价、涨跌等信息，如图 1.19 所示。

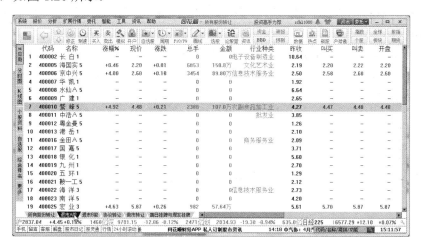

图 1.19　所有股份转让股票的报价信息

(5) 选择菜单栏中的"报价"→"股转系统(新三板)"→"两网及退市"→"两网及退市 A 股"命令或单击"退市 A 股"选项卡，就可以看到两网及退市 A 股的报价信息，如图 1.20 所示。

图 1.20　两网及退市 A 股的报价信息

(6) 同理，选择菜单栏中的"报价"→"股转系统(新三板)"→"两网及退市"→"两网及退市 B 股"命令或单击"退市 B 股"选项卡，就可以看到两网及退市 B 股的报价信息。

(7) 选择菜单栏中的"报价"→"股转系统(新三板)"→"挂牌公司"→"做市

转让"命令或单击"做市转让"选项卡，就可以看到做市转让股票的报价信息，如图 1.21 所示。

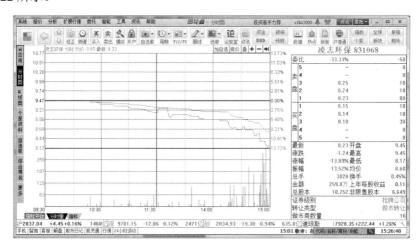

图 1.21　做市转让股票的报价信息

(8) 同理，选择菜单栏中的"报价"→"股转系统(新三板)"→"挂牌公司"→"协议转让"命令或单击"协议转让"选项卡，就可以看到协议转让股票的报价信息。

(9) 选择菜单栏中的"报价"→"股转系统(新三板)"→"首日挂牌与增发挂牌"命令或单击"首日挂牌与增发挂牌"选项卡，就可以看到首日挂牌与增发挂牌股票的报价信息。

(10) 在报价信息界面下，双击新三板股票名，就可以看到该股票的分时走势图，如图 1.22 所示。

图 1.22　凌志环保(831068)2016 年 5 月 11 日的分时走势图

(11) 在分时走势图状态下，按 Enter 键，就可以看到该股票的日 K 线图，如图 1.23 所示。

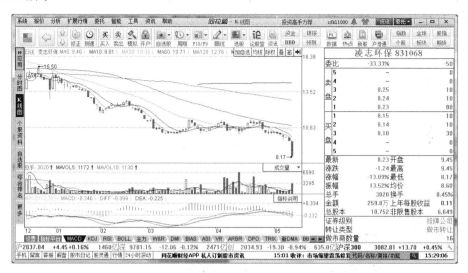

图 1.23 凌志环保(831068)的日 K 线图

(12) 在日 K 线图状态下，按 F10 键，可以看到该股票的基本资料，如图 1.24 所示。

图 1.24 凌志环保(831068)的基本资料

(13) 在股票的基本资料界面下，通过单击不同的选项，还可以查看股票的公司资料、股东研究、经营分析、股本结构、主力持仓等信息。在这里单击"经营分析"，就可以看到凌志环保(831068)的经营分析信息，如图 1.25 所示。

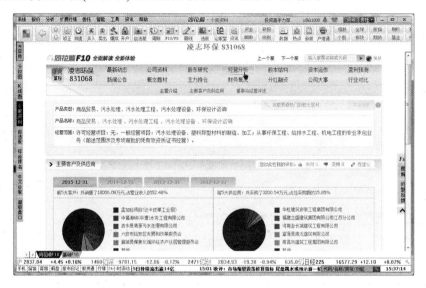

图 1.25　凌志环保(831068)的经营分析信息

(14) 单击"基础 F10"选项卡，可以从不同角度进一步了解凌志环保(831068)的资料信息，如图 1.26 所示。

图 1.26　通过"基础 F10"选项卡进一步了解股票信息

1.9　新三板股票投资的优势

新三板股票投资的优势主要表现在 4 个方面，分别是投资门槛降低、回报潜力大、投资方式安全、投资周期短，如图 1.27 所示。

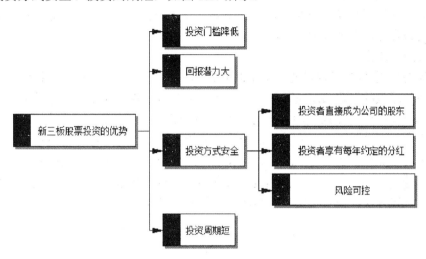

图 1.27　新三板股票投资的优势

1) 投资门槛降低

股民只能参与股票二级市场的投资，股权投资原本只是属于机构投资者才能参与的领域，因为股权投资至少是上千万资金才能投资的。在国家政策引导下，大力发展多层次资本市场，新三板市场、上海股转中心市场明显降低了投资者参与的门槛，投资者几十万就有机会参与企业原始股权投资。

2) 回报潜力大

证监会把上市由审核制向注册制转变，大力发展多层次资本市场，投资者在投资了原始股之后，可以通过转板上市、兼并收购、协议转让等方式退出，在 2～3 年的时间就有机会获取几倍的溢价收益，回报潜力非常大。

3) 投资方式安全

投资方式安全主要表现在 3 个方面，分别是投资者直接成为公司的股东、投资者享有每年约定的分红，风险可控。

第一，投资者直接成为公司的股东。投资者投资该项目后，企业通过工商变更，投资者显示在企业的股东名册中，从法律层面上，投资者成为真正意义上企业的股东。投资者的投资资金是非常直接的，去向是明确的，不会像市场上的一些投资理财产品，投资者根本无法知道自己资金的投资去向。

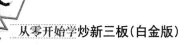

第二，投资者作为公司的优先股股东，享受每年约定的分红。所投企业在没有通过上市、并购、转让等溢价方式退出前，优先股股东优先享受公司分红，该分红比例在投资合同中明确标出。在约定的时间内，如果企业没有上市，则在约定的时间点，比如 3 年后，公司大股东要原价回购优先股股东的股份，在合同中应明确标出。

第三，风险可控。在严格审计后，企业所增资的额度远远小于企业净资产的总值，一般增资额不到净资产的 50%，安全系数非常高。同时公司大股东对优先股股东有无限连带责任，在合同中应标明。

4) 投资周期短

一般的风投/私募股权投资，退出时间是 5~10 年，而新三板股权投资，可以通过多个不同层次的资本市场去挂牌上市退出，或者兼并收购或溢价转让等方式退出，一般 1~2 年就有机会溢价退出，最长 3 年，就一定可以退出。

总之，投资者直接参与到企业股权的投资中，解决了中国中小企业融资难、融资贵的问题。企业走上资产证券化的道路，等于为企业装上了快速发展的发动机。企业实实在在地发展和壮大了，可以迅速地实现中国经济的转型，为国家创收，为企业创收，为民创造就业，同时投资者也实现了自我的投资价值。

第 2 章

新三板交易指南

新三板市场是一个高风险的市场，在进入该市场之前，一定要熟悉其交易流程。要想成为真正的市场高手，必须经过真枪实弹的操盘训练，并且要不断学习，不断地把学到的技术反复应用，总结出一套简单实用的适合自己的交易方法。本章首先讲解新三板交易的流程和开户的两个条件、新三板投资者的类型、参与公开转让的投资者条件、参与定向增发的投资者条件；然后讲解新三板股票交易的规则、需要承担哪些交易费用、股息红利所得税是否有优惠；接着讲解新三板股票的协议转让、做市转让、特别交易事项、异常交易及监管、两网及退市公司的交易规则；最后讲解实战炒新三板。

2.1 新三板交易的流程

要进行新三板交易，一般流程如下。

(1) 在合适的证券公司或营业部开立证券交易账户。

(2) 开户时向证券公司提出网上交易的需求，同时设置网上交易密码和通信密码。

(3) 在证券公司指定网站上下载相关的网上交易软件和行情分析软件。

(4) 登录交易软件，输入资金账户号码、交易密码等信息。

(5) 银证转账。

(6) 随时交易下单。

2.2 新三板开户的两个条件

新三板的开户条件有 2 个硬性标准，具体如下。

第一，证券账户满 2 年操作经验，也就是说从开设 A 股账户到要开设新三板账户至少 2 年时间(这个是硬性条件，必须满足，否则无法开户，但不限于同一证券公司，比如之前开的是中兴证券，现在转入东吴证券新开户也是没有影响的，操作记录是统一的)。

第二，投资者本人名下前一交易日日终证券类资产市值在 500 万元人民币以上。证券类资产包括客户交易结算资金、股票、基金、债券、券商集合理财产品等，信用证券账户资产除外。

2.3 新三板投资者的类型

下面来看一下新三板投资者的类型。

2.3.1 新三板都有哪些类型的投资者权限

全国股份转让系统的投资者权限包括买卖挂牌公司股票，买卖两网公司及退市公司 A 类股票和买卖退市公司 B 类股票。全国股份转让系统对投资者交易权限实行分类管理。

2.3.2　什么样的投资者适合在新三板投资

参与挂牌公司股票公开转让的投资者应当符合《全国中小企业股份转让系统投资者适当性管理细则(试行)》(以下简称《投资者适当性管理细则》)的要求，熟悉相关规定及规则，了解挂牌公司股票风险特征，能够结合自身风险偏好确定投资目标，客观评估自身的心理承受能力、风险识别能力及风险控制能力，从而审慎决定是否参与挂牌公司股票公开转让等业务。

2.3.3　境外机构是否可以投资新三板

全国股份转让系统公司是经国务院批准设立的全国性证券交易场所，境外投资者可根据商务部、中国证监会、国家税务总局、国家工商总局、国家外汇局制定的《外国投资者对上市公司战略投资管理办法》等有关规定，在全国股份转让系统投资。

2.4　参与公开转让的投资者条件

下面来具体讲解一下参与公开转让的投资者条件，并讲解为什么要设置准入条件。

2.4.1　参与挂牌公司股票转让的条件有哪些

全国股份转让系统公司于 2013 年 2 月 8 日发布施行了《投资者适当性管理细则》，并于 2013 年 12 月 30 日进行了修订，明确下列投资者可参与挂牌公司股票公开转让。

(1) 注册资本 500 万元人民币以上的法人机构或实缴出资总额 500 万元人民币以上的合伙企业。

(2) 投资者本人名下前一交易日日终证券类资产市值 500 万元人民币以上，证券类资产包括客户交易结算资金、在沪深交易所和全国股份转让系统挂牌的股票、基金、债券、券商集合理财产品等，信用证券账户资产除外。且应具有 2 年以上证券投资经验，或具有会计、金融、投资、财经等相关专业背景或培训经历的自然人。

集合信托计划、证券投资基金、银行理财产品、证券公司资产管理计划，以及由金融机构或者相关监管部门认可的其他机构管理的金融产品或资产，可以申请参与挂牌公司股票公开转让。

注册资本为 500 万元人民币以上，但实缴注册资本不足 500 万元人民币的法人机构是否可以申请参与挂牌公司股票公开转让？

《投资者适当性管理细则》第 3 条第 1 款明确指出"注册资本 500 万元人民币以上的法人机构"可以申请参与挂牌公司股票公开转让，对注册资本的构成和缴纳情况并无要求，但法人机构注册资本的构成和缴纳等应当符合《公司法》《公司登记管理条例》等相关法律、法规的规定。

如何认定合伙企业的实缴出资总额达到 500 万元人民币以上？

在充分考虑合伙企业经营特征和监管安排的基础上，合伙企业实缴出资总额，依据会计事务所为其出具的最近一期审计报告或实缴出资证明文件认定。

《投资者适当性管理细则》第 5 条第 2 款规定"个人投资者的会计、金融、投资、财经等相关专业背景或培训经历"应如何理解？

对证券投资经验，或相关专业背景、培训经历提出要求，是为了审慎评估投资者的风险识别能力，引导投资者理性参与全国股份转让系统的交易。在具体把握上，投资者与主办券商应厘清双方权责关系。投资者要主动提供有关会计、金融、投资、财经等相关专业的学历证书、考试合格证明文件、培训证书等材料，证明自身具备相关专业背景或培训经历，并接受主办券商的风险测评，确认自身具备参与市场的风险识别能力和风险承受能力。主办券商应做好风险揭示、风险测评和业务留痕工作。

客户开通 A 股账户后交易经验已满 2 年，后又注销账户并撤销指定交易，如果客户再次开通 A 股账户，那么交易经验能否持续计算？

《投资者适当性管理细则》第 5 条第 2 款规定"投资经验的起算时间点为投资者本人名下账户在全国股份转让系统、上海证券交易所或深圳证券交易所发生首笔股票交易之日"。因此，客户的交易经验应按第一次开户并发生首笔交易之日起算。

开户要求的 500 万元证券类资产是否能包含开放式基金？

《投资者适当性管理细则》第 5 条第 1 款规定："证券类资产包括客户交易结算资金、在沪深交易所和全国股份转让系统挂牌的股票、基金、债券、券商集合理财产品等，信用证券账户资产除外。"其中，明确包含了基金类资产。

2.4.2　为什么要设定准入条件

全国股份转让系统挂牌公司多为处于初创期和成长早期的创新创业成长型中小微企业，新经济、新模式特征明显，面临较大的发展不确定性，要求投资者应当具备较高的风险识别和承受能力。

另外，全国股价转让系统作为一个全新的全国性证券交易场所，自设立之初即定位为以机构投资者为主的专业投资市场，因此对自然人设定了较高的投资门槛，为市场的理念、产品、制度创新预留空间。无法达到要求的投资者可以通过证券投资基金、资产管理计划等方式间接投资全国股份转让系统挂牌公司。

2.5　参与定向增发的投资者条件

下面来具体讲解一下参与定向增发的投资者条件，及投资者如何参与挂牌公司的定向发行。

2.5.1　定向发行的投资者门槛具体是什么

《投资者适当性管理细则》第 6 条规定了参与挂牌公司股票定向发行的投资者准入标准：一是符合《非上市公众公司监督管理办法》第 39 条规定的投资者；二是符合参与挂牌公司股票公开转让条件的投资者。

2.5.2　投资者怎样参与挂牌公司的定向发行

参与挂牌公司定向发行的投资者，应当按下列步骤操作。

首先，确认自身符合《投资者适当性管理细则》第 6 条的规定。

其次，关注公司网站(www.neeq.com.cn)"信息披露"栏目下挂牌公司股票发行信息以及主办券商所提供的股票发行信息，并与意向投资项目联系人进行沟通。

再次，积极参与意向投资项目的路演与询价，确定投资细节。

最后，按照《全国中小企业股份转让系统股票发行业务指南》进行出资缴款，并办理股份登记。

2.6　其他几个常见的投资者适当性问题

下面来看一下其他几个常见的投资者适当性问题。

(1) 挂牌公司原有股东不符合适当性要求怎么办？

挂牌公司原有股东如不符合投资者适当性要求，则只能买卖其持有或曾持有的挂牌公司股票。

(2) 原中关村试点期间的投资者不符合适当性要求怎么办？

全国股份转让系统对原试点期间的投资者适当性管理制度进行了一定调整，对机构投资者设置了一定的财务指标要求，对自然人投资者从财务状况、投资经验等维度设置了准入要求。

　　根据《投资者适当性管理细则》第 7 条规定，已经参与挂牌公司股票买卖的机构投资者和自然人投资者如不符合现行投资者适当性管理要求的，在重新签署《买卖挂牌公司股票委托代理协议》和《挂牌公司股票公开转让特别风险揭示书》(以下简称《风险揭示书》)后，可以继续参与，且原有交易权限不变。

　　(3) 什么是全国股份转让系统受限投资者？受限投资者是否需要签署《买卖挂牌公司股票委托代理协议》和《风险揭示书》？

　　全国股份转让系统受限投资者是指不符合参与挂牌公司股票公开转让条件，只能买卖其持有或曾持有的挂牌公司股票的投资者，主要包括公司挂牌前的股东、通过定向发行持有公司股份的股东等。受限投资者也须遵照《投资者适当性管理细则》第 10 条规定，与主办券商签署《买卖挂牌公司股票委托代理协议》和《风险揭示书》。

2.7　新三板股票交易的规则

　　下面来具体讲解一下参与定向增发的投资者条件，及投资者如何参与挂牌公司的定向发行。

2.7.1　新三板可以提供哪几种转让方式

　　全国股份转让系统共有 3 种股票转让方式，分别是协议转让、做市转让和竞价转让。

　　现阶段，由于竞价转让方式的相关条件尚未明确，挂牌公司股票实际上可以选择的只有做市转让方式和协议转让方式。考虑到竞价转让方式的实施需要一定的市场积累和技术准备，竞价转让的实施条件、竞价转让方式的确定及有关变更要求，将由全国股份转让系统公司另行制定。

2.7.2　企业如何选择交易方式

　　申请挂牌公司或挂牌公司应当根据其股票流动性需要确定股票采取协议转让或做市转让方式。在决策程序上，须由董事会向股东大会提交股票转让方式的决议，由股东大会进行表决。

2.7.3　是否可以同时选择做市转让和协议转让

　　做市转让方式与协议转让方式只能两者取其一。根据《全国中小企业股份转让系

统股票转让方式确定及变更指引(试行)》，挂牌公司股票的交易方式由挂牌公司自主
选择。

此外，根据《全国中小企业股份转让系统股票转让细则(试行)》(以下简称《股票
转让细则》)相关规定，公司在挂牌时申请股票采取做市转让方式，或已挂牌的公司
申请在协议和做市之间变更股票转让方式的，需要有 2 家以上做市商愿意为挂牌公司
提供做市报价服务，或者做市商同意退出做市。因此，在实际操作中，除要求申请挂
牌的公司或挂牌公司向全国股份转让系统公司提交相关申请外，还需要做市商明确表
明其同意做市或自愿退出做市的意见。

2.7.4　新三板股票交易的其他规定

下面来看一下新三板股票交易的其他规定，即转让时间、计价单位、最小交易单
位、涨跌幅限制等方面的基本规定。

1) 转让时间

全国股份转让系统股票转让时间为每周一至周五 9:15～11:30 和 13:00～15:00。
转让时间内因故停市，转让时间不作顺延。遇法定节假日和全国股份转让系统公司公
告的休市日，全国股份转让系统休市。

2) 计价单位

股票转让的计价单位为"每股价格"，股票转让的申报价格最小变动单位为
0.01 元。

3) 最小交易单位

股票买卖申报数量应当为 1000 股或其整数倍，卖出股票时，余额不足 1000 股
的，应当一次性申报卖出。此外，单笔申报最大数量不得超过 100 万股。

4) 涨跌幅限制

全国股份转让系统对股票转让不设涨跌幅限制。

2.8　新三板的投资者需要承担哪些交易费用

投资者参与全国股份转让系统交易，需要缴纳转让经手费、佣金、交易印花税。

1) 转让经手费

全国股份转让系统按照成交金额的 0.5‰双边收取。

2) 佣金

根据中国证监会等联合下发的《关于调整证券交易佣金收取标准的通知》规定，
主办券商向客户收取的佣金(包括代收的证券交易监管费和证券交易所手续费等)不得

高于证券交易金额的 3‰，也不得低于代收的证券交易监管费和证券交易所手续费，全国股份转让系统佣金标准适用此通知的上下限规定。

3) 交易印花税

根据《关于在全国中小企业股份转让系统转让股票交易印花税政策的通知》的要求，交易印花税应按实际成交金额的 1‰，由出让方缴纳。

2.9 新三板的股息红利所得税是否有优惠

根据财政部、国家税务总局发布的《关于实施全国中小企业股份转让系统挂牌公司股息红利差别化个人所得税政策有关问题的通知》(财税〔2014〕48 号)相关规定，个人及证券投资基金持有挂牌公司股票期限在 1 个月以内(含 1 个月)的，其股息红利所得全额计入应纳税所得额；持股期限在 1 个月以上至 1 年(含 1 年)的，暂减按 50%计入应纳税所得额；持股期限超过 1 年的，暂减按 25%计入应纳税所得额。

上述所得统一适用 20%的税率计征个人所得税。

2.10 新三板股票的协议转让

下面具体讲解新三板股票的协议转让，即协议转让方式下的委托类型、买卖股票流程、如何确定开盘价与收盘价、投资者应该注意的事项。

2.10.1 协议转让方式下的委托类型

协议转让方式包括意向委托、定价委托、成交确认委托 3 种委托类型。

需要注意的是，目前全国股份转让系统交易支持平台仅支持定价委托、成交确认委托，意向委托将在后续相关技术开发完成后实施。

意向委托是指投资者委托主办券商按其确定价格和数量买卖股票的意向指令，意向委托不具有成交功能。意向委托应包括证券账户号码、证券代码、买卖方向、委托数量、委托价格、联系人、联系方式等内容。

定价委托是指投资者委托主办券商按其指定的价格买卖不超过其指定数量股票的指令。定价委托包括证券账户号码、证券代码、买卖方向、委托数量、委托价格等内容。

成交确认委托是指买卖双方达成成交协议，或投资者拟与定价委托成交，委托主办券商以指定价格和数量与指定对手方确认成交的指令。成交确认委托应包括：证券账户号码、证券代码、买卖方向、委托数量、委托价格、成交约定号等内容；拟与对手方通过互报成交确认委托方式成交的，还应注明对手方交易单元代码和对手方证券账户号码。

2.10.2　协议转让方式下的买卖股票流程

协议转让主要有 3 种成交方式，对应的流程具体如下。

一是单击成交方式。即投资者根据行情系统上的已有定价申报信息，提交成交确认申报，与指定的定价申报成交。

二是互报成交确认申报。即投资者通过其主办券商、全国股份转让系统指定信息披露平台等途径，寻找欲转让的交易对手方，双方协商好交易要素和约定号，然后双方均通过全国股份转让系统提交约定号一致的成交确认申报，全国股份转让系统对符合规定的申报予以确认成交。

三是投资者愿意以一定价格转让一定数量股份，则可以提交定价申报，除了盘中会与成交确认申报成交外，在每个转让日 15:00 收盘时，全国股份转让系统对价格相同、买卖方向相反的定价申报进行自动匹配成交。

2.10.3　协议转让方式下的开盘价和收盘价

在协议转让方式下，开盘价为当日该股票的第一笔成交价格，收盘价为当日最后 30 分钟转让时间的成交量加权平均价格。最后 30 分钟无成交的，以当日成交量为权重计算的加权平均价格为收盘价；当日无成交的，以前日收盘价为当日收盘价。

提醒　协议转让无集合竞价环节。

2.10.4　协议转让成交是否需要手动录入约定号

投资者拟采取互报成交确认委托方式成交的，其成交确认委托应包括：证券账户号码、证券代码、买卖方向、委托数量、委托价格、成交约定号，并应注明对手方交易单元代码和对手方证券账户号码。其中，成交约定号应由买卖双方约定，取 0 至 999999(含 999999)之间的任意整数。

投资者通过成交确认委托方式与定价委托方式成交的，其成交约定号由系统自动分配，无须手动录入。

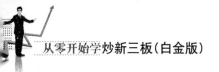

提醒 卖方所持余股不足 1000 股时，应一次性全部卖出。

2.10.5 协议转让过程中投资者应注意的问题

投资者协议转让股票，需要注意以下 4 点。

(1) 协议转让没有涨跌幅限制，因此定价申报时需要准确填写申报价格，谨防出现价格错误被对手方点击成交。

(2) 互报成交确认申报双方填报买卖方向相反，数量、价格、约定号等必须完全一致，否则会导致申报失败作撤单处理。

(3) 对与定价申报成交的成交确认申报，如系统中无对应的定价申报，该成交确认申报会作撤单处理，不会保留在系统中。

(4) 定价申报方式可能会被任意投资者单击成交，因此，如投资者欲与确定对手方成交，请选择互报成交确认申报方式。

2.11 新三板股票的做市转让

下面具体讲解新三板股票的做市转让，即什么是做市交易、做市转让方式下的委托类型、做市商初始股份获取和盈利模式及做市商方式下的投资者保护。

2.11.1 什么是做市交易

做市交易是指转让日内，做市商连续报出其做市证券的买价和卖价，若投资者的限价申报满足成交条件，则做市商在其报价数量范围内按其报价履行与投资者成交义务。

2.11.2 做市转让方式下的委托类型

做市转让方式下，投资者只可进行限价委托。限价委托是指投资者委托主办券商按其限定的价格买卖股票的方式，主办券商必须按限定的价格或低于限定的价格申报买入股票；按限定的价格或高于限定的价格申报卖出股票。

限价委托包括证券账户号码、证券代码、买卖方向、委托数量、委托价格等内容。

全国股份转让系统对到价的限价申报即时与做市申报进行成交；如有 2 笔以上做市申报到价的，按照价格优先、时间优先原则成交。成交价以做市申报价格为准。

做市商更改报价使限价申报到价的，全国股份转让系统按照价格优先、时间优先原则将到价限价申报依次与该做市申报进行成交。成交价以做市申报价格为准。

到价是指限价申报买入价格等于或高于做市申报卖出价格或限价申报卖出价格等于或低于做市申报买入价格。

限价申报之间、做市申报之间不能成交。

2.11.3　做市商初始股份获取和盈利模式

下面来讲解一下做市商初始股份获取和盈利模式。

1. 哪些机构能够申请成为做市商，成为做市商需要具备怎样的条件

《全国中小企业股份转让系统做市商做市业务管理规定(试行)》对做市商的范围进行了明确，即"做市商是指经全国中小企业股份转让系统有限责任公司同意，在全国中小企业股份转让系统发布买卖双向报价，并在其报价数量范围内按其报价履行与投资者成交义务的证券公司或其他机构"。

目前做市商主要为证券公司，证券公司申请在全国股份转让系统开展做市业务，应当具备下列条件。

(1) 具备证券自营业务资格。

(2) 设立做市业务专门部门，配备开展做市业务必要人员。

(3) 建立做市业务管理制度。

(4) 具备做市业务专用技术系统。

(5) 全国股份转让系统公司规定的其他条件。

根据证监会《关于证券经营机构参与全国股转系统相关业务有关问题的通知》，实缴注册资本 1 亿元以上，财务状况稳健，且具有与开展做市业务相适应的人员、制度和信息系统的基金管理公司子公司、期货公司子公司、证券投资咨询机构、私募基金管理机构等机构经证监会备案后，也可以在全国股份转让系统开展做市业务。

2. 做市商如何获得做市股份

做市商的初始库存股票可以通过以下几种方式取得。

(1) 股东在挂牌前转让。

(2) 股票发行。

(3) 在全国股份转让系统买入。

(4) 其他合法的方式。

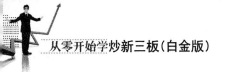
3. 做市商如何做市及盈利

做市商在合理控制库存的情况下，主要通过买卖价差实现盈利，即低价买入投资者的证券，再卖给市场上的买家，其价差即为做市商的主要盈利来源。

当然，如果库存控制不合理，且在单边市的情况下，做市商也有可能出现亏损。此外，做市商还可以在持有挂牌公司股票过程中，获得股票升值带来的资本利得和股息红利回报等。

4. 做市商能否中途加入和退出

做市商可以中途加入和退出做市，但需要满足一定条件。

挂牌时采取做市转让方式的股票，后续加入的做市商须在该股票挂牌满 3 个月后方可为其提供做市报价服务。后续加入的做市商应当向全国股份转让系统公司提出申请。

挂牌时采取做市转让方式的股票和由其他转让方式变更为做市转让方式的，其初始做市商为股票做市不满 6 个月的，不得退出为该股票做市；后续加入的做市商为股票做市不满 3 个月的，不得退出为该股票做市。做市商退出做市的，应当事前提出申请并经全国股份转让系统公司同意。做市商退出做市后，1 个月内不得申请再次为该股票做市。

5. 做市商相较于普通投资者有哪些优势

做市商相较于投资者的优势在于以下几个方面。

(1) 做市商能够获取较多的做市报价信息，包括做市股票实时最优 10 个档位限价申报价格和数量等信息，该股票其他做市商的实时最优 10 笔买入和卖出做市申报价格和数量等信息。

(2) 做市商在做市转让撮合时间内实行 T+0 回转交易。做市商做市买入的股票，买入当日可以卖出，降低了做市商的做市资金压力。

(3) 做市商盘后交易。每个转让日的 15:00～15:30，做市商之间可以采用成交确认申报方式调剂库存，做市商当日从其他做市商处买入的股票，买入当日不得卖出。

2.11.4 做市商方式下的投资者保护

做市转让方式下的成交价格均以做市商报价为准，投资者在下单前应参考做市商的报价信息，不宜以偏离做市商做市申报价格过多的委托价大量下单。因为，投资者到价订单即时与做市申报撮合成交，若投资者以高价大量委托买进或低价大量委托卖出，当作市申报数量全部成交后，做市商可能更改报价，此时投资者价格偏高的订单或价格偏低的订单可能以较为不利的价格成交。

为保护投资者利益，全国股份转让系统公司将对做市商的报价、库存股管理等行为进行实时监控与动态监管，并对可能出现的做市商违规报价、串通报价、利益输送、内幕交易等情形进行重点监察。

《全国中小企业股份转让系统做市商做市业务管理规定(试行)》对于做市商有可能滥用信息优势和资金优势侵害投资者利益的行为进行了约束，具体如下。

(1) 禁止做市商利用内幕信息进行投资决策和交易等活动；禁止其利用信息优势和资金优势，单独或者通过合谋，以串通报价或相互买卖等方式制造异常价格波动。

(2) 做市业务隔离制度，即做市商确保做市业务与推荐业务、证券投资咨询、证券自营、证券经纪、证券资产管理等业务在机构、人员、信息、账户、资金上的严格分离，有效防范可能产生的利益冲突和利益输送。

(3) 内部报告与留痕制度，做市商应当明确业务运作、风险监控、合规管理及其他相关信息的报告路径和反馈机制。建立强制留痕制度，确保做市业务各项操作事后可查证。

(4) 要求做市业务人员具备良好的诚信记录和职业操守。

2.11.5　做市商方式下的开盘价和收盘价

做市转让方式下，当日该股票的第一笔成交价为开盘价，当日该股票的最后一笔成交价为收盘价，当日无成交的，以前日收盘价为当日收盘价。

2.12　新三板的特别交易事项

下面来讲解一下新三板的特别交易事项，即暂停转让和恢复转让；终止挂牌和重新申请挂牌；挂牌公司除权、除息后的操作。

2.12.1　暂停转让和恢复转让

根据《全国中小企业股份转让系统业务规则(试行)》(以下简称《业务规则》)，挂牌公司发生下列事项，应当向全国股份转让系统公司申请暂停转让，直至按规定披露或相关情形消除后恢复转让。

(1) 预计应披露的重大信息在披露前已难以保密或已经泄露，或公共媒体出现与公司有关传闻，可能或已经对股票转让价格产生较大影响的。

(2) 涉及需要向有关部门进行政策咨询、方案论证的无先例或存在重大不确定性的重大事项，或挂牌公司有合理理由需要申请暂停股票转让的其他事项。

(3) 向中国证监会申请公开发行股票并在证券交易所上市，或向证券交易所申请股票上市。

(4) 向全国股份转让系统公司主动申请终止挂牌。

(5) 未在规定期限内披露年度报告或者半年度报告。

(6) 主办券商与挂牌公司解除持续督导协议。

(7) 出现依《公司法》第 180 条规定解散的情形，或法院依法受理公司重整、和解、破产清算申请。

挂牌公司未按规定向全国股份转让系统申请暂停股票转让的，主办券商应当及时向全国股份系统公司报告并提出处理建议。

当导致挂牌股票暂停转让的事项已按规定披露或相关情形消除后，挂牌公司可以向全国股份转让系统申请恢复转让。

2.12.2　终止挂牌和重新申请挂牌

根据《业务规则》，挂牌公司出现下列情形之一的，全国股份转让系统公司终止其股票挂牌。

(1) 中国证监会核准其公开发行股票并在证券交易所上市，或证券交易所同意其股票上市。

(2) 终止挂牌申请获得全国股份转让系统公司同意。

(3) 未在规定期限内披露年度或者半年度报告的，自期满之日起 2 个月内仍未披露年度报告或半年度报告的。

(4) 主办券商与挂牌公司解除持续督导协议，挂牌公司未能在股票暂停转让之日起 3 个月内与其他主办券商签署持续督导协议的。

(5) 挂牌公司经清算组或管理人清算并注销公司登记的。

(6) 全国股份转让系统公司规定的其他情形。

出现上述情形之一的，其持续督导主办券商应当向全国股份转让系统公司报告，全国股份转让系统公司在核定之后终止该公司的股票挂牌。

根据《业务规则》，导致公司终止挂牌的情形消除后，经公司申请、主办券商推荐及全国股份转让系统公司同意，公司股票可以重新挂牌。

2.12.3　挂牌公司的除权、除息后的操作

挂牌公司以股票股利分配给股东，也就是公司的盈余转为增资时，或进行配股时，就要对股价进行除权(XR)；挂牌公司将盈余以现金形式分配给股东，股价就要进

行除息(XD)。

要办理除权手续的股份公司先要报全国股份转让系统公司核定，在准予除权后，该公司即可确定股权登记基准日和除权基准日。凡在股权登记日拥有该股票的股东，就享有领取或认购股权的权利，即可参加分红或配股。除权除息当日购入该公司股票的投资者不享有本次分红派息或配股权利。

2.13　新三板的异常交易及监管

下面讲解新三板的异常交易及监管。

2.13.1　哪些行为算异常交易

根据《股票转让细则》第 113 条，可能影响股票转让价格或者股票成交量的异常转让行为如下。

(1) 可能对股票转让价格产生重大影响的信息披露前，大量或持续买入或卖出相关股票。

(2) 单个证券账户，或两个以上固定的或涉嫌关联的证券账户之间，大量或频繁进行反向交易。

(3) 单个证券账户，或两个以上固定的或涉嫌关联的证券账户，大笔申报、连续申报、密集申报或申报价格明显偏离该证券行情揭示的最近成交价。

(4) 频繁申报或撤销申报，或大额申报后撤销申报，以影响股票转让价格或误导其他投资者。

(5) 集合竞价期间以明显高于前收盘价的价格申报买入后又撤销申报，随后申报卖出该证券，或以明显低于前收盘价的价格申报卖出后又撤销申报，随后申报买入该证券。

(6) 对单一股票在一段时期内进行大量且连续交易。

(7) 大量或者频繁进行高买低卖交易。

(8) 单独或者合谋，在公开发布投资分析、预测或建议前买入或卖出相关股票，或进行与自身公开发布的投资分析、预测或建议相背离的股票转让。

(9) 申报或成交行为造成市场价格异常或秩序混乱。

(10) 涉嫌编造并传播交易虚假信息，诱骗其他投资者买卖股票。

(11) 全国股份转让系统公司认为需要重点监控的其他异常转让。

根据《股票转让细则》第 114 条，股票转让价格或者股票成交量明显异常的情形如下。

(1) 同一证券营业部或同一地区的证券营业部集中买入或卖出同一股票且数量较大。

(2) 股票转让价格连续大幅上涨或下跌,且挂牌公司无重大事项公告。

(3) 全国股份转让系统公司认为需要重点监控的其他异常转让情形。

此外,根据《全国中小企业股份转让系统股票异常转让实时监控指引(试行)》,采取协议转让方式的股票,投资者成交价格较前收盘价变动幅度超过 50%时,全国股份转让系统公司将于相关情形发生后在其网站逐笔公告相关成交信息,内容包括:证券代码、证券简称、成交价格、成交数量、买卖双方证券账户名称、主办券商证券营业部的名称等。

2.13.2　异常交易行为的监管重点是什么

《股票转让细则》第 112 条规定,全国股份转让系统公司对股票转让过程中出现的下列事项予以重点监控。

(1) 涉嫌内幕交易、操纵市场等违法违规行为。

(2) 可能影响股票转让价格或者股票成交量的异常转让行为。

(3) 股票转让价格或者股票成交量明显异常的情形。

(4) 买卖股票的范围、时间、数量、方式等受到法律、行政法规、部门规章、其他规范性文件、《业务规则》及全国股份转让系统其他规定限制的行为。

(5) 全国股份转让系统公司认为需要重点监控的其他事项。

此外,《股票转让细则》第 115 条还明确了列入重点监控范围的做市商行为如下。

(1) 不履行或不规范履行报价义务。

(2) 频繁触发豁免报价条件。

(3) 涉嫌以不正当方式影响其他做市商做市。

(4) 库存股数量异常变动。

(5) 报价异常变动,或通过频繁更改报价涉嫌扰乱市场秩序。

(6) 做市商之间涉嫌串通报价或私下交换交易策略、做市库存股票数量等信息以谋取不正当利益。

(7) 做市商与特定投资者在一段时间内对特定股票进行大量且连续交易。

(8) 其他涉嫌违法违规行为。同时,第 116 条明确规定,全国股份转让系统公司可根据监管需要,对主办券商相关业务活动中的风险管理、技术系统运行、做市义务履行等情况进行监督检查。

2.13.3　新三板的监管形式有哪些

全国股份转让系统公司可以单独或联合其他有关单位，对异常转让行为等情形进行现场或非现场调查。相关主办券商和投资者应当予以配合。

全国股份转让系统公司在现场或非现场调查过程中，可以根据需要要求主办券商及其证券营业部、投资者及时、准确、完整地提供下列文件和资料。

(1) 投资者的开户资料、授权委托书、资金账户情况和相关账户的转让情况等。

(2) 相关证券账户或资金账户的实际控制人、操作人和受益人情况、资金来源以及相关账户间是否存在关联的说明等。

(3) 对股票转让中重点监控事项的解释。

(4) 其他与全国股份转让系统公司重点监控事项有关的资料。

2.13.4　新三板的监管措施有哪些

《股票转让细则》第 119 条规定，对第 112 条、第 113 条、第 114 条、第 115 条所述重点监控事项中情节严重的行为，全国股份转让系统公司可以视情况采取以下措施。

(1) 约见谈话。

(2) 要求提交书面承诺。

(3) 出具警示函。

(4) 限制证券账户转让。

(5) 向中国证监会报告有关违法违规行为。

(6) 其他自律监管措施。

《股票转让细则》第 120 条明确规定，转让参与人及相关业务人员违反该细则的，全国股份转让系统公司可根据《业务规则》及全国股份转让系统其他相关业务规定，对其进行纪律处分，并记入诚信档案。

2.14　两网及退市公司的交易规则

下面讲解两网及退市公司的交易规则。

2.14.1　两网及退市公司的交易方式是怎样的

两网及退市公司股票整体平移至全国股份转让系统后，其交易方式未做调整，具

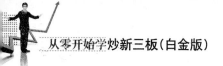

体如下。

(1) 转让时间。股份转让日委托申报时间为 9:30 至 11:30，13:00 至 15:00。

(2) 交易方式。在股份转让日 15：00 以集合竞价的方式配对撮合成交。

(3) 交易单位。股份转让以"手"为单位，每"手"等于 100 股。

(4) 申报规则。申报买入股份，数量应当为一手的整数倍。不足一手的股份，可一次性申报卖出。

(5) 报价单位。A 股每股价格最小变动单位为人民币 0.01 元；B 股每股价格最小变动单位为 0.001 美元。

(6) 涨跌幅限制。涨跌幅限制为前一转让日转让价格的 5%。

(7) 每只股票每周转让次数。全国股份转让系统根据公司质量，实行区别对待，股份分类转让。

同时满足以下条件的公司，股份每周可以转让 5 次。

① 规范履行信息披露义务；

② 股东权益为正值或净利润为正值；

③ 最近年度财务报告未被注册会计师出具否定意见或无法表示意见。

上述股东权益为正值是指最近会计年度经审计的股东权益扣除注册会计师不予确认的部分后为正值；净利润为正值是指最近会计年度经审计的扣除非经常性损益后的净利润为正值。

股东权益和净利润均为负值，或最近年度财务报告被注册会计师出具否定意见或无法表示意见的公司，其股份每周可以转让 3 次。

未与主办券商签订《推荐恢复上市、股票转让协议书》，或不履行基本信息披露义务的公司，其股份实行每周星期五集合竞价转让 1 次的方式。

投资者可从股票简称的最后一个字符上识别股份转让的次数。每周转让 5 次(星期一、二、三、四、五各转让一次)的股票，股票简称的最后一个字符为阿拉伯数字"5"；每周转让 3 次(星期一、三、五各转让 1 次)的股票，股票简称的最后一个字符为阿拉伯数字"3"；仅于每周转让 1 次(星期五转让 1 次)的股票，股票简称的最后一个字符为阿拉伯数字"1"。

(8) 可能成交价格预揭示制度。可能成交价格预揭示是指在最终撮合成交前若干既定的时间点，对每一时间点前输入的所有买卖委托按照集合竞价规则虚拟撮合所形成的价格分时点进行揭示的制度。全国股份转让系统实行的可能成交价格预揭示制度是在现行集合竞价规则的基础上，分别于转让日的 10:30、11:30、14:00 揭示一次可能的成交价格，最后一个小时即 14:00 后每 10 分钟揭示一次可能的成交价格，最后 10 分钟即 14:50 后每分钟揭示一次可能的成交价格。

2.14.2　两网及退市公司的投资者是否适用投资者适当性标准

《投资者适当性管理细则》的适用对象为参与挂牌公司股票公开转让的投资者，两网及退市公司的投资者不适用此细则。对于两网及退市公司的投资者，2013 年 2 月 8 日发布的《全国中小企业股份转让系统两网公司及退市公司股票转让暂行办法》第 14 条明确规定：投资者参与两网及退市公司股票买卖前，应到主办券商或其所属营业部阅读《风险揭示书》，在充分了解投资风险的基础上签署《风险揭示书》，并签订《委托协议》。

2.15　实战炒新三板

真正的投资高手都是经过真枪实弹的操练一步一步成长起来的，投资者要想真正成为新三板市场中的赢家，就要不断学习、不断地反复应用学到的技术，总结出一套简单实用的适合自己的新三板交易秘籍。

如果你已有证券账户，并且成功开通了新三板交易功能，那么接下来就可以登录证券账户，进行新三板股票交易了。

(1) 打开同花顺软件，就可以在菜单栏中看到"委托"按钮，如图 2.1 所示。

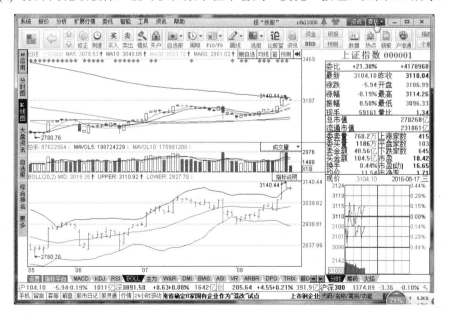

图 2.1　委托按钮

(2) 单击"委托"按钮，弹出"用户登录"对话框，选择委托入口、账号类型，然后再输入账号、交易密码和验证码，如图2.2所示。

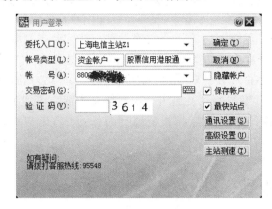

图2.2　用户登录对话框

(3) 正确选择和输入信息后，单击"确定"按钮，就可以成功登录网上交易系统。在交易之前，要把银行卡上的资金转到证券账户中。单击左侧导航栏中的"银证转账"，就可以看到其子菜单，如图2.3所示。

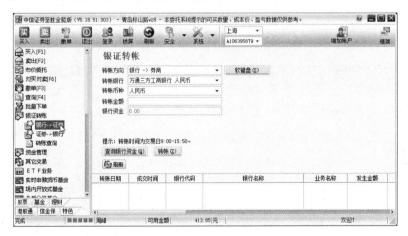

图2.3　银证转账

(4) 在转账之前，先来查看一下银行卡中的余额，单击"查询银行资金"按钮，弹出"提示"对话框，如图2.4所示。

(5) 查看银行卡中的余额后，输入要转账的金额，然后单击"转账"按钮即可。

(6) 资金转入账户后，就可以进行新三板股票买卖了。

图 2.4 "提示"对话框

提醒 单击"证券转银行",可以把账户中的资金转入银行卡中。单击"转账流水",可以查看转账的详细信息。

(7) 单击左侧导航栏中的"买入",就会显示"买入股票"界面,然后输入新三板股票的代码,就可以直接买入了,如图 2.5 所示。和 A 股一样,接下来就是耐心持有了(新三板讲究的是价值投资,不要炒短线)。

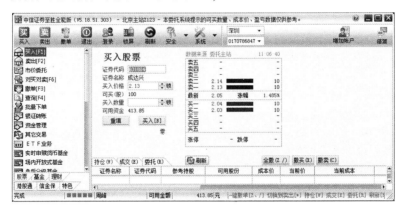

图 2.5 "买入股票"界面

第 3 章

新三板的分析技术

新三板交易是一个残酷的博弈过程，在这里充满了机遇和风险，也充满了欺骗和谎言。如果想要在市场中生存下来，就必须学习各种分析技术，即基本面分析和技术分析。本章来详细讲解什么是基本面分析、什么是技术分析，以及基本面分析技巧和技术分析技巧。

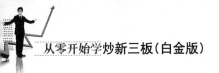

3.1　初识分析技术

要想在新三板市场中成为赢家,必须重视新三板股票的价格变化趋势的分析和预测。因为能否正确地分析和预测新三板股票价格的变化趋势,是新三板股票交易成败的关键。分析和预测新三板股票价格走势的方法很多,但总体上只有两种,即基本面分析和技术分析。

3.1.1　基本面分析概述

基本面分析是指通过分析新三板股票的供求状况及其影响因素来解释和预测新三板股票价格变化趋势的方法。

新三板股票的供求状况及影响其供求的众多因素会对新三板股票的价格产生重要影响。因此,通过分析新三板股票的供求状况及其影响因素的变化,可以帮助交易者预测和把握新三板股票价格变化的基本趋势。

> **提醒**　基本面分析是中长线交易者最重要的分析方法,是把新三板股票的内在价值分析放在首位,这也是技术分析者成功操作的前提,否则就会掉入市场主力设计好的陷阱。

3.1.2　技术分析概述

技术分析是相对于基本面分析而言的,是透过K线图表或技术指标的记录,研究市场过去及现在的行为反应,以推测未来新三板股票价格的变动趋势。

技术分析有很多种,重要的有K线、K线形态、趋势、各种技术指标等。另外,要注意技术分析是艺术,而不是科学。对于一种K线图,有许多种解释,到底哪一种正确,则是仁者见仁,智者见智。

3.1.3　技术分析与基本面分析的联系

技术分析和基本面分析,都认为新三板的股票价格是由供求关系所决定的。但基本面分析主要是根据对影响供需关系的种种因素的分析来预测新三板股票未来的价格走势;技术分析则是根据价格本身的变化来预测新三板股票价格的未来走势。

技术分析的逻辑是：只要价格上涨，不论是什么因素，需求一定超过了供给，后市理应看好；如果价格下跌，不管是什么原因，供给一定超过了需求，后市就应该看跌。

技术分析所依赖的图表本身并不能导致市场的涨跌，它只是简明地显示了市场投资者现行的乐观或悲观心态，而技术分析者则正是从中窥出价格后期变化的可能性。

大多数投资者，要么说自己是技术分析派，要么说自己是基本面分析派，实际上很多投资者两手兼备。绝大部分基本面分析者对图表分析的基本立场有实用的了解，同时，绝大部分技术分析者对经济基础也至少有个走马观花的印象。

但问题是，在大多数情况下，图表的预测和基本面的分析南辕北辙。当一场重要的市场运动初露端倪时，市场常常表现得颇为奇特，从基本面上找不出什么理由。恰恰是在这种趋势萌生的关键时候，两种分析方法分歧最大。等趋势发展了一段时间后，两者对市场的理解又协调起来，可这个时候往往来得太迟，投资者已经无法下手了。

总之，市场价格是实体经济的超前指标，即是大众常识超前指标。实体经济的新发展在统计报告等资料揭示之前，早已在市场上实际发生作用，已经被市场消化吸收了。所以说，一些最为剧烈的牛市或熊市在开始的时候，几乎找不到表明实体经济已改变了的资料，等到好消息或坏消息纷纷出笼时，新趋势早已滚滚向前了。

技术分析者往往非常自信，当大众常识同市场变化牛头不对马嘴时，也能够"众人皆醉唯我独醒"，应对自如。他们乐于领先一步，当少数派，因为他们明白，其中原因迟早会大白于天下，不过那肯定是事后诸葛亮。他们既不愿意也没有必要坐等，从而失去良机。

3.2 基本面分析

基本面分析就是研究新三板股票涨跌的长期性因素和根本性因素，包括国家政策、行业、企业团队、公司信誉、财务数据等，利用各种统计资料，运用多种经济指标，从研究宏观的经济大气候开始，逐步研究行业兴衰程度，以及微观的企业经营现状和前景，从而对新三板股票做出客观的评价，并尽可能预测其未来的变化，以作为投资决策的依据。

3.2.1 国家政策和行业影响

关注当前中国的投资环境，货币是否充足，若降息则将释放更多流动性，利好投资环境。平时大家主要关注与 A 股市场一样的基本面，这其中最重要的是央行的货币

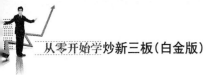
政策。比如，降息是释放流动性，加息是收紧流动性，这些基本的东西要知道。

俗话说"男怕入错行，女怕嫁错郎"，一个行业不好，那么该企业的发展可能事倍功半。未来是高科技的时代，我们主要关注新三板的高科技领域、"互联网+"领域、人工智能领域、生物医药领域、工业 4.0 领域、反传统行业领域、资源环境领域以及其他的国家政策扶持的领域(尽量避开传统行业，销售零售以及已经成熟的高科技领域，除非有特别好的团队可以考虑)。

3.2.2　企业团队和公司信誉

行业就好比跑道，而企业团队就像是选手，一个选手不行，再好的跑道也是没用的，所以最重要的核心还是"人"。我们小投资者不可能去接触到大企业的团队和人，也很难了解他们，那么主要是通过这个团队的业绩来判断。其次要上网找找他们团队相关的视频，看看这个团队领导的性格如何，是否有人格魅力还是一看就烦。若是一个有人格魅力的领导，那么他的企业也是一个有文化的企业。

一个人的信誉都可能影响他一辈子的命运，一个公司的信誉也会影响企业的发展。投资者要从网上了解该企业是否有不良信誉和不好的名声，这对投资者的选择来说至关重要。

3.2.3　市盈率

市盈率是观察一个公司是否有泡沫的关键指标之一。特别是新三板市场，刚刚上市的企业如果市盈率过高，那么其发展前景必然受到影响，我们要选择那些符合新三板整体市盈率的优质企业。目前新三板市盈率普遍为 15%～20%，有些冷门及细分领域垄断企业市盈率为 30%～40%。如果一家企业市盈率已经超过创业板(市盈率在 60%左右)，建议投资者要避而远之，即使再看好，也要考虑风险。

市盈率又分为静态市盈率和动态市盈率，计算公式具体如下：

$$静态市盈率=股票现价÷当期每股收益$$
$$动态市盈率=股票现价÷过去四个季度的每股盈余$$

打开同花顺软件，输入 430105，按 Enter 键，然后按 F10 键，就可以看到合力思腾(430105)新三板股票的最新动态信息，如图 3.1 所示。

在这里可以看到合力思腾(430105)的静态(市盈率)和动态(市盈率)都为 19.89。

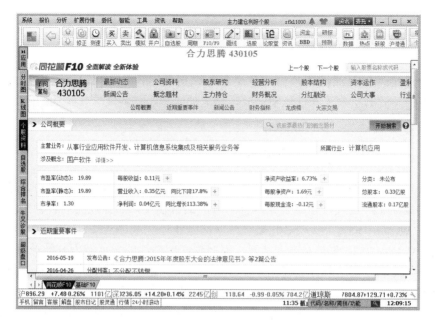

图 3.1　合力思腾(430105)新三板股票的最新动态信息

3.2.4　企业的经营情况及负债

要了解发售企业的生产经营现状，如销售收入、销售税金、利润总额；企业负债的额度，如企业资产总额、负债总额、资产净值等。经营现状良好、负债额度低、资产净值高的企业是我们第一步筛选的条件。一个高负债的企业，哪怕它的前景再好，我们也不去冒险。要知道新三板企业有 5000 多家，没必要为了一两家企业去承担经营风险，除非你特别看好。

3.2.5　资金流和净利润增长率

关注企业的资金流，若资金净流量小于净利润，要考虑为何企业总向外掏钱。同时要关注企业近几年的净利润增长率。一般认为近两年增长率为 10%～20%最佳，代表企业还有一定的发展空间，如果净利润增长率超过 50%，那么增长空间可能有缩小的风险，当前股票价格可能产生泡沫。增长率为负数的公司要看它的行业，如果是医药和高科技企业仍然可以考虑，因为这类行业一般是投入大量资金，一旦产出后回报率非常可观，甚至垄断整个市场。

3.2.6　应收账款与应付账款

一个是别人欠企业的钱，另一个是企业欠别人的钱。如果总是有大量钱收不回来，要警惕企业的资金流动性风险；要是总欠他人钱不还，要警惕企业的信誉风险。

3.2.7　企业近3年的利润总额和销售利润

3年来这些数据的变化情况，反映了企业怎样的成长曲线，原因为何？是企业竞争乏力，是行业不景气，还是企业具有季节性销售模式，诸如此类的种种猜测会迅速在信贷员的脑海中跳转。投资者也要大致掌握企业近3年或近2年的发展。俗话说一岁看老，如果企业2～3年发展都不行，那么要谨慎后续的发展潜力可能受限制。

查看新三板公司的账务数据。打开同花顺软件，输入430105，按Enter键，然后按F10键，就可以看到合力思腾(430105)新三板股票的最新动态信息。

再单击"财务概况"，就可以看到合力思腾(430105)新三板股票的账务数据，如图3.2所示。

图3.2　合力思腾(430105)新三板股票的账务数据

3.3　技术分析

技术分析重在分析价格行情的历史走势，通过其历史行情走势来预测和判断价格的未来变动方向。在进行技术分析时，应坚持由远及近的原则，即从长期趋势研究着手，分析月 K 线图和周 K 线图，然后再分析较短的时间周期内的 K 线图，如日 K 线图、分钟 K 线图等。这样就能做到明大势，并能从市场细节动向中寻找有利的出入市时机。

3.3.1　技术分析成立的基础

注意，技术分析之所以能够成立，是建立在 3 个基本假设基础上的。如果投资者不认可这 3 个假设，那么技术分析就不可取了。3 个基本假设如图 3.3 所示。

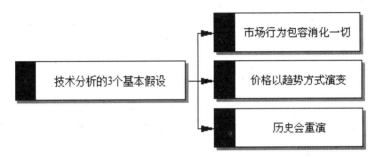

图 3.3　技术分析的 3 个基本假设

这 3 个基本假设，字数不多，但可谓是字字含金。在过去刚开始学习时，有点儿不以为然，但随着学习的深入，了解的加深，才慢慢发现，这 3 个前人在技术分析上智慧的总结，确实是蕴含着博大精深的。

3.3.2　市场行为包容消化一切

市场行为包容消化一切，看起来有点儿绝对化。这样的绝对字眼本不该出现在"没有绝对"的技术分析研究里。投资者要明白，技术分析不是绝对的，但却有"概率最大"的。为何不少投资者把技术分析看成一门艺术，本质上就是由于这里有一个任人发挥的空间，没有绝对，但有概率最大。谁的研判准确率高，那么就相应地代表了其在这个市场中的艺术水平高度。

提醒 投资者一定要明白，学会技术分析后，不要以为自己就天下无敌了。随着在实战中慢慢提高，你会渐渐明白技术分析的艺术性。

市场行为包容消化一切，是指能够影响新三板股票价格的任何因素，包括政治、经济、政策、供求关系、投机心理、内幕消息、自然灾害等，实际上都反映在其价格之中。

我们知道，如果需求大于供给，价格必然上涨；如果供给大于需求，价格必然下跌，这个供求规律是所有经济的、基础的预测方法的出发点。

我们把它掉过来，那么，只要价格上涨，不论是因为什么具体的原因，需求一定超过了供给，其后市看好；如果价格下跌，也不管什么原因，供给一定超过了需求，其后市看淡。

其实，技术分析者通常不理会价格涨跌的原因，而且在价格趋势形成的早期或市场正处在关键转折点时，往往没有人确切了解市场为什么如此这般古怪地动作。恰恰是在这种至关紧要的时刻，技术分析者常常独辟蹊径，一语中的。所以，随着你实战水平的提高，遇上这种情况越多，"市场行为包容消化一切"这一点就越发显出不可抗拒的魅力。

顺理成章，既然影响市场价格的所有因素最终必定要通过市场价格反映出来，那么研究价格就足够了。所以江恩曾经说过，如果你坐在自己家中或者自己的办公室里，静静地研究你的图表(K 线图)，并依据明确无误的迹象进行交易，你就可以取得更大的成功。

实际上，技术分析者是通过研究价格图表及大量的辅助技术指标，让市场自己揭示它最可能的走势，而不是凭他们的"精明"来征服市场。

3.3.3　价格以趋势方式演变

"趋势"，可别小看这两个字，它在技术分析里可以带给你无限的机会，同时也可能带给你无限的风险，就看你如何去对待这个问题了。

技术分析的核心就是趋势，技术分析的意义是：要在一个趋势发展的早期，及时准确地把它揭示出来，从而达到顺着趋势交易的目的。

技术分析者认为，对一个既成的趋势来说，下一步往往是沿着现存趋势的方向继续演变，其掉头反向的可能性要小得多。

当然，趋势是有尽头的，在向上的"趋势"里，最终的结局往往就是变成一个向"下"的趋势，反之也相同。"没有只涨不跌的商品，也没有只跌不涨的商品"，这句话完全可以看成是对"趋势"上下运动的较为明了的注解。价格以趋势方式演变，并且其趋势倾向于持续发展，如图 3.4 所示。

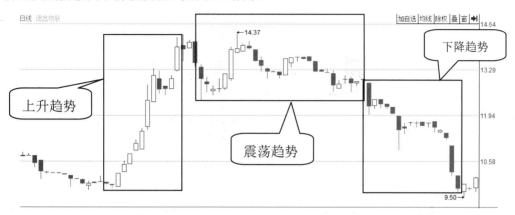

图 3.4　价格以趋势方式演变

3.3.4　历史会重演

无论什么投资市场，其主体还是人在操作，而人类的心理从来就是"江山易改禀性难移"，这就为同样的市场状况下出现同样的交易行为奠定了基础。另外，经济周期总是周而复始的，因而人类的投资交易行为也总是周而复始地在重复着相似的动作。

"历史会重演"既是自然法则作用的结果，也是价格与时间取得平衡的结果。我们常常利用统计天气数据来预测未来的天气，利用以往生意记录可以知晓未来供求关系等，其实都是认定多数情况下未来就是过去的延续。

因此技术分析者认为，既然一些图形在过去的几百年经常重复，就不妨认为它们在未来同样会继续出现。

历史会重演，并不是说过去的走势会在现在完全重复上演，而是指过去的走势，在现在有可能阶段性出现非常相似的走势。世界上没有完全相同的指纹，同样，在走势重复的过程中，其细微之处必然也是不尽相同的。说白了，完全一样是不可能的，对这一点要有清晰的认识。

3.3.5　技术分析的优点

技术分析主要有 3 个优点，如图 3.5 所示。

1) 简单性

价格走势图可以把各种变量之间的关系及其相互作用的结果清晰地表现出来，把复杂的因果关系变成了简单的价格走势图。以图看势，就很容易把握价格变化的趋势，并且利用计算机进行技术分析相当方便。

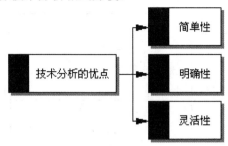

图 3.5　技术分析的优点

2）明确性

在图表中可以出现明显的底部或顶部形态，也可以看到各种买卖信号，它们的出现可以提示投资者做好交易准备。同样，一些主要的支撑位或均线被突破，往往也意味着巨大的机会或风险来临。这些就是技术分析的明确性，但要注意明确性并不等于准确性。

3）灵活性

技术分析可以适用于任何交易媒介和任何空间尺度，不管是做股票、黄金、白银、期货、外汇，无论是分析上百年的市场走势，还是几个小时的标的物价格走势，其基本技术分析的原理都是相同的。只要调出任何一个标的物的价格走势图，就可以获取有关价格的信息，并进行走势分析，即预测其未来走势。

3.3.6　技术分析的缺点

技术分析存在 2 个缺点，如图 3.6 所示。

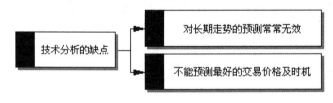

图 3.6　技术分析的缺点

1）对长期走势的预测常常无效

技术分析只能分析短期价格走势的变化，决定贵金属长期价格走势的还是地缘政治、全球金融等因素。单纯运用技术分析来预测长期的价格走势，其准确性往往较差。

2）不能预测最好的交易价格及时机

技术分析只能预测未来一段时间内总的价格走势，不能指出该时期内的最高价在何处，也不能指出该时期的最低价在哪里，更不能指出每一次上升或下跌的持续时间。

总之，技术分析是客观事物，其使用者是人，如果投资者不懂得心理控制、资金管理、交易技巧、市场特征等，单靠技术分析这一条腿走路，在一个具有较多不确定性的交易市场中，是不可能成为赢家的。

3.3.7　技术分析的类型

技术分析发展到今天，形成了多种技术分析门派，创造了多种独立的技术分析体系。主要的技术分析方法有 4 种，如图 3.7 所示。

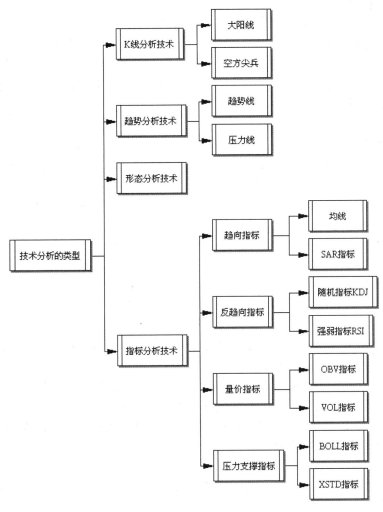

图 3.7　技术分析的类型

1) K 线分析技术

K 线分析技术，主要是利用单纯的 K 线图来预测价格的未来走向。价格是一切变化的前提，是趋势运动里最重要的研究部分。最高价、最低价、开盘价、收盘价等都显示在 K 线图上，是绝大部分技术指标的先行指标和统计基础。

所以，研究 K 线就可以获得当前市场多、空力量的对比状况，并能进一步判断出市场多、空双方谁更占优势，这种优势是暂时的，还是决定性的。

K 线分析技术包括两种，分别是单 K 线模式和多 K 线模式，如十字星、大阳线、空方尖兵、红三兵等。

2) 趋势分析技术

趋势分析技术，是按照一定的方法和原则，在价格走势图中绘制直线，然后根据 K 线和这些直线的穿越情况来预测价格未来走势的方法。

当然，切线的画法不是凭空乱画，它通常是根据价格阶段性的高点或低点，以及趋势的支撑部位或阻力部位来画线的，当然也有的是根据神秘的自然法则或数学规律来画线的。这些线条的产生符合一定的市场交易心理和自然规律，因而在有些时候也会产生一定的作用。

常用的趋势分析技术有趋势线、通道线、支撑线、压力线、黄金分割线等。

3) 形态分析技术

在价格起起落落的时候，常常会在 K 线图表中留下一些投资者购买或抛售的预兆。形态分析技术，是根据 K 线图中过去所形成的特定价格形态，来预测价格未来发展趋势的一种方法。当然，这也是一种纯粹的经验性统计，因为 K 线图表常常会表现出一些可以理解的、重复的价格形态。

著名的价格形态主要包括反转形态(双底、V 形底、头肩顶、M 顶)和各种持续形态(上升旗形、收敛三角形)。

4) 指标分析技术

指标分析技术，是通过对原始数据(开盘价、收盘价、最低价、最高价、成交量、成交金额)的处理，来反映出市场的某一方面深层的内涵，这些内涵是很难通过原始数据直接看出来的。不同的处理方法会产生不同的技术指标，即每一种技术指标都对应着一种处理原始数据的方法。

目前，应用于市场的技术指标有几百种，按照不同的计算原理和反映状况，可大致分为趋向指标、反趋向指标、量价指标、压力支撑指标等。

趋向指标是识别和追踪有趋势的图形类指标，其特点是不试图猜顶和测底，如均线、MACD 指标、SAR 指标等。

反趋向指标，又称振荡指标，是识别和追踪趋势运行的转折点的图形类指标，其特点是具有强烈的捕顶和捉底的意图，对市场转折点较敏感，如随机指标 KDJ，强弱指标 RSI 等。

量价指标是指通过成交量变动来分析捕捉价格未来走势的图形类指标，其特点是以"成交量是市场元气"为依据，揭示成交与价格涨跌的关系，如 OBV 指标、VOL 指标等。

压力支撑指标，又称通道指标，是通过顶部轨道线和底部轨道线，试图捕捉行情的顶部和底部的图形类指标，其特点是具有明显的压力线，也有明显的支撑线，如 BOLL 指标、XSTD 指标。

提醒　对于指标的应用，要记住经典图形的意义，但要根据大势和主力特征进行认真识别，因为有时很可能是主力发的假信号，即通过操纵价格绘制的假指标图形。如果投资者信以为真，很可能一买就套，一卖就涨。

总的来讲，从时间上来看，K 线和指标分析技术有利于短线交易；趋势和形态分析技术有利于中长线交易。从结果上来看，这 4 类技术分析方法尽管考虑的出发点和表达方式不尽相同，但是彼此并不排斥，在使用上可以相互借鉴和融合。但投资者要明白，市场上不存在确切无误的指标或公式，即使是那些最常见的、总体上最可靠的分析方法和分析结论，也只能以一种概率性的表述而存在，不可能不出问题。因为市场的本质是博弈对立的，正与反不可能那么清楚，否则就没有人会输钱，更不会有人赢钱。

3.3.8　技术分析的意义

技术分析是完善实战交易系统中的重要组成部分，它分析市场价格的走向和位置，并提高最后的交易成功概率系数，是交易行为中的切入点，也是交易系统中最基础也是最重要的起点。

技术分析的意义有 4 项，具体如下。

(1) 提高交易方向的成功概率。

(2) 计算点位，确立损赢的固定点位后，为交易技巧中的资金管理提供一个计算的数字参数。

(3) 寻找交易信号，并通过指标工具的数字量化加以确认，为交易策略提供执行依据。

(4) 技术分析理论可以把交易行为中的复杂执行心理问题，进行理论程序的整理归类，将其中的秩序简单化并确立下来，帮助交易者快速提高自己的交易心理能力。

3.3.9　技术分析的两个基本工具

技术分析的两个基本工具分别是线形图和 K 线图。线形图就是分时走势图；K 线

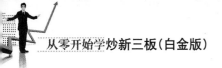

图就是日 K 线图、月 K 线图和分钟 K 线图。

1) 线形图

线形图是一种在分析价格的各种图形中，最简单明了而且用途广泛的价格走势图。打开同花顺软件，输入"830960"，按 Enter 键，就可以看到微步信息(830960)的分时走势图，如图 3.8 所示。

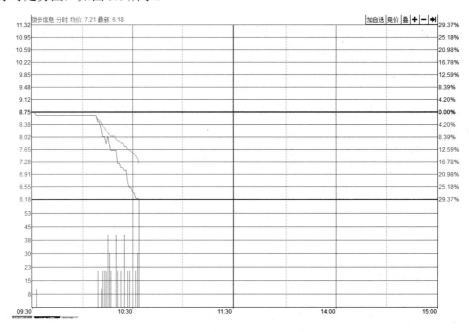

图 3.8　微步信息(830960)的分时走势图

分时走势图是最原始的价格图，是将投资品种每分钟的最后一笔成交价格依次连接起来组成的。

2) K 线图

K 线是由价格的开盘价、收盘价、最低价和最高价组成的。在微步信息(830960)的分时图状态下，按 Enter 键，就可以看到微步信息(830960)的日 K 线图，如图 3.9 所示。

由图 3.9 可以看出，K 线是一条柱状的线条，由实体和影线组成。在实体上方的影线称为上影线；在实体下方的影线称为下影线。实体分阳线和阴线，当收盘价高于开盘价时，实体部分一般是红色或白色，称为阳线；当收盘价低于开盘价时，实体部分一般是绿色或黑色，称为阴线，如图 3.10 所示。

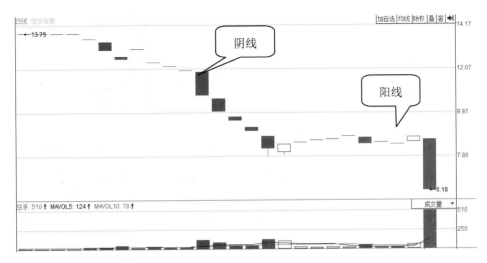

图 3.9　微步信息(830960)的日 K 线图

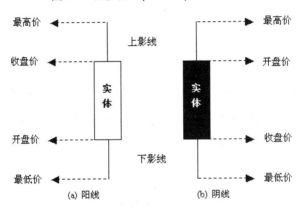

图 3.10　阳线和阴线

K 线具有直观、立体感强、携带信息量大的特点，它吸收了中国古代阴阳学说，蕴含着丰富的东方哲学思想，能充分显示价格趋势的强弱，显示买卖双方力量平衡的变化，从而较准确地预测后市。

利用 K 线图，投资者可以对变化多端的市场行情有一目了然的直观感受。K 线图最大的优点是简单易懂，并且运用起来十分灵活；最大的特点在于忽略了价格在变化过程中的各种纷繁复杂的因素，而将其基本特征显示在投资者面前。

K 线按形态来分共有 3 种，分别是阳线、阴线和同价线。阳线，即收盘价高于开盘价的 K 线，阳线按实体大小可分为大阳线、中阳线和小阳线，如图 3.11 所示。

阴线，即收盘价低于开盘价的 K 线，阴线按实体大小可分为大阴线、中阴线和小阴线，如图 3.12 所示。

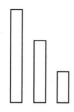
图 3.11 大阳线、中阳线和小阳线

图 3.12 大阴线、中阴线和小阴线

同价线是指收盘价等于开盘价，两者处于同一个价位的一种特殊形式的 K 线，同价线常以"十"字形和 T 字形出现，所以又称十字线和 T 字线。同价线按上、下影线的长短、有无，又可分为长十字线、十字线、T 字线、倒 T 字线和一字线，如图 3.13 所示。

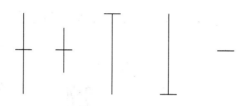

图 3.13 长十字线、十字线、T 字线、倒 T 字线和一字线

按时间来分，K 线可以分为两种，分别是短周期 K 线和中长期 K 线。其中短周期 K 线包括 5 分钟 K 线、15 分钟 K 线、30 分钟 K 线、60 分钟 K 线、2 小时 K 线、4 小时 K 线、日 K 线等。

打开同花顺软件，在日 K 线图状态下，单击"周期"按钮，弹出菜单，再单击"30 分钟"命令，就可以看到微步信息(830960)的 30 分钟 K 线图，如图 3.14 所示。

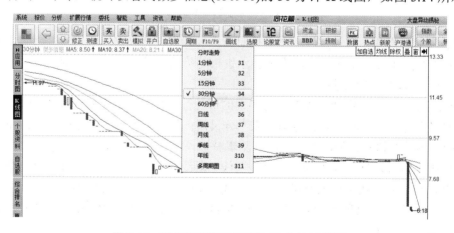

图 3.14 微步信息(830960)的 30 分钟 K 线图

中长周期 K 线包括周 K 线、月 K 线、季 K 线等。在日 K 线图状态下，单击"周期"按钮，弹出菜单，再单击"周线"命令，就可以看到微步信息(830960)的周 K 线图，如图 3.15 所示。

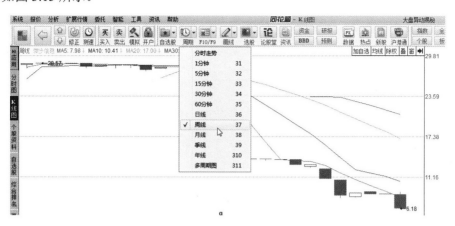

图 3.15　微步信息(830960)的周 K 线图

提醒　按 F8 键，可以实现不同分析周期的切换。

不同的 K 线，有不同的作用。短周期 K 线，反映的是价格短期走势；长周期 K 线，反映的是价格中长期走势。

所有 K 线的绘制方法都相同，即取某一时段的开盘价、收盘价、最高价、最低价进行绘制。如周 K 线，只需找到周一的开盘价、周五的收盘价、一周中的最高价和最低价，就能把它绘制出来。现在电脑软件已相当普及，不需要手工绘制各种 K 线图，但投资者最好懂得其原理及绘制方法，这样对研究判断市场走势是很有好处的。

第 4 章

新三板的 K 线和均线
分析技术

K 线的作用很大，利用 K 线就能判断新三板股票价格的运行趋势，结合其他分析技术，可以准确地把握买入和卖出的时机，从而成为股市中的赢家。均线是价格的生命线，是对交易成本的最直观反映。另外，均线技术是最基本的分析技术，在股票、外汇、期货等证券市场得到广泛的应用，甚至可以说是行情的一部分。本章首先讲解 K 线的意义及注意事项；然后讲解常见的 K 线和 K 线组合及实战技巧；最后讲解均线的实战技巧。

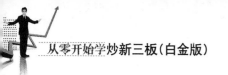

4.1 K 线的意义及注意事项

K 线是用来记录交易市场行情价格的，因其形状如同两端有蕊芯的蜡烛，故而在西方称之为蜡烛图(中国人习惯称之为阴阳线)。

K 线起源于日本德川幕府时代的 1710 年以后。当时日本大阪的堂岛大米会所开始经营世界最早的期货合约，K 线就是为记录大米每天涨跌的价格而发明的。

4.1.1 K 线的意义

K 线是一种无字天书，是一种阴阳交错的历史走势图，实际上包含着因果关系。从日 K 线图上看，上一个交易日是当前交易日的"因"，当前交易日是上一个交易日的"果"；而当前交易日又是下一个交易日的"因"，而下一个交易日是当前交易日的"果"。正是这种因果关系的存在，分析师才能根据 K 线阴阳变化找出市场规律，并以此预测价格走势。

K 线的规律是：一些典型的 K 线或 K 线组合出现在某一位置时，价格将会按照某种趋势运行，当这些典型的 K 线或 K 线组合再次出现在类似位置时，就会重复历史的情况。如底部出现早晨之星，价格往往会由此止跌回升，掌握这一规律后，当再遇到底部出现早晨之星，就可以判断价格反转在即，认真分析行情后可以考虑择机建仓。

K 线的规律，是投资者在长期实战操作中摸索出来的，作为刚入门的投资者，需要在学习别人经验的基础上，通过实战来提高自己观察和分析 K 线的能力，只有这样才能掌握 K 线的规律，才能灵活地应用 K 线。

4.1.2 K 线运用注意事项

每一个 K 线都在试图向我们做出手势，告诉我们市场正在发生的变化。投资者只有静下心来，看明白市场主力在告诉我们什么，并且辨别信息是不是主力的真正意图。例如，根据 K 线理论，某 K 线告诉投资者可以加仓跟进了，但也有可能是主力在操纵市场在进行反技术操作，即透多，这时投资者一旦加仓，就很可能被套。

K 线不是一门科学，而是一种行为艺术和投资哲学的实践，其本质是市场群体心理因素的集中反映。投资者可以掌握它的性，但把握不了它的度，它给每个人留下了很多主观的判断。如果试图量化的，则最终不得不陷入败局，如著名的投资大师江恩，晚年也只记录手法和操作规则，而不言其他。

没有完美的分析技术，即任何技术都有其缺点，K 线的缺点就是发出错误信号太多；当然优点也很明显，就是可以卖个高价获得较大的收益。所以投资者在利用 K 线技术进行操作时，分析 K 线，不能拘泥于图形，而要究其内在的本质，洞悉多、空双方的力量对比变化。

对于 K 线技术，投资者一定要在心中熟记常用的 K 线图，并且明白其具体意义及发出的买卖信号，然后再结合市场特征、主力操作手法、其他分析技术进行综合研判，才能做出买卖决定。

　提醒　任何技术都是在特定条件下运用才是正确的。

4.2　常见的 K 线和 K 线组合

在运用 K 线技术时，不能只看其形，还要研究其后的多空力量对比，即要结合 K 线的位置、时间来看，因为在不同的位置和不同的时间段所表达的信息是不同的。所以在学习 K 线时，要多站在主力的角度去思考 K 线背后的意义，即多空力量的对比情况。

4.2.1　大阳线和大阴线

大阳线可以出现在任何情况下，阳线实体较长，可略带上下影线，如图 4.1 所示。大阳线表示买盘相当强劲，后市看涨，但不同位置应区别对待。

大阴线可以出现在任何情况下，阴线实体较长，可略带上下影线，如图 4.2 所示。

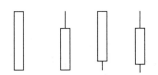　　　　

图 4.1　大阳线　　　　　　　　图 4.2　大阴线

大阴线表示卖盘相当强劲，后市看跌，但不同位置应区别对待。

4.2.2　早晨之星和黄昏之星

早晨之星，又称启明星，市场开始处于下降趋势中，第一个交易日是 1 根大阴

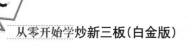

线；第二个交易日是 1 根小阳线或小阴线；第三个交易日是 1 根阳线，它将市场推进到第一个交易日阴线的价格变动范围之内。

在理想形态中，第二个交易日与第一个交易日的图形之间形成向下的跳空缺口，而第三个交易日的阳线与第二个交易日的小阳线或小阴线之间出现一个向上的跳空缺口，早晨之星如图 4.3 所示。

早晨之星形成的心理分析：市场原本在已经确定的下降趋势中运行，1 根大阴线的出现支持了这种趋势，这样市场将在这一行为的带动下继续走熊；但第二个交易日市场向下跳空开盘，全天价格

图 4.3　早晨之星

波动不大，最后价格又回到收盘价，这表明市场主力对未来的发展趋势犹豫不决；第三个交易日市场高开，并且买盘踊跃，继续向上推高价格，市场趋势反转信号出现。

黄昏之星，出现在上升趋势中，是由 3 根 K 线组成，第 1 根 K 线是实体较长的阳线；第 2 根 K 线是实体较短的阳线或阴线，如果是阴线，则其下跌力度要强于阳线；第 3 根 K 线是实体较长的阴线，并深入到第 1 根 K 线实体之内。黄昏之星的标准图形如图 4.4 所示。

黄昏之星是价格见顶回落的信号，预测价格下跌可能性较高，有人统计有 80% 以上。所以投资者见到该 K 线组合，应及时减持多单，并逢高建立空单。黄昏之星常见的变化图形如图 4.5 所示。

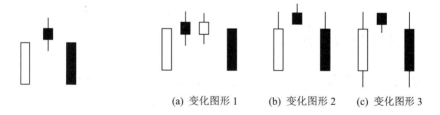

(a) 变化图形 1　　(b) 变化图形 2　　(c) 变化图形 3

图 4.4　黄昏之星　　　　　　图 4.5　黄昏之星常见的变化图形

黄昏之星的技术意义为：盘中做多的能量，在拉出 1 根大阳线或中阳线后就戛然而止，随后出现一个冲高回落的走势，这反映了多方的最后努力失败了；然后从右边出现 1 根大阴线或中阴线，将左边的阳线吞吃，此时空方已完全掌握了局势，行情开始走弱。如果价格重心开始下移，那么就是明显的见顶信号，即接下来是慢慢或快速的大幅回调。

4.2.3　锤头线和射击之星

锤头线，出现在下跌趋势中，阳线或阴线的实体很小，下影线大于或等于实体的 2 倍，一般没有上影线，即使有，也短得可以忽略不计。锤头线的标准图形如图 4.6

所示。

　　通常，在价格大幅下跌后，出现锤头线，则价格止跌回升的可能性较大，其效果与以下 3 点有关：①锤头实体越小，下影线越长，止跌作用就越明显；②价格下跌时间越长、幅度越大，锤头线见底信号就越明确；③锤头线有阳线锤头与阴线锤头之分，作用意义相同，但阳线锤头力度要大于阴线锤头。激进型投资者见到下跌行情中的锤头线，可以试探性地做多；稳健型投资者可以多观察几天，如果价格能放量上升，可以适量做多。锤头线的变化图形如图 4.7 所示。

　　射击之星，因其像弓箭发射的样子而得名。另外，人们还根据其特点给它起了一些浑名，如扫帚星、流星。射击之星其特征是：在上涨行情中，并且已有一段升幅，阳线或阴线的实体很小，上影线大于或等于实体的 2 倍，一般没有下影线，即使有，也短得可以忽略不计。射击之星的图形如图 4.8 所示。

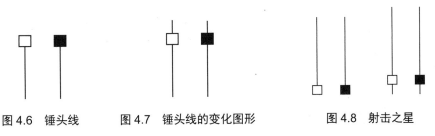

图 4.6　锤头线　　　图 4.7　锤头线的变化图形　　　图 4.8　射击之星

　　射击之星是一种明显的见顶信号，它暗示着价格可能由升转为跌，投资者如不及时出逃，就会被流星、扫帚星击中，从而倒上大霉。

4.2.4　平底和平顶

　　平底又称钳子底，出现在下跌趋势中，由 2 根或 2 根以上的 K 线组成，但这些 K 线的最低价在同一水平位置上。平底的标准图形如图 4.9 所示。

　　平底是见底回升的信号，如果出现在较大的跌势之后，所提示的价格反转的可能性就很大。投资者见到此 K 线形态，可考虑适量买进。平底的变化图形如图 4.10 所示。

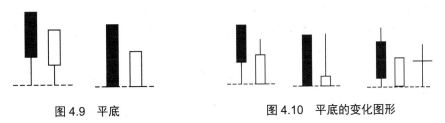

图 4.9　平底　　　　　图 4.10　平底的变化图形

平顶又称钳子顶，出现在涨势行情中，由 2 根或 2 根以上的 K 线组成，但这些 K

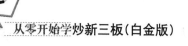

线的最高价在同一水平位置上。平顶的标准图形如图 4.11 所示。

平顶是见顶回落的信号，它预示价格下跌的可能性大，特别是与吊颈线、射击之星等其他见顶 K 线同时出现时。投资者见到此 K 线形态，多单只有"三十六计，走为上计"，即快快躲开这个是非之地。平顶的变化图形如图 4.12 所示。

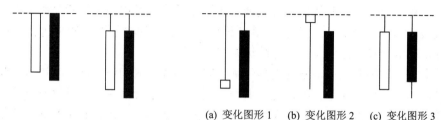

(a) 变化图形 1　(b) 变化图形 2　(c) 变化图形 3

图 4.11　平顶　　　　　图 4.12　平顶的变化图形

提醒　平顶就是一根无形的直线封锁线，它像一道不可逾越的屏障，迫使价格掉头下行。

4.2.5　塔形底和塔形顶

塔形底，因其形状像一个倒扣的塔顶而命名，其特征是：在一个下跌行情中，价格在拉出长阴线后，跌势开始趋缓，出现了一连串的小阴小阳线，随后窜出一根大阳线，这时升势确立。塔形底的图形如图 4.13 所示。

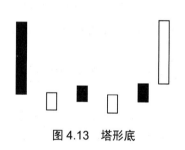

图 4.13　塔形底

一般来说，价格在低位形成塔形底后，并且有成交量的配合，往往会有一段较大的涨势出现。投资者见此 K 线组合后，应抓准机会，跟进做多。

塔形顶的特征是：在一个上涨行情中，首先拉出一根较有力度的大阳线或中阳线，然后出现一连串向上攀升的小阳线或小阴线，之后上升速度减缓，接着出现一连串向下倾斜的小阴线或小阳线，最后出现一根较有力度的大阴线或中阴线，这样塔形顶就形成了。塔形顶的图形如图 4.14 所示。

当价格在上涨时，出现塔形顶 K 线形态，投资者就要高度警惕，并及时抛空出局。塔形顶的变化图形如图 4.15 所示。

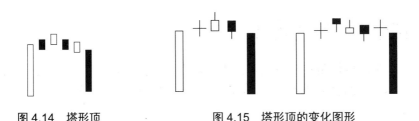

图 4.14　塔形顶　　　　　　图 4.15　塔形顶的变化图形

提醒　塔形顶的左右两根实体较长的大阳大阴线之间，聚集的 K 线越多，其见顶信号越强，右两根 K 线的实体越长，特别是右边的阴线实体越长，信号就越强。

4.2.6　红三兵和黑三兵

红三兵的特征是：在上涨趋势中，出现 3 根连续创新高的小阳线。注意，当 3 根小阳线收于最高或接近最高点时，称为"3 个白色武士"，其作用要强于普通的红三兵，投资者应高度重视。红三兵的图形如图 4.16 所示。

红三兵是推动价格上涨的信号。一般来说，在价格见底回升或横盘后出现红三兵，表明多方正在积蓄力量，准备发力上攻。如果在红三兵后，价格上冲时成交量能同步放大，说明已有主力加入，后面继续上涨的可能性极大。投资者见此 K 线组合，应大胆买进，从而轻松、快速地获利。

黑三兵的特征是：连续出现 3 根小阴线，其中最低价一根比一根低。因为这 3 根小阴线像 3 个穿着黑色服装的卫兵在列队，故名为"黑三兵"。黑三兵的图形如图 4.17 所示。

图 4.16　红三兵　　　　　　　图 4.17　黑三兵

黑三兵在上升行情中出现，特别是价格有了较大升幅之后出现，暗示着行情快要转为跌势；黑三兵如果在下跌行情后期出现，特别是价格已有一段较大的跌幅或连续急跌后出现，暗示下跌行情短期内即将结束，并可能转为一轮升势。所以投资者见到该 K 线组合，可根据其所在位置，决定投资策略，即在上升行情中出现，要适量做空；在下跌行情中出现，要适量做多。

4.2.7 两红夹一黑和两黑夹一红

两红夹一黑的特征是：左右两边是阳线，中间是阴线，3 根 K 线的中轴基本上是处在同一水平位置上，两根阳线的实体一般比阴线实体长。两红夹一黑的图形如图 4.18 所示。

如果两红夹一黑出现在跌势中，则暗示价格会暂时止跌，或有可能见底回升；在上涨趋势中，特别是在上升初期，表示价格经过短暂的休整，还会继续上涨。

两黑夹一红的特征是：左右两边是阴线，中间是阳线，两根阴线的实体一般要比阳线实体长。两黑夹一红的图形如图 4.19 所示。

图 4.18　两红夹一黑　　　　　　　图 4.19　两黑夹一红

在下跌行情中，尤其是在下跌的初期阶段，出现两黑夹一红 K 线组合，表明价格经过短暂整理后，还会继续下跌。在上涨行情中，出现两黑夹一红 K 线组合，表明价格升势已尽，很有可能见顶回落。投资者无论是在升势或跌势中见此 K 线组合，都要保持高度警惕，及时减仓多单，并逢高建立空单。

4.2.8 常见的 K 线和 K 线组合的实战技巧

下面通过具体实例来讲解一下，常见的 K 线和 K 线组合的实战技巧。

图 4.20 显示的是星和众工(430084)2014 年 12 月 4 日至 2015 年 7 月 8 日的日 K 线图。

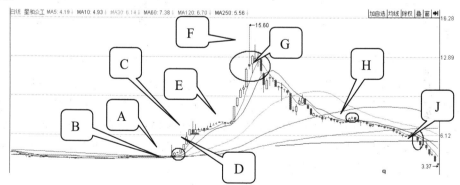

图 4.20　星和众工(430084)2014 年 12 月 4 日至 2015 年 7 月 8 日的日 K 线图

星和众工(430084)经过长时间的窄幅震荡之后，在 A 处，拉出一根带有长长上影线的 K 线，这里是主力在上涨之前的试盘，是一个价格要上涨的信号，所以这里，要注意做多机会了。

　　随后价格沿着 5 日均线，连续上涨，出现了红三兵 K 线组合，即 B 处。红三兵 K 线组合是一个看多信号，所以手中有筹码的朋友，可以继续持有，没有筹码的朋友或者仓位轻的朋友，可以继续关注逢低做多机会。

　　随后价格继续上涨，连续 6 天上涨之后，第 7 个交易日，价格收了一根带有较长上影线的阴线，即 C 处，这表明上涨遇到压力，多单要注意。

　　但随后价格并没有继续下跌，反而在 5 日均线附近企稳再度上涨，并且出现了平底，即 D 处，所以多单仍可以继续持有。

　　接着价格小幅震荡上行，并且价格始终在平底上方，所以多单可以耐心持有。

　　经过较长时间的震荡上行之后，在 E 处，一根中阳线再度向上突破，这表明强势调整结束，再度开始新的一波上涨行情，所以多单继续持有，并且可以在 E 处继续加仓做多。

　　从其后走势可以看到，E 处向上突破之后，价格出现了连续中阳线上涨，上涨的速度很快，敢于重仓跟进多单的朋友，短短几天之内，就会出现翻倍的收益。

　　这一波快速上涨行情，创出 15.60 高点，但在创出高点之后一天，价格却收了一根带有长长上影线的见顶 K 线，即射击之星。大涨之后，出现射击之星见顶 K 线，往往表示价格要下跌，所以多单要注意逢高止赢了，即 F 处。

　　随后价格在高位震荡，高位震荡是多单止赢的最好时机。

　　价格在高位震荡之后，开始下跌，这时出现了塔形顶，即 G 处。如果这时你手中还有多单，一定要在其后的反弹中及时出局，否则本来盈利的单子，很可能亏损出局，甚至在低位割肉出局。

　　在明显的下跌行情中，虽然也有做多博反弹机会，但这样的机会，一般投资者很难操作好，所以在下跌行情中，最好不要再碰这只新三板股票。

　　如果你是短线高手，可以在大幅下跌之后，或连续下跌之后，博反弹。

　　在 H 处，价格再度出现黄昏之星见顶 K 线组合，如果你手中有抄底多单，要及时出局。

　　在 J 处，价格出现了黑三兵看跌信号，如果手中有多单，还是不能心存幻想，要及时出局。

4.3　均线的实战技巧

　　均线是美国投资专家格兰维尔创建的，是由道氏分析理论的"三种趋势说"演变而来，将道氏理论具体地加以数字化，从数字的变动中去预测黄金价格未来短期、中期和长期的变动方向，为投资决策提供依据。

4.3.1 什么是均线

均线就是随着时间的推移，用简单的算法使价格的走势更加平稳。均线，实际上是指一定交易时间内的算术平均线。下面以 10 日均线为例来说明一下，将 10 日内的收盘价逐日相加，然后除以 10，就得出 10 日的平均值，再将这些平均值依先后次序连接成一条线，这条线就叫 10 日均线，其他平均线算法以此类推。均线如图 4.21 所示。

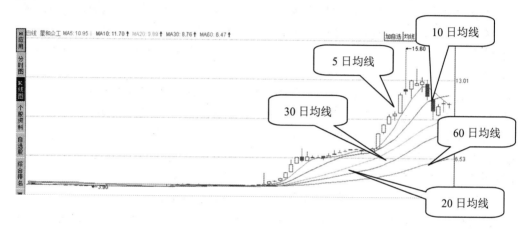

图 4.21 星和众工(430084)的日 K 线图及不同的均线

均线是反映价格运行趋势的重要指标，其运行趋势一旦形成，将在一段时间内继续保持，趋势运行所形成的高点或低点又分别具有阻挡或支撑作用。因此，均线指标所在的点位往往是十分重要的支撑或阻力位。这就为我们提供了买进或卖出的有利时机，均线系统的价值也正在于此。

4.3.2 均线的类型

均线按时间长短可分为 3 类，分别是短期移动平均线、中期移动平均线和长期移动平均线。

1) 短期均线

在各类短期均线中，比较常用的有 3 日、5 日、10 日、20 日和 30 日均线。下面分别进行讲解。

3 日均线：一般是行情分析软件中最短时间周期的均线，由于时间短，波动就敏感，不能很好地起到价格平滑作用。该均线对于超短线操作来说是比较有用的。

5 日均线：是默认的均线，即 1 周交易日的平均价格，因为 1 周只有 5 个交易日。因为在实际生活中，人们常常用周作为时间单位，所以 5 日均线是短线判断的依据，只要价格不跌破 5 日均线，就说明价格处于极强势状态。

10 日均线：又称半月线，是连续两周交易的平均价格，是考察价格在半个月内走势变化的重要参考线。相对于 10 日均线而言，5 日均线起伏较大，特别是在震荡时期，买卖的信号很难把握。因此，很多人短线常以 10 日均线作为进出的依据。只要价格不跌破 10 日均线，就说明价格处于强势状态。

20 日均线：又称月线，标志着价格在过去一个月中的平均交易价格达到了怎样的水平；在这一个月中，市场交易者是处于获利状态还是被套状态。20 日均线是考虑价格短期走势向中期走势演变的中继线。

30 日均线：具有特殊的重要性，它是价格短期均线和中期均线的分界线，日常使用频率非常高，常被用来与其他均线组合使用。30 日均线是短线主力的护盘线，这意味着价格突破 30 日均线，是市场短线主力进场的表现，只要不跌破 30 日均线，表明短线主力仍在其中。

 提醒 有些短线主力会使用 25 日均线或 34 日均线作为短期的护盘线。

2) 中期均线

在各类中期均线中，比较常用的有 45 日、60 日、90 日均线。下面分别进行讲解。

45 日均线：1 个月的交易时间是 22 天，那么 45 天均线基本上是两月线，该均线是一条承接短期均线和中期均线的中继线，对于研判价格的中期行情，常常起到先知先觉的作用。

60 日均线：是 3 个月的市场平均交易价格，也被称为季度线。这是一条比较常用的、标准的中期均线，对于判断价格的中期走势有着重要的作用。

90 日均线：是中期均线和长期均线的分界线，其特点是走势平滑，有规律，是作为判断中期运行趋势的重要依据。90 日均线常被主力相中，作为其中期护盘线。这意味着价格突破 90 日均线，是市场中线主力进场的表现，只要不跌破 90 日均线，表明中线主力仍在其中。

 提醒 有些中线主力会使用 75 日均线或 100 日均线作为中期的护盘线。

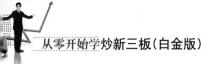

3) 长期均线

在各类长期均线中，比较常用的有 120 日、250 日均线。下面分别进行讲解。

120 日均线：又称半年线，其使用频率在长期均线组合中较高，利用该均线可以观察价格的长期走势。一般来说，在下降趋势中，它是年线的最后一道护身符；而在上升趋势中，它又是年线的前一个挡箭牌。半年线被价格突破的市场震撼力比较大，它意味着将进入长期上升趋势或长期下降趋势。

250 日均线：又称年线，是价格运行一年后的市场平均交易价格的反映，它是价格长期走势的生命线，也是"牛熊分界线"，是判断牛市是否形成或熊市是否来临的主要依据。250 日均线常被主力相中，作为其长期护盘线。这意味着价格突破 250 日均线，是市场长线主力进场的表现，只要不跌破 250 日均线，表明长线主力仍在其中。

 提醒 有些长线主力会使用 225 日均线或 255 日均线作为长期的护盘线。

4.3.3 均线的特性

均线可以反映真实的价格变动趋势，即通常所说的上升趋势、下降趋势。借助各种均线的排列关系，可以预测价格的中长期趋势，同时再灵活应用 K 线技术，就可以实现低买高卖，从而获得较高的收益。

在使用均线时，还要注意到平均价格与实际价格在时间上有所超前或滞后，很难利用均线把握价格的最高点和最低点。另外，价格在盘整时期，均线买卖信号过于频繁。

在使用均线分析市场行情时，要注意以下 5 个特性。

(1) 平稳特性。由于均线采用的是"平均"，所以它不会像日 K 线图那样高高低低的震荡，而是起落平稳。

(2) 趋势特性。均线反映了价格的变动趋势，所以具有趋势特性。

(3) 助涨特性。在多头或空头市场中，均线向一个方向移动，会持续一段时间后才能改变方向，所以在上涨趋势中，均线可以看成多方的防线，具有助涨特性。

(4) 助跌特性。与助涨特性相反，在下跌趋势中，均线可以看成空方的防线，具有助跌特性。

(5) 安定特性。通常越长期的均线，越能表现安定特性，即价格必须涨势真正明确后，均线才会往上走；价格下落之初，均线还是向上走的，只有价格下落显著时，均线才会向下走。

4.3.4　利用 5 日均线做多技巧

下面通过具体实例讲解利用 5 日均线做多的技巧。

图 4.22 显示的是创世生态(430159)2015 年 1 月 8 日至 2015 年 4 月 14 日的日 K 线图。

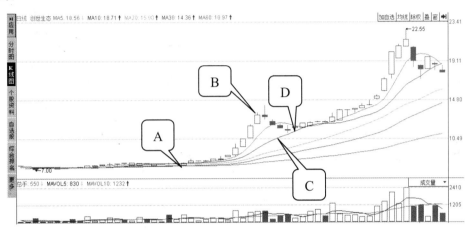

图 4.22　创世生态(430159)2015 年 1 月 8 日至 2015 年 4 月 14 日的日 K 线图

创世生态(430159)经过较长时间的窄幅震荡之后，在 A 处出现了向上突破，这表明价格要开始上涨了，所以可以关注做多机会了。

再从均线来看，这时的均线是明显的多头行情，所以投资者可以沿着均线看多做多。

价格在 A 处向上突破后，价格仍是沿着均线小幅上涨，这时是最佳的进场做多位置。

价格先是沿着均线小幅震荡上行，然后是加速上涨，连续 4 个交易日大涨之后，价格收出射击之星见顶 K 线，这表明价格要回调了，即 B 处。

从其后走势可以看出，价格在 B 处短线见顶后，出现了回调，连续回调 4 个交易日，回调到 10 日均线企稳，即 C 处。

价格在 C 处企稳后，价格再度上涨，先是站上 5 日均线，即 D 处。然后开始沿着 5 日均线上涨，这样每当价格回调到 5 日均线附近，都是很好的做多机会。

从其后走势来看，只要沿着 5 日均线做多的朋友，短时间之内都会有不错的投资收益。

总之，顺势而为，只要价格不跌破 5 日均线，就可以以 5 日均线为止损，继续持有多单或继续介入多单。

4.3.5　利用 10 日均线做多技巧

下面通过具体实例讲解利用 10 日均线做多的技巧。

图 4.23 显示的是沃捷传媒(430174)2014 年 12 月 11 日至 2015 年 4 月 14 日的日 K 线图。

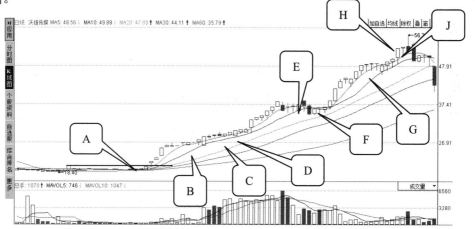

图 4.23　沃捷传媒(430174)2014 年 12 月 11 日至 2015 年 4 月 14 日的日 K 线图

沃捷传媒(430174)经过较长时间的窄幅震荡之后，在 A 处向上突破，这表明新的一波上涨行情开始，所以手中有多单的朋友，可以持有，没有多单的朋友，可以继续介入多单。

随后价格开始强势上涨，即先是沿着 5 日均线，然后又沿着 10 日均线附近上涨，所以每当价格回调到 10 日均线附近，都可以介入多单，即 B、C 和 D 处，都是不错的介入多单位置。

面对这样的上涨行情，只要价格不跌破 10 日均线，多单都可以继续持有。

价格经过一段时间上涨之后，出现了回调。在 E 处，价格跌破了 10 日均线，这样多单要及时止赢，出局观望一下。

价格跌破 10 日均线之后，价格横盘调整 3 个交易日后，价格再度向上突破上涨，即 F 处，所以 F 处是新的做多位置。

随后价格继续上涨，先是沿着 5 日均线上涨，然后又沿着 10 日均线上涨，所以投资者仍可以在价格回调到 10 日均线附近时，继续介入多单。

需要注意的是，如果价格已出现了较长时间、较大幅度的上涨，再介入多单，就要轻仓，并且要特别谨慎。因为这时低位多单，往往都会有丰厚的投资收益，都有止赢的冲动，所以 G 处，再做多，只能是轻仓介入，并且一旦有不好的见顶 K 线，多单就要及时出局。

在 H 处，价格出现了见顶 K 线，所以多单要及时止赢。H 处出现见顶线后，随后价格继续大阴线下跌，即 J 处。并且 J 处的大阴线跌破 10 日均线，这表明价格上涨很可能结束，所以多单要及时出局。

第 5 章

新三板的趋势和形态
分析技术

在投资市场中，要想成为赢家，就要把趋势当成朋友，就要永远顺着趋势交易，绝不可逆势而动。利用形态分析，投资者可以知道市场中的阴晴、风雨，即买进或卖出。投资者要反复练习价格形态，加深认识和理解，真正在投资市场中做到领先一步，成为市场中的赢家。本章首先讲解趋势的定义、方向和分类；然后讲解趋势线的定义、作用、类型、实战技巧及应用注意事项；接着讲解常见的反转形态；最后讲解常见的整理形态。

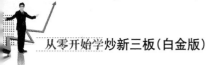

5.1 初识趋势

在实战操作中，顺势而为是投资者操作的灵魂。追随市场大的趋势，不能看不到趋势，更不能逆势操作；同时在趋势的运行过程中，要根据行情的发展，注意把握趋势的节奏，即要"权死生之机"，又要"辨动静之理"。

 提醒 对于趋势和节奏准确而敏锐的感觉和把握，必须来自殚精竭虑的思考，必须来自千万次的实战经验。

5.1.1 什么是趋势

一般来说，趋势就是市场何去何从的方向。不过，为了便于实际应用，我们需要更具体的定义。在通常情况下，市场不会朝任何方向直来直去。市场运动的特征就是曲折蜿蜒，它的轨迹酷似一系列前赴后继的波浪，具有相当明显的峰和谷。所谓市场趋势，正是由这些波峰和波谷依次上升或下降的方向所构成的。无论这些峰和谷是依次递升，还是依次递降，或者横向延伸，其方向就构成了市场的趋势。

所以，我们把上升趋势定义为一系列依次上升的峰和谷；把下降趋势定义为一系列依次下降的峰和谷；把水平趋势定义为一系列依次横向伸展的峰和谷，如图 5.1 所示。

(a) 上升趋势　　　　(b) 下降趋势　　　　(c) 水平趋势

图 5.1　趋势

 提醒 趋势是指市场何去何从的方向，更确切地说，趋就是未来价格运动的方向；势就是未来价格在运动方向上的力量。

5.1.2　趋势的方向

我们所说的上升、下降、水平(横向延伸)3 种趋势都是有充分的依据的。许多人习惯上认为市场只有两种趋势方向，要么上升，要么下降。但是事实上，市场具有 3 个运动方向，即上升、下降及横向延伸。

据统计，至少有 1/3 的时间，价格处在水平延伸的形态中，属于所谓交易区间。因此，弄清楚这个区间颇为重要。这种水平伸展的状况表明，市场在一段时间内处于均衡状态。也就是说，在上述价格区间中，供求双方的力量达到了相对的平衡。不过，虽然我们把这种持平的市场定义成横向延伸趋势，但是更通俗的说法还是"没有趋势"。

大多数技术分析工具在本质上都是顺应趋势的，其主要设计意图在于追随上升或下降的市场。当市场进入这种持平的或者说"没有趋势"的阶段时，它们通常表现拙劣，甚至根本不起作用。恰恰是在这种市场横向延伸的时期，趋势投资者最易受挫折，而采用交易系统的人也蒙受着最大的损失。

顾名思义，对顺应趋势系统来说，首先必须有趋势可循，然后才能施展功用。所以，失败的根源不在于系统本身，而是在于投资者，是投资者操作错误，把设计要求在趋势市场条件下工作的系统，运用到没有趋势的市场环境之中了。

通常投资者有 3 种选择，一是先买后卖(做多头)；二是先卖后买(做空头)；三是空仓等待。当市场上升的时候，先买后卖当然是上策。而在市场下跌的时候，第二种选择则是首选。顺理成章，逢到市场横向延伸的时候，第三个办法，即空仓等待通常是最明智的。

5.1.3　趋势的分类

趋势不仅具有 3 种方向，而且还有 3 种类型，分别是主要趋势、次要趋势和短暂趋势，如图 5.2 所示。

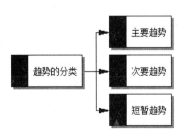

图 5.2　趋势的分类

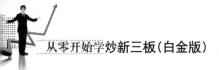

1) 主要趋势

主要趋势又称长期趋势，通常运行时间在 1 年以上。主要趋势是价格运行趋势的基本趋势，是投资者努力要弄清楚的方向性问题，只有了解了主要趋势，投资者才能做到顺势而为。如果主要趋势是上升趋势，则称为牛市，说明市场牛气十足，非常活跃；如果主要趋势是下降趋势，则称为熊市，说明市场萎靡不振，持续向下。

2) 次要趋势

次要趋势又称中期趋势，通常运动时间为 3 周到 3 个月之间。当价格持续上涨到一定阶段时，往往会进行局部的调整，这个调整的任务是由次要趋势来完成的。至于价格会调整多少，可以是主要趋势波幅的 1/3、1/2 或 2/3，如果调整过了头，那就不是价格在做调整了，而是主要趋势反转了。3 周到 3 个月的次要趋势运动时间，往往是投资者做波段交易的主要时间段。

3) 短暂趋势

短暂趋势又称短期趋势，一般运行时间在 3 周之内。短暂趋势是在次级趋势中进行的价格调整运动，它多数时候与主要趋势同方向。短暂趋势可以调整到中期趋势波幅的 1/3、1/2 或 2/3，如果调整过了头，就不是价格在调整了，而是主要趋势继续发力了。

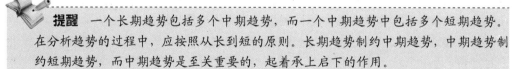

提醒 一个长期趋势包括多个中期趋势，而一个中期趋势中包括多个短期趋势。在分析趋势的过程中，应按照从长到短的原则。长期趋势制约中期趋势，中期趋势制约短期趋势，而中期趋势是至关重要的，起着承上启下的作用。

5.2 趋势线

在分析趋势时，往往通过绘制趋势线来进行分析。画趋势线是衡量趋势发展的手段，并且趋势线的方向可以明确地看到价格的发展方向。

5.2.1 趋势线的定义

在投资市场中有一种形象的说法，叫作一把直尺闯天下。意思是说只要有一把直尺就能画出趋势线，就能看清价格运行的趋势，从而做到在上升趋势中看多、做多，在下降趋势中看空、做空。这样就可以在投资市场中把握住一些大的机会，少犯一些原则性错误，从而成为市场中的赢家。

趋势线的绘制方法很简单，在上升趋势中，将两个明显的反转低点连成一条直线，就可以得到上升趋势线，上升趋势线起支撑作用；在下降趋势中，将两个明显的反转高点连成一条直线，就可以得到下降趋势线，下降趋势线起阻力作用，如图 5.3 所示。

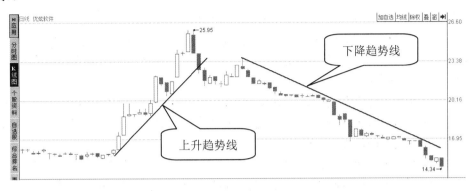

图 5.3　优炫软件(430208)的日 K 线图

5.2.2　趋势线的作用

趋势线简单、易学，但它对股票价格的中长期走势却有着相当重要的作用。趋势线对后市的价格起约束作用，上升趋势线可以支撑价格的上涨；下降趋势线对价格起压制作用。当趋势线被突破后，价格下一步的走势将沿新的趋势线运行，原有趋势线的作用会转换。上升趋势线的作用如图 5.4 所示。下降趋势线的作用如图 5.5 所示。

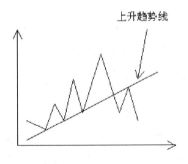

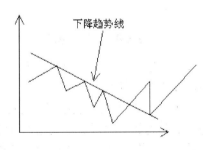

图 5.4　上升趋势线的作用　　　　图 5.5　下降趋势线的作用

提醒　影响趋势线的可靠性因素一般有趋势线被价格触及的次数、趋势线的倾斜角度、趋势线形成的时间跨度。一般来说，趋势线被价格触及的次数越多、倾斜角度越小、形成的时间跨度越长，则其预测价格波动的可能性越大。

5.2.3 趋势线的类型

为了更好地运用趋势线，可以把上升趋势线进行细分，共有 4 种，分别是上升支撑线、慢速上升趋势线、快速上升趋势线和新的上升趋势线；下降趋势线也可以细分成 4 种，分别是下降压力线、慢速下降趋势线、快速下降趋势线和新的下降趋势线。

1) 上升支撑线和下降压力线

上升支撑线又称上升趋势线，其特征是：价格回落的低点呈现明显的上移态势；此时，如果将最先出现或最具有代表意义的两个低点连接，就会形成一条向上的斜线。上升支撑线的图形如图 5.6 所示。

从技术上来讲，上升支撑线的出现，表示空方的气势越来越弱，而多方的气势越来越强，投资者可以逢低吸筹，在转向之前持筹待涨，这样可以获得不错的收益。

下降压力线又称下降趋势线，其特征是：价格回落的低点呈现明显的下移态势；此时，如果将最先出现或最具有代表意义的两个高点连接，就会形成一条向下的斜线。下降压力线的图形如图 5.7 所示。

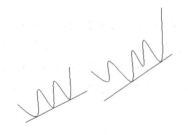 

图 5.6　上升支撑线　　　　　　图 5.7　下降压力线

从技术上来讲，下降压力线的出现，表示多方的气势越来越弱，而空方的气势越来越强，投资者可以看空、做空。

2) 慢速上升趋势线和慢速下降趋势线

慢速上升趋势线出现在以慢速上升趋势为主的快慢趋势线组合中，其维持时间比快速上升趋势线长，预示了价格运行的中长期趋势是向上的，具有长期支持价格上升的作用。慢速上升趋势线的图形如图 5.8 所示。

价格只要在慢速上升趋势上方运行，就应该坚持逢低看多、做多，采取持筹待涨策略。

慢速下降趋势线出现在以慢速下降趋势为主的快慢趋势线组合中，其维持时间比快速下降趋势线长，预示了价格运行的中长期趋势是向下的，具有长期压制价格上升的作用。慢速下降趋势线的图形如图 5.9 所示。

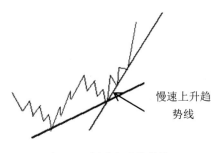

图 5.8　慢速上升趋势线

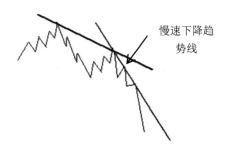

图 5.9　慢速下降趋势线

价格只要在慢速下降趋势线下方运行，就应该坚持看空，采取逢高做空的策略。

3) 快速上升趋势线和快速下降趋势线

快速上升趋势线可以出现在以慢速上升趋势为主的快慢趋势线组合中，也可以出现在以慢速下降趋势为主的快慢趋势线组合中，其维持时间比慢速趋势线短。快速上升趋势线的图形如图 5.10 所示。

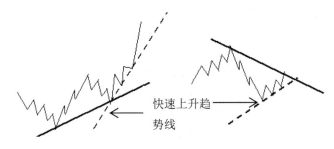

图 5.10　快速上升趋势线

快速上升趋势线预示了价格运行的短期趋势是向上的，具有短期支持价格上升的作用。但是，快速上升趋势线在以慢速上升趋势线为主，和以慢速下降趋势线为主的快慢趋势线组合中发挥的作用是不一样的。前者因为价格总体是向上的，投资者在快速上升趋势线上方做多获利机会较多，而后者因价格总体上处于下降态势，投资者在快速上升趋势线上方做多，风险很大，一不小心就会被套。所以快速上升趋势出现在以慢速下降趋势线为主的快慢趋势线组合中时，除非您是激进型投资者，同时对市场变化又十分敏感，可用少量资金做反弹；否则，还是看空、做空为妙。

快速下降趋势线可以出现在以慢速上升趋势为主的快慢趋势线组合中，也可以出现在以慢速下降趋势为主的快慢趋势线组合中，其维持时间比慢速趋势线短。快速下降趋势线的图形如图 5.11 所示。

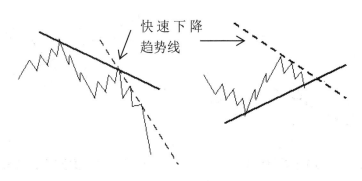

图 5.11 快速下降趋势线

快速下降趋势线预示了价格运行的短期趋势是向下的，具有短期压制价格上升的作用。但是，并不是快速下降趋势线出现后，就看空、做空。只有当快速下降趋势线出现在以慢速下降趋势线为主的快慢趋势线组合中时，才需要看空和做空。

当快速下降趋势线出现在以慢速上升趋势线为主的快慢趋势线组合中时，因为价格总体是向上的，价格回落无论是在时间上，还是在空间上都较有限，价格最终还会继续上行。因此，在这里如果过分看空、做空，则很容易失去筹码，即被主力清洗出局。

总之，当快速下降趋势线出现在以慢速上升趋势线为主的快慢趋势线组合中时，除非你是激进型投资者，并且对市场变化又十分敏感，可以适时做空。一般投资者可以不理会短期波动，持筹待涨，这样就可以成为市场大赢家。

4）新的上升趋势线和新的下降趋势线

新的上升趋势线的特征是：在上涨行情中，上升趋势线向下破位后，不是反转向下，而是继续上升且收盘创出新高。新的上升趋势线的图形如图 5.12 所示。

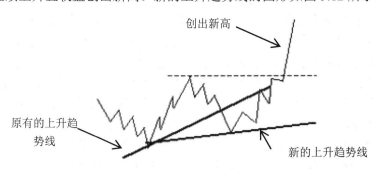

图 5.12 新的上升趋势线

从技术上来讲，新的上升趋势线是做多信号，并且新的上升趋势线出现后，往往都有一段比较好的升势。另外还要注意，新的上升趋势线出现后，原有的上升趋势线就失去参考意义。

新的上升趋势线确定后，就可以说明前期价格下穿原先的上升趋势线，是主力刻意打压所致，是为了诱空而故意设置的一个空头陷阱，目的是清洗浮筹，蓄势后再次发动新一轮上攻。投资者这时应该看多，准备随时进场。

新的下降趋势线的特征是：下降趋势线被有效突破后，不是反转向上，而是继续下降且收盘创出新低。新的下降趋势线的图形如图 5.13 所示。

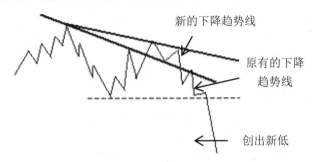

图 5.13　新的下降趋势线

从技术上来讲，新的下降趋势线是看跌信号，它表明市场正处于空方的控制之下。原先的下降趋势线被有效突破后，多方没有继续上攻，空方却发动了新一轮的攻势。另外还要注意，新的下降趋势线出现后，原有的下降趋势线就失去参考意义。

5.2.4　趋势线的实战技巧

下面通过具体实例来讲解趋势线的实战技巧。

图 5.14 显示的是天佑铁道(430673)2015 年 3 月 11 日至 2015 年 7 月 8 日的日 K线图。

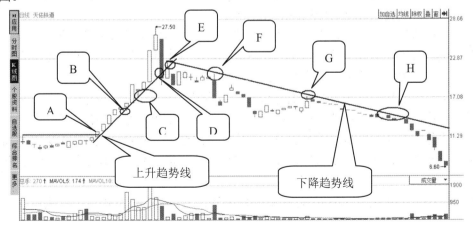

图 5.14　天佑铁道(430673)2015 年 3 月 11 日至 2015 年 7 月 8 日的日 K 线图

天佑铁道(430673)经过十几个交易日的横盘震荡后,在 A 处,价格向上突破,这表明新的一波上涨行情开始,所以手中有多单的朋友,可以继续持有,没有多单的朋友,继续关注逢低做多机会。

这时可以绘制出上升趋势线,这样每当价格回调到上升趋势线附近,都可以关注做多机会,即 B 和 C 处,都是不错的做多位置。

在这里可以看到,价格刚开始虽然都是阳线上涨,但上涨的幅度不大,最后几天,价格越涨越多,连续大阳线拉涨。这表明价格在冲顶了,所以多单在急拉时,要注意止赢。

这一波行情,最高上涨到 27.50 元,在创出新高的那一天,价格却收了一根带有上影线的阳线,这表明上方已有压力。

随后价格低开低走,收盘收了一根大阴线,并且跌破了上升趋势线,这表明价格要走坏,所以手中还有多单的朋友,要注意及时出局。

随后价格就开始震荡下跌,可以绘制出下降趋势线。

价格形成下跌趋势之后,一条下降趋势线如同一把利剑将价格的上升之路封死,每当它们反弹到这条下降趋势线附近时,就会在该利剑的威逼下,掉头向下,所以 F、G 和 H 处,都是多单出逃的位置。

5.2.5 趋势线应用注意事项

由于趋势线根据价格波动时间的长短分为长期趋势线、中期趋势线和短期趋势线,长期趋势线应选择长期波动点作为画线依据,中期趋势线则是中期波动点的连线,而短期趋势线建议利用 30 分钟或 60 分钟 K 线图的波动点进行连线。

画趋势线时应尽量先画出不同的实验性线,待价格变动一段时间后,保留经过验证能够反映波动趋势、具有分析意义的趋势线。

关于趋势线的修正,以上升趋势线的修正为例,当价格跌破上升趋势线后又迅速回到该趋势线上方时,应将原使用的低点之一与新低点相连接,得到修正后的新上升趋势线,能更准确地反映出价格的走势。

趋势线不应过于陡峭,否则很容易被横向整理突破,失去分析意义。在研判趋势线时,应谨防主力利用趋势线做出的"陷阱"。一般来说,在价格没有突破趋势线以前,上升趋势线是每一次下跌的支撑,下降趋势线则是价格每一次回升的阻力。价格在突破趋势线时,如果出现缺口,反转走势极可能出现,并且出现反转后价格走势有一定的力度。价格突破下降趋势线的阻力而上升时,一般需要大成交量的配合,而价格向下突破上升趋势线时,成交量一般不会放大,而是在突破后几天内成交量急剧放大。

5.3 初识形态

价格的运行总伴随着上涨和下跌，如果在某一时期，趋势向上，虽然有时出现下跌，但却不影响升势，即价格不断创出新高，使投资者看好后市；如果在某一时期，趋势向下，虽然有时出现上涨，但却不影响跌势，即价格不断创出新低，使投资者看淡后市。

从一种趋势向另一种趋势转换，通常需要一段酝酿时间。在这段时间内，趋势如果转换成功，就是反转形态；如果转换不成功，即还按原来的趋势运行，就是整理形态。

5.3.1 反转形态

反转形态，意味着趋势正在发生重要反转，价格运行方向就会改变，由原来的上升趋势转换为下降趋势；或由原来的下降趋势转换为上升趋势。

反转形态的形成起因于多空双方力量对比失去平衡，变化的趋势中一方的能量逐渐被耗尽，另一方转为相对优势。它预示着趋势方向的反转，价格在多空双方力量平衡被打破之后探寻新的平衡。在投资市场中，反转形态是重要的买入或卖出信号，所以投资者要掌握并灵活运用反转形态。注意，反转形态可以分为两类，分别是底部反转形态(头肩底、双底等)和顶部反转形态(头肩顶、双顶等)。

反转形态有一些共同的特征，具体如下。

1) 事先存在趋势的必要性

市场上确有趋势存在是所有反转形态存在的先决条件。市场必须先有明确的趋势，然后才谈得上反转。

在 K 线图上，偶尔会出现一些与反转形态相像的图形。但是，如果事前并无趋势存在，那么它便无物可反，因而意义有限。我们在辨识形态的过程中，正确把握趋势的总体结构，有的放矢地对最可能出现一定形态的阶段提高警惕，是成功的关键。

正因为反转形态事先必须有趋势可反，所以它才具备了测算意义。绝大多数测算技术仅仅给出最小价格目标。那么，反转的最大目标是多少呢？就是事前趋势的起点，它的终点就是回到它的起点。如果市场发生过一轮主要的牛市，并且主要反转形态已经完成，就预示着价格向下运动的最大余地便是 100%地回撤整个牛市。

2) 重要趋势线的突破

即将降临的反转过程，经常以突破重要的趋势线为其前兆。不过我们要记住，主要趋势线被突破，并不一定意味着趋势的反转。这个信号本身的意义是，原有趋势正

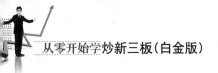

有所改变。

　　主要向上趋势线被突破后，或许表示横向延伸的价格形态开始出场。以后，随着事态的进一步发展，我们才能够把该形态确认为反转型或连续型。在有些情况下，主要趋势线被突破同价格形态的完成恰好同步实现。

　　3) 形态的规模越大，则随之而来的市场动作越大

　　这里所谓规模大小，是就价格形态的高度和宽度而言的。高度标志着形态波动性的强弱，而宽度则代表着该形态从发展到完成所花费的时间的多少。

　　形态的规模越大，即价格在形态内摆动的范围(高度)越大、经历的时间(宽度)越长，那么该形态就越重要，随之而来的价格运动的余地就越大。

　　4) 顶和底的差别

　　顶部形态与底部形态相比，"顶"的持续时间短但波动性更强。在顶部形态中，价格波动不但幅度更大，而且更剧烈，它的形成时间也较短。底部形态通常具有较小的价格波动幅度，但耗费的时间较长。正因如此，辨别和捕捉市场底部比捕捉其顶部，通常来得容易些，损失也相应少些。

　　对喜欢"猜顶"的朋友来说，一定要注意价格通常倾向于跌快而升慢，因而顶部形态尽管难以对付，却也自有其吸引人之处。通常，投资者在捕捉住熊市的卖出机会的时候比抓住牛市的买入机会的时候，盈利快得多。事实上，一切都是风险与回报之间的平衡。较高的风险从较高的回报中获得补偿，反之亦然。顶部形态虽然很难捕捉，却也更具盈利的潜力。

　　5) 成交量在验证向上突破信号时更具重要性

　　成交量一般应该顺着市场趋势的方向相应地增长，这是验证所有价格形态完成与否的重要线索。任何形态在完成时，均应伴随着成交量的显著增加。但是，在趋势的顶部反转过程的早期，成交量并不如此重要。一旦熊市潜入，市场惯于"因自重而下降"。技术分析者当然希望看到，在价格下跌的同时，交易活动也更为活跃，不过，在顶部反转过程中，这不是关键。然而，在底部反转过程中，成交量的相应扩张，却是绝对必需的。如果当价格向上突破的时候，成交量形态并未呈现出显著增长的态势，那么，整个价格形态的可靠性就值得怀疑了。

5.3.2　整理形态

　　价格在向某个方向经过一段时间的快速运行后，不再继续原趋势，而是在一定区域内上下窄幅波动，等待时机成熟后再继续前进，这种不改变价格运行基本走势的形态，称为整理形态。

　　整理形态与反转形态相比，运行时间较短，并且不改变价格运行基本趋势；而反

转形态运行时间长，并且改变了价格运行基本趋势。

5.4　常见的反转形态

下面先来看一下常见的反转形态，即底部反转形态和顶部反转形态。

5.4.1　双底和双顶

双底，因其形状像英文字母 W，所以又称"W 底"，是很多投资者所熟知的底部反转形态之一，但往往由于了解尚浅，只要见到 W 形状的都认为是双底，而按照双底的操作方法入场，最终的结果可想而知。双底图形如图 5.15 所示。

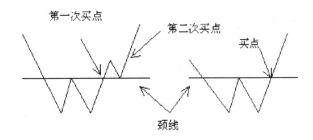

图 5.15　双底图形

双底在构成前后有 4 个显著的要素，可以作为投资者判定黄金白银在某阶段走势是否为双底的依据。

(1) 原有趋势为下跌趋势。

(2) 有两个显著的低点并且价位基本接近。

(3) 有跨度(即两个点要相互呼应)。

(4) 第二次探底的节奏和力度要有放缓迹象并有效向上突破颈线趋势。

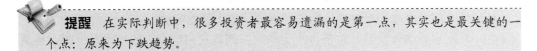

提醒　在实际判断中，很多投资者最容易遗漏的是第一点，其实也是最关键的一个点：原来为下跌趋势。

如果价格已经过大幅下跌，然后在底部震荡盘整，在这个过程中出现双底形态，这时及时跟进做多，则会有不错的收益。

双顶，因其形状像英文的 M，所以又称"M 头"，其特征是：在上升趋势中出现了两个比较明显的峰，并且两个峰顶的价位也大致相同，当价格在第二次碰顶回落时跌破了前次回落的低位，即颈线突破有效，有可能跌破颈线后回抽，但回抽时成交量明显萎缩并受阻于颈线，这时就正式宣告双顶成立。双顶的图形如图 5.16 所示。

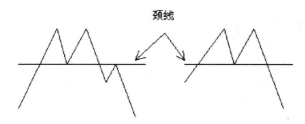

图 5.16　双顶

在双顶形成过程中，价格第一次上冲到峰顶时成交量比较大，第二次上冲到峰顶时成交量略小些。双顶是一个明显的见顶转势信号，清醒的投资者在双顶成立后，多单要第一时间清仓出局。

5.4.2　头肩底和头肩顶

头肩底是常见的经典的底部反转形态，其图形如图 5.17 所示。

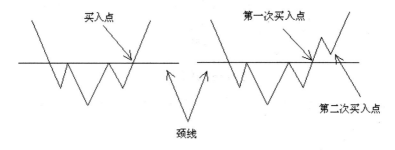

图 5.17　头肩底

头肩底的特征共有 4 点，具体如下。

(1)　急速下跌，随后止跌反弹，形成第一个波谷，就是通常所说的"左肩"。形成左肩部分时，成交量在下跌过程中出现放大迹象，在左肩最低点出现见底 K 线组合，从最低点回升时成交量有减少倾向，这表明主力开始吃货。

(2)　从左肩底回升受阻，价格再次下跌，并跌破左肩低点，随后止跌反弹，这就是通常所说的"头部"。形成头部部分时，成交量会有所增加，这表明主力为得到更多的廉价筹码，就借利空消息和先以向下破位的方式，制造市场恐怖情绪，让一些长期深套者觉得极端失望后，向外大量出逃，这样主力就可以乘机把投资者低位割肉的筹码照单全收。

(3)　从头部底回升，并在左肩顶受阻，然后第三次回落，并且在左肩底相同或相近的位置止跌，这就是通常所说的"右肩"。形成右肩部分时，成交量在下跌过程中极度萎缩，而在反弹时成交量明显增加。这表明在下跌时已很少有人抛货，而在上升时，主力在抢筹。

(4) 左肩高点和右肩高点用直线连接起来，就是一根阻碍价格上涨的颈线，但右肩反弹时，会在成交量放大的同时，冲破该颈线，并且价格站上颈线上方。

投资者见到头肩底形态，就不能再继续看空，而要随时准备好进场做多。一旦股价放量冲破颈线，就可以考虑买进，这就是第一买点；如果冲破后回抽，并在颈线附近止跌回升，就可以大胆买进，这就是第二买点。

头肩顶的特征是：在上升趋势中出现了 3 个峰顶，这 3 个峰顶分别是左肩、头部和右肩，左肩和右肩的最高点基本相同，而头部最高点比左右两个肩的最高点都要高。另外价格在上冲失败向下回落时形成的两个低点又基本上处在同一水平线上，这个水平线就叫颈线。当价格第三次上冲失败回落后，颈线被有效突破，这时就正式宣告头肩顶成立。头肩顶的图形如图 5.18 所示。

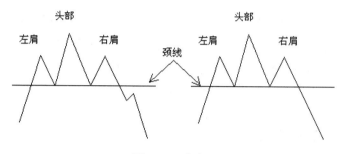

图 5.18　头肩顶

在头肩顶形成过程中，左肩的成交量最大，头部成交量略小些，右肩成交量最小。成交量呈递减现象，说明价格上升时追涨力量越来越弱，价格就涨到头了。所以，头肩顶是一种明显的见顶信号。一旦头肩顶形成，价格下跌已成定局，多单要及时出局，并且要敢于逢高做空。

5.4.3　圆底和圆顶

圆底又称浅蝶形，其特征是：价格先是在成交量逐渐减少的情况下，下跌速度越来越缓慢，直到成交量出现极度萎缩，价格才停止下跌，然后在多方有计划的推动下，成交量温和放大，价格由缓慢上升逐渐转为加速上升，从而形成圆弧形态。在圆弧形成过程中，成交量也常常是圆弧形的。圆底的图形如图 5.19 所示。

提醒　市场中标准的圆底很少见到，大多数是不太标准的圆底。

圆底形成时间比较漫长，这样在底部换手极为充分，所以一旦突破，常常会有一轮可观的上涨行情。但圆底没有明显的买入信号，入市过早，则陷入漫长的筑底行情中。这时价格不涨而略有下挫，几个星期都看不到希望。投资者很可能受不了这种时间折磨，在价格向上攻击之前一抛了之，这样就错过了一段好的行情。

圆顶的特征是：价格经过一段时间上涨后，虽然升势仍然维持，但上升势头已经放慢，直至停滞状态；后来在不知不觉中，价格又呈现缓慢下滑态势，当发现势头不对时，头部就出现一个明显的圆弧状，这就是圆顶。圆顶的图形如图 5.20 所示。

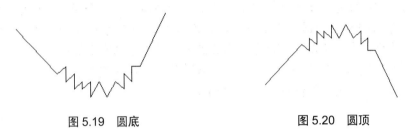

图 5.19　圆底　　　　　　　　　　　图 5.20　圆顶

在形成圆顶的过程中，成交量可以是圆顶状，但大多数情况下是无明显特征。圆顶是一个明显的见顶信号，其形成的时间越长，则下跌力度就越大。投资者见到圆顶成立后，多单要第一时间清仓出逃，并且要敢于逢高做空。

5.4.4　V 形底和尖顶

V 形底的特征是：价格在下跌趋势中，下挫的速度越来越快，最后在价格下跌最猛烈的时候，出现了戏剧性变化，价格触底反弹，然后一跌上扬。其走势像英文字母 V，故命名为"V 形底"。V 形底的图形如图 5.21 所示。

V 形底要满足 3 点：第一点是呈现加速下跌状态；第二点是突然出现戏剧性变化，拉出了大阳线；第三点是转势时成交量特别大。

尖顶，又称倒 V 形，其特征是：先是价格快速上扬，随后价格快速下跌，头部为尖顶，就像倒写的英文字母 V。尖顶的图形如图 5.22 所示。

图 5.21　V 形底　　　　　　　　　　图 5.22　尖顶

尖顶的走势十分尖锐，常在几个交易日之内形成，而且在转势时有较大的成交量。投资者见此形态，多单一定要果断出局，同时可以清仓逢高做空。

5.5　常见的整理形态

整理形态的完成过程往往不会超过 3 个月，而且多数出现在日 K 线图上，周 K 线图上很少出现，在月 K 线图中几乎没有出现过。整理时间不长的原因是：整理经不起太多的时间消耗，士气一旦疲软，则继续原有趋势就会产生较大的阻力。

5.5.1　上升三角形

上升三角形出现在涨势中，每次上涨的高点基本处于同一水平位置，回落低点却不断上移，这样将每次上涨的高点和回落低点分别用直线连接起来，就构成一个向上倾的三角形，即上升三角形。上升三角形的图形如图 5.23 所示。

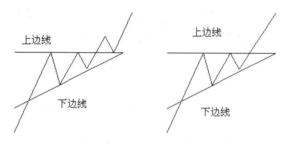

图 5.23　上升三角形

上升三角形在形成过程中，成交量不断萎缩，向上突破压力线时要放大成交量，并且突破后一般会有回抽，在原来高点连接处止跌回升，从而确认突破有效。上升三角形是买进做多信号，为了安全，最好在价格突破压力线后，小幅回调再创新高时买进。

5.5.2　上升旗形

上升旗形出现在涨势中，每次上涨的高点连线平行于每次回落低点的连线，并且向下倾斜，看上去就像迎面飘扬的一面旗子。上升旗形的图形如图 5.24 所示。

上升旗形在向上突破压力线时要放大成交量，并且突破后一般会有回抽，在原来高点连接处止跌回升，从而确认突破有效。上升旗形是诱空陷阱，是一个买进信号，为了安全，最后在价格突破压力线后，小幅回调再创新高时买进。注意，投资者不要被价格下移所迷惑，要警惕主力的诱空行为，持筹者可静观其变。

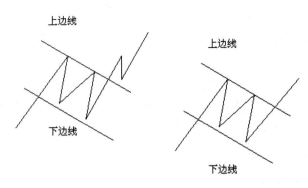

图 5.24　上升旗形

5.5.3　下降楔形

下降楔形出现在涨势中，每次上涨的高点连线与每次回落低点的连线相交于右下方，其形状构成一个向下倾斜的楔形图。最后价格突破压力线，并收于其上方。下降楔形的图形如图 5.25 所示。

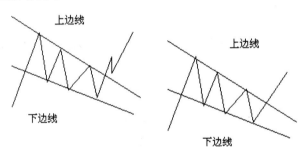

图 5.25　下降楔形

下降楔形在形成过程中，成交量不断减少，向上突破压力线时要放量，并且突破后一般会有回抽，在原来高点连接处止跌回升，从而确认突破有效。下降楔形是诱空陷阱，是一个买进信号，为了安全，最后在价格突破压力线后，小幅回调再创新高时买进。

5.5.4　下降三角形

下降三角形一般出现在跌势中，每次上涨的高点不断下移，但回落的低点基本处于同一水平位置，这样将每次上涨的高点和回落低点分别用直线连接起来，就构成一个向下倾的三角形，即下降三角形。下降三角形的图形如图 5.26 所示。

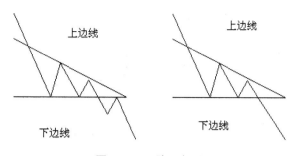

图 5.26   下降三角形

下降三角形在形成过程中，成交量不断放大，向下突破压力线时可以放量也可以不放量，并且突破后一般会有回抽，在原来支撑线附近受阻，从而确认向下突破有效。下降三角形是卖出做空信号，投资者可在跌破支撑线后，多单果断离场，并顺势做空。

5.5.5   下降旗形

下降旗形一般出现在跌势中，每次反弹的高点连线平行于每次下跌低点的连线，并且向上倾斜，看上去就像迎面飘扬的一面旗子。下降旗形的图形如图 5.27 所示。

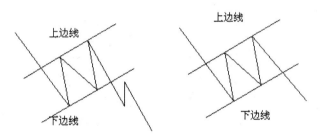

图 5.27   下降旗形

在下降旗形形成过程中，价格突破支撑线后一般会有回抽，受阻于支撑线，从而确认突破有效。下降旗形是诱多陷阱，是一个卖出做空信号，多单应果断止损离场。注意，投资者不要被价格上移所迷惑，要警惕主力的诱多行为。

5.5.6   上升楔形

上升楔形出现在跌势中，反弹高点的连线与下跌低点的连线相交于右上方，其形状构成一个向上倾斜的楔形图。最后价格跌破支撑线向下滑落。上升楔形的图形如图 5.28 所示。

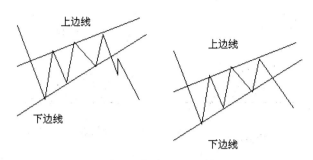

图 5.28　上升楔形

上升楔形在形成过程中，成交量不断减少，呈现价升量减的反弹特征。上升楔形是诱多陷阱，表示升势已尽，是一个卖出信号。投资者不要被低点上移所迷惑，要保持警惕。

5.5.7　收敛三角形

收敛三角形既可以出现在跌势中，也可以出现在涨势中，每次上涨的高点连线与每次回落的低点连线相交于右方，呈收敛状，其形状像一把三角形尖刀。收敛三角形的图形如图 5.29 所示。

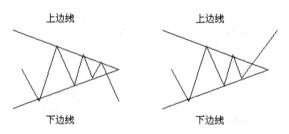

图 5.29　收敛三角形

收敛三角形整理后可能上向，也可能向下，是一个观望信号。在涨势中，如果放量收于压力线上方，可加仓做多；如果向下突破，要看空、做空。

第 6 章

新三板的指标分析技术

很多投资者常常以为技术分析就是技术指标分析，并且把技术指标当成赖以分析的工具。实际上，技术指标只是一种统计工具，只能客观地反映某些既成的事实，将某些市场的数据形象化、直观化，将某些分析理论数量化和精细化。但技术指标并不能保证操作成功，因为技术指标可以被主力操纵。本章讲解技术指标的基础知识；然后讲解 KDJ、MACD 指标的应用技巧；最后讲解技术指标的应用注意事项。

6.1 初识技术指标

很多投资者常常以为技术分析就是技术指标分析，并且把技术指标当成赖以分析的工具。实际上，技术指标只是一种统计工具，只能客观地反映某些既成的事实，将某些市场的数据形象化、直观化，将某些分析理论数量化和精细化。但技术指标并不能保证操作成功，因为技术指标可以被主力操纵。

6.1.1 什么是技术指标

技术指标是指依据一定的统计方法，运用一定的数学计算公式或数量模型，通过计算机系统生成的某种指标值或图形曲线。以指标技术来判断价格未来走势的分析方法，就是技术指标分析法。

产生技术指标的方法通常有两种，具体如下。

第一种是按明确的数学公式产生的新的数值，这是技术指标中较为广泛的一类，如 KDJ、RSI、MA 等指标都属于这一类。

第二种是没有明确的数学公式，只有处理数据的文字说明，这一类指标比较少，如宝塔线等。

技术指标计算的原始数据是股票的开盘价、收盘价、最高价、最低价、成交量、成交笔数等。对不同的原始数据进行不同的处理后，就会产生不同的技术指标。每个技术指标都是从一个特定的方面对股票市场进行观察，它们都有其合理的诞生原理和解释方法。

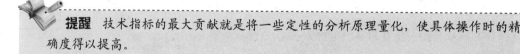

提醒 技术指标的最大贡献就是将一些定性的分析原理量化，使具体操作时的精确度得以提高。

6.1.2 技术指标的类型

目前，应用于市场的技术指标有几百种，按照不同的计算原理和反映状况，可大致分为 4 类，如图 6.1 所示。

1) 趋向指标

趋向指标是识别和追踪有趋势的图形类指标，其特点是不试图猜顶和测底，如均线、MACD 指标、SAR 指标等。

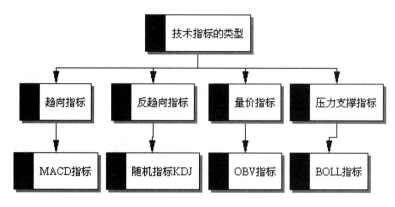

图 6.1　技术指标的类型

2) 反趋向指标

反趋向指标又称振荡指标，是识别和追踪趋势运行的转折点的图形类指标，其特点是具有强烈的捕顶和捉底的意图，对市场转折点较敏感，如随机指标 KDJ、强弱指标 RSI 等。

3) 量价指标

量价指标就是通过成交量变动来分析捕捉价格未来走势的图形类指标，其特点是以"成交量是市场元气"为依据，揭示成交量与价格涨跌关系，如 OBV 指标、VOL 指标等。

4) 压力支撑指标

压力支撑指标又称通道指标，是通过顶部轨道线和底部轨道线，试图捕捉行情的顶部和底部的图形类指标，其特点是具有明显的压力线，也有明显的支撑线，如 BOLL 指标、XSTD 指标。

提醒　对于指标的应用，要记住经典图形的意义，但要根据大势和主力特征进行认真识别，因为有时很可能是主力发的假信号，即通过操纵价格绘制的假指标图形，如果投资者信以为真，很可能一买就套，一卖就涨。

6.1.3　技术指标的背离

技术指标背离是指技术指标的波动与价格曲线的趋势方向不一致，即价 没有得到指标的支持。指标背离可分 2 种，分别是顶背离和底背离。

顶背离出现在上涨后期，当价格的高点比前一次高点高时，指标的前一次的高点低，这就预示着价格上涨不会长久，很可能马上就会下跌，是一个明显的见顶卖出信号。顶背离的图形如图 6.2 所示。

底背离出现在大幅下跌后，当价格的低点比前一次的低点低时，而指标的低点却比指标前一次的低点高，这就预示着价格不会再继续下跌了，很可能马上反转向上，是一个见底买进信号。底背离的图形如图 6.3 所示。

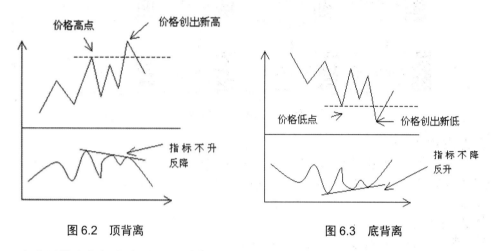

图 6.2　顶背离　　　　　　　　　　　图 6.3　底背离

在应用技术指标背离时，要注意以下几点。

(1) 能够形成明显技术指标背离特征的指标有 MACD、RSI、KDJ 等，其中 RSI 和 KDJ 的指标背离对行情判断成功率比较高。

(2) 价格在高位时，通常出现一次顶背离，就可以确认见顶；而价格在低位时，可能需要出现几次底背离才能确认见底。

(3) 当价格出现暴涨或暴跌的行情时，KDJ 指标很可能呈高位或低位钝化后，价格还在上涨或下跌，这时一旦出现背离特征则有效性很高。将 KDJ 指标和 RSI 指标结合在一起判断价格走势，效果比较不错。

(4) 要识别假背离现象，假背离往往具有以下几个特征。

第一，某一时间周期背离，其他时间不背离，如日 K 线图背离，而周 K 线图和月 K 线图不背离。

第二，没有进入指标高位区域就背离。技术指标在高于 80 或低于 20 背离，比较有效，在 20～80 之间出现的背离，可以不理会。

第三，某一技术指标背离，而其他技术指标不背离。各种技术指标都是通过不同的算术方法计算得来，所以背离时间也不相同，其中 KDJ 最敏感，RSI 次之，MACD 则最弱。单一技术指标背离参考意义不大，如果有多个技术指标同时出现背离，则可靠性就比较高。

6.1.4　技术指标的交叉、低位和高位

　　技术指标的交叉是指技术指标图形中的两条指标曲线发生了相交现象，交叉表明多空双方力量的对比发生了变化。技术指标的交叉可分为 3 类，分别是黄金交叉、死亡交叉、与 0 轴的交叉。

　　黄金交叉是指上升中的短期指标曲线由下向上穿过上升中的长期指标曲线，预示着价格将继续上涨，行情看好。黄金交叉的图形如图 6.4 所示。

　　死亡交叉是指下降中的短期指标曲线由上向下穿过下降中的长期指标曲线，预示着价格将继续下跌，行情看跌。死亡交叉的图形如图 6.5 所示。

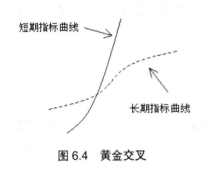

图 6.4　黄金交叉

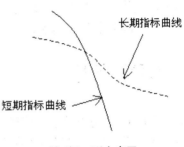

图 6.5　死亡交叉

　　技术指标曲线向上穿越 0 轴，表明技术指标认为空方市场开始转为多方市场，行情看多；技术指标曲线向下穿越 0 轴，表明技术指标认为多方市场开始转为空方市场，行情看空。与 0 轴的交叉的图形如图 6.6 所示。

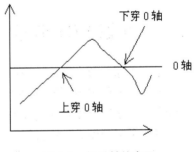

图 6.6　与 0 轴的交叉

　　技术指标的低位，表示指标认为市场进入超卖区；技术指标的高位，表示指标认为市场进入超买区。下面以 KDJ 为例讲解一下。KDJ 指标从低位升到高位区并超过 80 以上，则 KDJ 指标认为市场已进入超买阶段，价格随时可以回落，投资者应警惕。KDJ 指标从高位降到低位区并低于 20 以下，则 KDJ 指标认为市场已进入超卖阶段，价格随时可以反弹，投资者应关注。

　　如果指标在高位，这时价格又大幅攀升，指标上升幅度越来越小，从而形成上升抛物线状，即高位钝化。指标高位钝化只出现在强势特征明显的市场下，而低位钝化只出现在极度弱势的市场中。

6.1.5　技术指标的徘徊、转折和盲点

技术指标的徘徊是指技术指标处在进退不明状态，对未来走势方向不能做出明确的判断。技术指标的转折是指技术指标在高位或低位发生了掉头，表明前面超买或超卖状态将要得到平衡。有时技术指标的掉头表明一个趋势将要结束，另一个趋势将要开始。

技术指标的盲点是指在大部分时间里，技术指标不能发出买入或卖出信号，处于"盲"的状态。如价格在盘整震荡时，大多数指标都会失灵。每个指标都有自己的盲点，即指标失效的时候。所以在运用指标时，要多总结各个技术指标的盲点，然后找出其他可以代替分析的指标。总之，结合K线图、形态、趋势等技术，往往能提高技术指标分析的准确率和成功率。

6.2　KDJ 指标

随机指标 KDJ 是由乔治·蓝恩博士(George Lane)最早提出的，是一种相当新颖、实用的技术分析指标，最早应用在期货投资方面，功能颇为显著，后来广泛应用于股票市场的中短期趋势分析中，是最常用的技术分析指标之一。

6.2.1　初识 KDJ 指标

随机指标 KDJ 在设计中综合了动量观念、相对强弱指数和移动平均线的一些优点，在计算过程中主要研究高低价位与收盘价的关系，即通过计算当日或最近数日的最高价、最低价及收盘价等价格波动的真实波幅，反映价格走势的强弱和超买超卖现象。KDJ 指标如图 6.7 所示。

KDJ 指标由 3 根曲线组成，移动速度最快的是 J 线，其次是 K 线，最慢的是 D 线，它们的变化范围都在 0～100。其实 J 的取值可以大于 100，也可以小于 0，但为了便于图形的绘制，当 J 大于 100 时，仍按 100 绘制；当 J 值小于 0 时，仍按 0 绘制，所以在 KDJ 指标图形中可以看到 J 值在 0 或 100 处呈"直线"状。

随机指标 KDJ 的使用要领具体如下。

(1) D 值向上趋近 80 或超过 80 时，说明买盘力量大，进入超买区，市场可能下跌。

(2) D 值向下趋近 20 或跌破 20 时，说明卖方力量很强，进入超卖区，市场的反弹性增强。

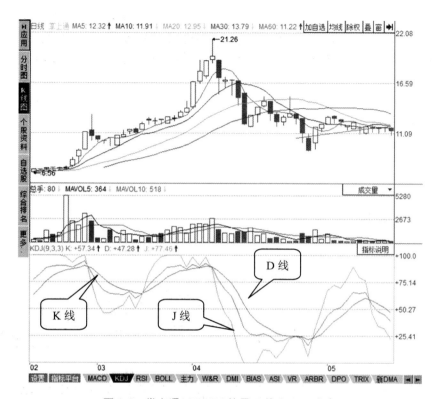

图 6.7　掌上通(430093)的日 K 线和 KDJ 指标

(3) J 值＞100 超买，J 值＜10%超卖。

(4) 当 K 线与 D 线交叉时，如果 K＞D，说明市场上涨，K 线从下方突破 D 线，行情上涨，可适当买进。

(5) 如果 K＜D，K 线从上向下跌破 D 线，行情转跌，可适当卖出。

(6) 如果 KD 线交叉突破反复在 50 左右震荡，说明行情正在整理，此时要结合 J 值，观察 KD 偏离的动态，再决定投资行为。

提醒　如果价格层层拨高而 KD 线层层降低，或完全相反，这种情况称为"价线背离"，预示着市场行情要转向，进入一个多头或空头区位，投资者要及时变换投资行为。价格变动过快时，不适用该指标。

6.2.2　KDJ 指标应用实战

如果新三板股票的价格经过长时间的下跌，然后探明底部区域，开始震荡上行，在这个过程中，如果 KDJ 在低中位出现了金叉，则是进场做多的好时机，而在高位出现死叉，短线多单需要注意，但不要恐惧，毕竟整个趋势是震荡上升的。

图 6.8 显示的是 2015 年 4 月 2 日至 2015 年 11 月 23 日的德鑫物联(430074)的日 K 线图。

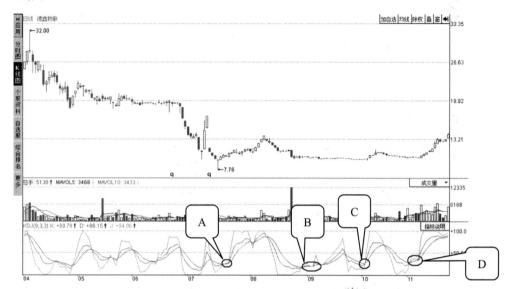

图 6.8　2015 年 4 月 2 日至 2015 年 11 月 23 日的德鑫物联(430074)的日 K 线图

德鑫物联(430074)的价格从 32 元开始震荡下跌，一路下跌到 7.76 元。但需要注意的是，价格在创出 7.76 元低点时，价格却收了一根带有长长下影线的见底 K 线。由于下跌时间和幅度已很大，所以这里就可以考察做多了。

在 A 处，KDJ 指标在低位出现了金叉，这表明 KDJ 指标发出做多信号，所以这里可以进场做多，博反弹。

从其后走势来看，价格先是慢慢反弹，然后又快速反弹，这时的 KDJ 指标已到高位，所以多单要注意止赢。

随后价格再度下跌，但没有再创新低，KDJ 指标又到低位，这样，KDJ 指标出现金叉，仍可以关注做多机会，即 B 处。

在这里会发现，随后价格并没有上涨，而是窄幅震荡，所以多单要注意先出局观望一下。

随后价格在 C 处，再度发出做多信号，仍可以进场做多，这一波会有不错的盈利。

同理，D 处也一样，KDJ 指标在低位金叉，敢于及时跟进多单的朋友，都会有不错的投资收益。

在震荡上涨的初期或上涨途中，KDJ 指标每次低位出现金叉，仍是比较好的做多机会。如果 KDJ 指标出现死叉，投资者也不必过分担心，毕竟价格属于上涨行情，所以短线多单可以先止盈，然后关注新的做多机会。

图 6.9 显示的是 2014 年 11 月 4 日至 2015 年 4 月 3 日的卡联科技(430130)的日 K 线图。

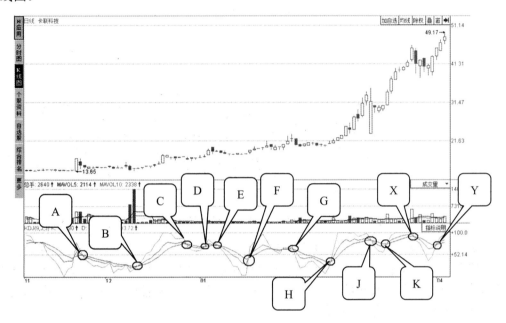

图 6.9　2014 年 11 月 4 日至 2015 年 4 月 3 日的卡联科技(430130)的日 K 线图

卡联科技的价格处于震荡上涨过程中，每次 KDJ 指标出现金叉，都是比较好的做多机会，即 B、D、F、H、K 和 Y 处。

而每次 KDJ 指标高位死叉，短线多单可以止盈，然后再等新的做多机会，也可以继续持有单子，毕竟价格处在明显的上涨过程中，所以 A、C、E、G、J 和 X 处的死叉，并不可怕。如果能灵活操作，即在高位止盈多单，然后在低位再接回，则可以实现更大的盈利。

如果价格刚刚从高位下跌，这时 KDJ 在低位发出金叉，一般不建议多单进场。如果实在手痒，则短线多单轻仓博反弹，但一定要注意有利润就跑，并且 KDJ 在高位时就要注意，一出现死叉多单果断出局。

图 6.10 显示的是 2015 年 2 月 3 日至 2015 年 7 月 7 日的新眼光(430140)的日 K 线图。

新眼光的价格经过大幅上涨之后，创出 235.03 元高点，但在创出高点这一天，价格收了一根十字线，并且 KDJ 指标已到高位。

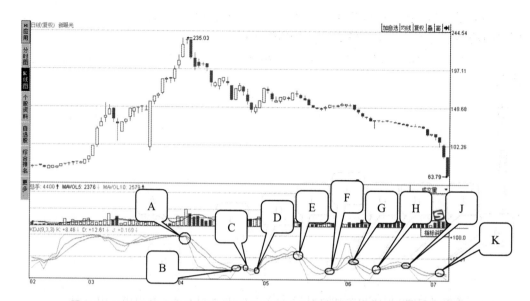

图 6.10　2015 年 2 月 3 日至 2015 年 7 月 7 日的新眼光(430140)的日 K 线图

随后价格开始大幅下跌，KDJ 指标高位死叉，即 A 处，所以多单要果断出局观望。

接着价格开始震荡下跌，由于价格上涨的幅度太大，又是刚刚下跌，所以 KDJ 指标出现金叉，最好也不要进场做多。如果实在想操作，只能轻仓试多，博反弹，但一旦感觉上涨无力，就要及时出来。

所以 B、D、F、H 处的 KDJ 金叉，最好都不要进场操作，以观望为主。

而 C、E、G、J 和 K 处的 KDJ 死叉，都是多单出逃的位置。

6.3　MACD 指标

MACD 技术指标，即指数平滑移动平均线，是一个比较常用的趋向类指标。它是利用"红""绿"柱状表示看多与看空，如果看到红色柱状就看多，看到绿色柱状就看空。

6.3.1　初识 MACD 指标

MACD 技术指标图形是由 DIFF 线、DEA 线和柱状线组成，其中 DIFF 线是核心，DEA 线是辅助。DIFF 线是快速移动平均线(12 日移动平均线)和慢速移动平均线(26 日移动平均线)的差。如果其值为正，则称为正差离值；如果其值为负，则称为负差离值。在持续上涨行情中，正差离值会越来越大；在下跌行情中，负差离值的绝对值会越来越大。这样经过对移动平均线的特殊处理，虚假信号就会大大减少。

　　DEA 是 DIFF 线的算术平均值。柱状线的值是 DIFF 与 DEA 的差值，即若 DIFF 线在 DEA 线上方，则差值为正，柱状线在 0 轴上方，显示为红柱；若 DIFF 线在 DEA 线下方，则差值为负，柱状线在 0 轴下方，显示为绿柱，如图 6.11 所示。

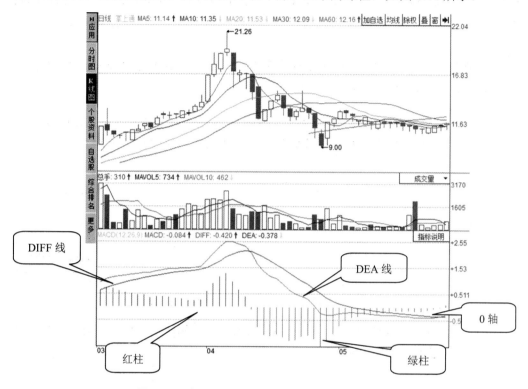

图 6.11　掌上通(430093)的日 K 线和 MACD 指标

　　如果 DIFF 线和 DEA 线运行在 0 轴下方，表示现在的市场是空头市场；如果 DIFF 线和 DEA 线运行在 0 轴上方，表示现在的市场是多头市场。

　　0 轴上方的柱状线为做多信号，当其增多拉长时，说明多方气势旺盛，多方行情将继续；当其减少缩短时，表示多方气势在衰减，价格随时都可能下跌。0 轴下方的柱状线为做空信号，当其增多拉长时，说明空方气势旺盛，空方行情将继续；当其减少缩短时，表示空方气势在衰减，价格随时都可能止跌或见底回升。

6.3.2　读懂重要的 MACD 指标图

　　MACD 技术指标图形共有 6 种，分别是 MACD 上穿 0 轴、MACD 下穿 0 轴、MACD 掉头向上、MACD 掉头向下、MACD 与价格底背离和 MACD 与价格顶背离。

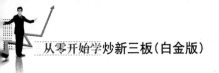

下面来讲解一下它们的技术图形、特征和技术含义。

1）MACD 上穿 0 轴和 MACD 下穿 0 轴

MACD 上穿 0 轴，又称指数平滑移动平均线上穿 0 轴，其特征是：MACD 翘头向上穿过 0 轴，由负值变为正值。MACD 上穿 0 轴的图形如图 6.12 所示。从技术上来讲，MACD 上穿 0 轴表示价格的走势开始进入强势，投资者可以看多并做多。

> **提醒** MACD 上穿 0 轴是投资者看多的依据，特别是月 MACD 上穿 0 轴，表明价格将有一大段的升幅，投资者可以及时买进。

MACD 下穿 0 轴，又称指数平滑移动平均线下穿 0 轴，其特征是：MACD 弯头向上穿过 0 轴，由正值变为负值。MACD 下穿 0 轴的图形如图 6.13 所示。

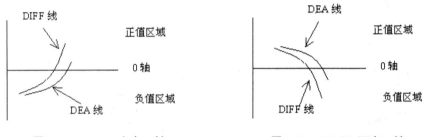

图 6.12　MACD 上穿 0 轴　　　　图 6.13　MACD 下穿 0 轴

从技术上来讲，MACD 下穿 0 轴表示价格的走势开始进入弱势，投资者要看空做空，在反弹时及时逢高卖出。

> **提醒** MACD 下穿 0 轴是投资者看空的依据，特别是月 MACD 下穿 0 轴，表明价格将有一大段的跌幅，投资者要及时清仓离场。

2）MACD 掉头向上和 MACD 掉头向下

MACD 掉头向上，又称指数平滑移动平均线掉头向上，其特征是：向下移动的 DIFF 线开始掉头向上移动，并且向上穿过 DEA 线时产生了"黄金交叉"。MACD 掉头向上可以发生在正值区域，即在 0 轴上方运行，出现 MACD 调整向上，通常表示震荡回调结束，这时投资者可以适时买进，如图 6.14 所示。

MACD 掉头向上也可以发生在负值区域，即在 0 轴下方运行，出现 MACD 调整向上，表示反弹开始，这时投资者可以适时买进，博取短价，即抢反弹，如图 6.15 所示。

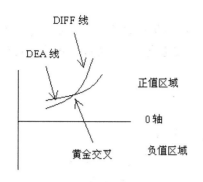

图 6.14　正值区域的 MACD 掉头向上

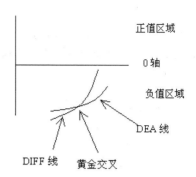

图 6.15　负值区域的 MACD 掉头向上

MACD 掉头向下，又称指数平滑移动平均线掉头向下，其特征是：向上移动的 DIFF 线开始掉头向下移动，并且向下穿过 DEA 线时产生了"死亡交叉"。MACD 掉头向下可以发生在正值区域，即在 0 轴上方运行，出现 MACD 调整向下，通常表示震荡回调开始，为了回避风险，投资者还是退出观望为好，特别是月 MACD 掉头向下，如图 6.16 所示。

MACD 掉头向下也可以发生在负值区域，即在 0 轴下方运行，出现 MACD 调整向下，表示反弹结束，这时投资者要果断抛空，如图 6.17 所示。

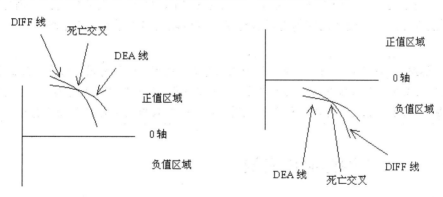

图 6.16　正值区域的 MACD 掉头向下　　　　图 6.17　负值区域的 MACD 掉头向下

3) MACD 与价格顶背离和 MACD 与价格底背离

MACD 与价格顶背离，又称指数平滑移动平均线与价格顶背离，其特征是：价格逐波上涨，而 MACD 技术指标不是同步上升，而是逐波下跌。MACD 与价格顶背离的图形如图 6.18 所示。

从技术上来讲，MACD 与价格顶背离预示着价格的一轮升势已完成，短期内很可能见顶，特别是价格已有大幅拉升后，如果这时 MACD 再出现死亡交叉，则见顶大幅回落的可能性更大。投资者这时做好准备离场或先减仓，一旦价格趋势向下，果断清仓。

MACD 与价格底背离，又称指数平移动平均线与价格底背离，其特征是：价格逐波下跌，而 MACD 指标线不是同步下降，而是逐波走高。 MACD 与价格底背离的图形如图 6.19 所示。

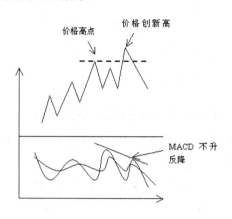

图 6.18　MACD 与价格顶背离

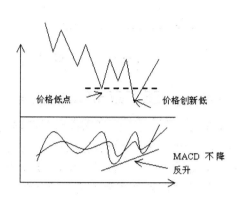

图 6.19　MACD 与价格底背离

从技术上来讲，MACD 与价格底背离预示着价格的一轮跌势已完成，短期内很可能见底，特别是价格已有大幅下跌后，如果这时 MACD 再出现黄金交叉，则见底回升的可能性更大。投资者这时做好准备进场，也可以利用少量资金先进场。

> **提醒**　价格在高位时，通常出现一次顶背离，就可以确认见顶；而价格在低位时，可能需要出现几次底背离才能确认见底。还要注意，某一时间周期背离，其他时间不背离，这很可能是假背离。如日 K 线图背离，而周 K 线图和月 K 线图不背离。

6.3.3　MACD 指标应用实战

下面通过具体实例来讲解 MACD 指标应用实战。

图 6.20 显示的是 2015 年 3 月 26 日至 2015 年 12 月 18 日的丰电科技(430211)的日 K 线图。

丰电科技(430211)的价格经过一波上涨之后，创出 17.9 元高点，但在创出高点这一天，价格却收了一根带有长长上影线的见顶 K 线，即 A 处。

随后价格开始震荡下跌，这样 MACD 指标在高位死叉，即 B 处，这样手中有多单的朋友，要及时出局了。

第一波下跌后，MACD 指标跌到 0 轴附近。然后价格开始长时间的横盘震荡，这样 MACD 指标也在 0 轴附近小幅下行。

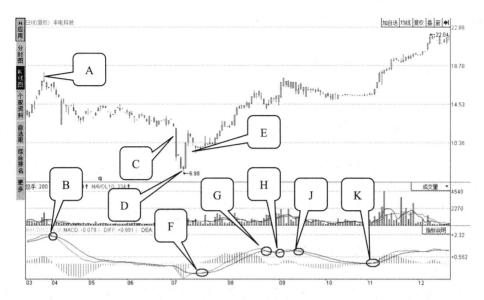

图 6.20　2015 年 3 月 26 日至 2015 年 12 月 18 日的丰电科技(430211)的日 K 线图

经过较长时间震荡之后，价格开始大阴线下跌，即 C 处。这样 MACD 指标也开始快速下行。这一波下跌，创出 6.98 元低点，但在创出低点这一天，价格却收了一根带有长长下影线的见底 K 线，即 D 处。

随后价格开始快速反弹，经过 2 个交易日反弹之后，价格再度回调，但回调 3 个交易日后，再度收了一根带有长长下影线的见底 K 线，即 E 处。这时的 MACD 指标开始金叉，即 F 附近，所以这里是新的做多机会。

随后价格开始震荡上涨，MACD 也慢慢回到 0 轴上方，这表明价格开始转强，多单可以继续持有。

价格经过几波上涨之后，出现了回调，并且 MACD 指标出现死叉，即 G 处。这样多单最好减仓，等有新的做多信号后，再做多。当然如果你是做中长线的，仍可以继续持有，因为价格处在震荡上涨过程中。

震荡调整后，在 H 处，MACD 指标再度金叉，新的做多机会出现，继续介入多单。

同理，在 J 处，MACD 指标出现死叉，多单减仓。在 K 处，MACD 指标再度金叉，新的做多机会出现，继续介入多单。

6.4　技术指标运用注意事项

技术指标是一种重要手段，也是必不可少的一种工具，但技术指标并不能保证操

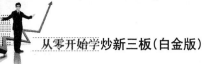

作成功，因为技术指标可以被主力操纵。

6.4.1 技术指标结构性问题

技术指标结构性问题共有 8 项，具体如下。

(1) 各技术指标均取材于开盘价、收盘价、成交量等要素，研究取向较片面并且相似。

(2) 各技术指标均取材于已发生的价格或成交量等要素，只能滞后提示价格的状况。

(3) 各技术指标都是数据统计的结果，它们只能给出统计结果，本身不能提示行情。

(4) 各技术指标研发的环境和背景不同，所以把它们套用到不同国家和不同市场时，问题重重。

(5) 有的技术指标在商品价格盘整时无效，如 MACD 指标；有些技术指标在趋势明显时无效，如 KDJ 指标，而很多投资者并不知道。

(6) 各技术指标都有技术盲点，那时它所统计的数据对投资者的实际操作没有意义。

(7) 所有技术指标都需要逐一优化参数，但费时、费力、费钱之后往往还不知道成效。

(8) 当使用多个技术指标共同验证信号时，要么一致信号给得晚，要么不知相信哪个。

6.4.2 技术指标数据源问题

技术指标是通过数学计算公式计算出来的结果，用到的样本数据主要是开盘价、最高价、最低价、收盘价、成交量等市场交易数据，只要控制了这几项数据就等于控制了技术指标。而制造开盘价、收盘价、成交量等数据，并进而操纵指标的现象，在中国股市里是每天每时都在发生的事情。

例如 $RSI(t)=t$ 天内涨幅之和 $\div(t$ 天内涨幅之和$+t$ 天内跌幅之和)，从 RSI 计算公式可知，这一指标仅仅涉及收盘价，只要操纵了收盘价就可以操纵该指标。只需连续 5 天使收盘价持续下跌或上涨，那么 RSI 的指标值将等于 0 或 100。

实际上对商品来说，每天使其收盘价下跌一点并非难事，而当 RSI 为 0 时，当投资者认为价格调整到位时，价格也许连续几天下跌也仅仅只跌了几分钱。如果投资者根据 RSI 进行买入操作，也许真正的行情调整就在后面。

有些投资者喜欢多技术指标相互验证，如等待 KDJ 和 RSI 同时发出信号。投资者要明白，大多数技术指标的数据来源几乎相同，用同一数据源的统计信号来求得一致的交易信号，这种信号的有效性本身就大打折扣。

总之，技术指标是一个单一的分析工具，它仅仅告诉投资者一些市场交易的统计结果，投资者要结合大势、商品特性、主力操盘手法一起分析，才可能取得较高的操作成功率。

6.4.3　主力操纵技术指标的方法

主力操纵技术指标的方法共有 3 种，具体如下。

1) 在指标即将见顶前尽量将价格拉高

尽量将价格拉高并不完全是凭资金实力，而是在具体操盘时，利用向上突破以后借助于市场抛盘尚未挂出来的时候瞬间拉出高点，当然也可以通过对倒的方式。例如当价格冲破 55 这个整数关后，上面的抛压盘还没有出来很多时，主力可以顺势将上挡的压盘打掉，直到大的抛单出现为止，这样就会出现一个并没有很大成交量的最高价。

技术指标在计算调整幅度时是从最高价算起的，所以即使在后面的价格调整中回调幅度不大，但很高的最高价也可以让技术指标快速回落。

2) 在第一天回落时加大出货的力度，打出较低的低点并形成宽幅震荡的态势

由于与上一个交易日的收盘价相比跌幅较大，市场一下子还难以接受，因此在低点附近抛盘就会很少，反而会有不少反弹的接盘进来，这样主力可以出掉不少筹码。

3) 隔天奋力上推

由于前一天跌幅较大，一般来说，除非第二天大盘大跌，否则市场会有一批买单进场。经过这样一个来回的折腾以后市场上会平静下来。这时主力如果不再对倒，则成交量会迅速萎缩，价格进入调整状态，技术指标也相应地进入回调状态。

投资者都知道，强势行情的技术指标调整一般到中位区即可，因此调整时间在一周左右，这样主力就可以利用前面的方法来控制技术指标的调整，实现价格的强势调整。

提醒 市场中常用技术指标并不多，主力一般都会精算他们的计算公式，那么要在价格跌幅不是很大的情况下让技术指标快速调整到位是完全可行的。

第 7 章

新三板的挂牌条件

新三板是在发展中小微企业的背景下应运而生的，企业挂牌新三板门槛比在主板 IPO 低得多。本章首先讲解新三板挂牌要满足的 6 项条件(依法设立且存续满 2 年；业务明确，具有持续经营能力；公司治理机制健全，合法规范经营；股权明晰，股票发行和转让行为合法合规；主办券商推荐并持续督导；其他注意事项)，然后又详细讲解新三板挂牌的这 6 项条件，最后讲解新三板挂牌的其他注意事项。

7.1 新三板挂牌要满足的 6 项条件

根据《全国中小企业股份转让系统业务规则(试行)》规定，股份公司只要满足 6 项条件即可申请挂牌，分别是依法设立且存续满 2 年；业务明确，具有持续经营能力；公司治理机制健全，合法规范经营；股权明晰，股票发行和转让行为合法合规；主办券商推荐并持续督导；全国股份转让系统公司要求的其他条件，如图 7.1 所示。

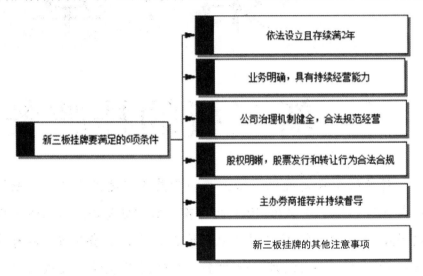

图 7.1 新三板挂牌要满足的 6 项条件

提醒 全国股份转让系统公司要求的其他条件，暂时没有，就不再多说。

7.2 依法设立且存续满 2 年

依法设立，是指公司依据《公司法》等法律、法规及规章的规定向公司登记机关申请登记，并已取得《企业法人营业执照》。申报挂牌时，要依法存续，经过年检程序。

7.2.1 公司设立的主体、程序合法、合规

公司设立的主体、程序合法、合规主要是指以下 3 点。

第一，国有企业需提供相应的国有资产监督管理机构或国务院、地方政府授权的其他部门、机构关于国有股权设置的批复文件。

第二，外商投资企业须提供商务主管部门出具的设立批复文件。

第三，《公司法》修改(2006 年 1 月 1 日)前设立的股份公司，须取得国务院授权部门或者省级人民政府的批准文件。

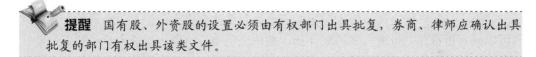

提醒　国有股、外资股的设置必须由有权部门出具批复，券商、律师应确认出具批复的部门有权出具该类文件。

7.2.2　公司股东的出资合法、合规，出资方式及比例应符合《公司法》相关规定

公司股东的出资合法、合规，出资方式及比例应符合《公司法》相关规定，具体如下。

第一，以实物、知识产权、土地使用权等非货币财产出资的，应当评估作价，核实财产，明确权属，财产权转移手续办理完毕。

第二，以国有资产出资的，应遵守有关国有资产评估的规定。

第三，公司注册资本缴足，不存在出资不实情形。

7.2.3　存续满 2 年

存续满 2 年是指存续 2 个完整的会计年度。

新三板公司挂牌，需要 2 个会计年度，那么这 2 个会计年度如何计算，有哪些错误认识和理解呢？

错误理解：新三板挂牌条件中明确要求拟挂牌企业存续时间应当满 2 年。对此，有人理解为满 24 个月即可，如 2014 年 9 月 1 日成立的企业，2016 年 9 月 1 日就可以申请在新三板挂牌；也有人理解为必须要有 2 个完整会计年度加 1 期的经营记录方可申请在新三板挂牌。

正确理解：企业须有 2 个完整会计年度(每年的 1 月 1 日至 12 月 31 日)的运营记录方可申请在新三板挂牌，也就是说如果 2016 年 9 月 1 日操作挂牌，企业成立时间不得晚于 2014 年 1 月 1 日。此外，如果公司成立于 2014 年 1 月 1 日，并且于 2016 年 2 月份完成 2015 年度财务报表审计，则可以直接申报新三板挂牌，无须等到 2016 年一季报表出来后再申报，即最近一期财务报表不强制要求为季度、半年度或年

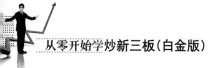

度报表。

> **提醒** 财务报表的有效期是 6 个月，股转系统要求申报企业至少给其留出 2 个月审核时间，因此企业申报时距其最近一期财务报表有效期截止日不能少于 2 个月，否则股转系统会直接要求企业加审。

另外，有限责任公司按原账面净资产值折股整体变更为股份有限公司的，存续时间可以从有限责任公司成立之日起计算。整体变更不应改变历史成本计价原则，不应根据资产评估结果进行账务调整，应以改制基准日经审计的净资产额为依据折合为股份有限公司股本。申报财务报表最近一期截止日不得早于改制基准日。

7.2.4　案例分析

2011 年 11 月 5 日，××有限公司股东会决议，已经评估确认的 2011 年 10 月 31 日净资产折股变更为××股份有限公司。根据会计师事务所出具的《资产评估报告书》，截至 2011 年 10 月 31 日有限公司经评估的净资产值为 42 925 820.61 元，折合成股份公司 42 925 000 股，剩余 820.61 元计入资本公积。

下面来分析一下。

如果股改时有限责任公司是按评估值折股改制为股份有限公司，则存续期间自股份有限公司完成工商变更之日起计算，此案例就是属于这种情形，故视同股份公司新设，未满 2 年。如果按审计值折股，则自该有限公司设立之日起计算。

7.3　业务明确，具有持续经营能力

下面来具体讲解一下新三板挂牌的第二个条件，即业务明确，具有持续经营能力。

7.3.1　业务明确

业务明确是指公司能够明确、具体地阐述其经营的业务、产品或服务、用途及其商业模式等信息。

公司可同时经营一种或多种业务，每种业务应具有相应的关键资源要素，该要素组成应具有投入、处理和产出能力，能够与商业合同、收入或成本费用等相匹配。

第一，公司业务如果需要主管部门审批，应取得相应的资质、许可或特许经营权等。

第二，公司业务须遵守法律、行政法规和规章的规定，符合国家产业政策以及环保、质量、安全等要求。

7.3.2　申请挂牌公司及其子公司的环保应满足哪些要求

申请挂牌公司及其子公司的环保应满足 5 个要求，具体如下。

第一，推荐挂牌的中介机构应核查申请挂牌公司及其子公司所属行业是否为重污染行业。重污染行业认定依据为国家和各地方的相应监管规定，没有相关规定的，应参照环保部、证监会等有关部门对上市公司重污染行业分类规定执行。

第二，申请挂牌公司及其子公司所属行业为重污染行业，根据相关法规规定应办理建设项目环评批复、环保验收、排污许可证以及配置污染处理设施的，应在申报挂牌前办理完毕；如公司尚有在建工程，则应按照建设进程办理完毕相应环保手续。

第三，申请挂牌公司及其子公司所属行业不属于重污染行业但根据相关法规规定必须办理排污许可证和配置污染处理设施的，应在申报挂牌前办理完毕。

第四，申请挂牌公司及其子公司按照相关法规规定应制定环境保护制度、公开披露环境信息的，应按照监管要求履行相应义务。

第五，申请挂牌公司及其子公司最近 24 个月内不应存在环保方面的重大违法违规行为，重大违法行为的具体认定标准按照《全国中小企业股份转让系统股票挂牌条件适用基本标准指引(试行)》相应规定执行。

7.3.3　持续经营能力

持续经营能力是指公司基于报告期内的生产经营状况，在可预见的将来，有能力按照既定目标持续经营下去。

首先，公司业务在报告期内应有持续的营运记录，不应仅存在偶发性交易或事项。营运记录包括现金流量、营业收入、交易客户、研发费用支出等。

其次，公司应按照《企业会计准则》的规定编制并披露报告期内的财务报表，公司不存在《中国注册会计师审计准则第 1324 号——持续经营》中列举的影响其持续经营能力的相关事项，并由具有证券期货相关业务资格的会计师事务所出具标准无保留意见的审计报告。

提醒　财务报表被出具带强调事项段的无保留审计意见的，应全文披露审计报告正文以及董事会、监事会和注册会计师对强调事项的详细说明，并披露董事会和监事会对审计报告涉及事项的处理情况，说明该事项对公司的影响是否重大、影响是否已经消除、违反公允性的事项是否已予纠正。

最后，公司不存在依据《公司法》第 181 条规定解散的情形，或法院依法受理重整、和解或者破产申请。

7.3.4 申请挂牌公司存在哪些情形应认定其不具有持续经营能力

根据《全国中小企业股份转让系统股票挂牌条件适用基本标准指引(试行)》第 2 款持续经营能力的相关规定，申请挂牌公司存在以下情形之一的，应被认定其不具有持续经营能力。

第一，未能在每一个会计期间内形成与同期业务相关的持续营运记录。

第二，报告期连续亏损且业务发展受产业政策限制。

第三，报告期期末净资产额为负数。

第四，存在其他可能导致对持续经营能力产生重大影响的事项或情况。

7.3.5 案例分析

日本某会社目前是全球唯一的大批量生产非晶合金带材的企业。2011 年 9 月 30 日前，公司关联企业(2009 年和 2010 年为公司的母公司，2011 年股权转让后不再持有公司股权，属于公司在同一实际控制人下的关联方)是日本会社在中国境内非晶合金带材的独家代理商。公司的主要原材料非晶合金带材全部来源于其关联企业，公司原材料来源较为单一，存在对主要原材料供应商的依赖的风险。2008 年 2 月 21 日，公司关联企业与日本会社签订非晶合金带材供货协议，期限至 2011 年 9 月 30 日。目前，供货协议已到期。经证券商了解，由于中国市场发生变化，国内某上市公司正在研发自行生产非晶合金带材，日本会社一直未与公司关联企业重新签订供货协议，双方正在协商过程中，将来签订协议的期限有可能会缩短。公司向关联企业的采购金额较大，2009 年、2010 年和 2011 年 1～4 月向关联企业的采购额占年度采购总额的比例分别为98%、89%和97%，可以说，公司主要依靠关联企业取得非晶合金带材。

下面来分析一下：

一旦关联企业无法提供非晶合金带材，公司的生产经营将受到重大影响，相关数据表明，公司今年收入和成本将达不到上年水平，而且目前存货也无法满足经营需要。关联企业的库存非晶合金带材情况不详，在与日本会社重新签订协议前能否再向公司提供非晶合金带材也不确定。上述问题直接影响公司正常生产经营，进而影响公司持续经营能力，建议公司原材料供应问题明朗后再挂牌。

7.4　公司治理机制健全，合法规范经营

下面来具体讲解一下新三板挂牌的第三个条件，即公司治理机制健全，合法规范经营。

7.4.1　公司治理机制健全

公司治理机制健全，是指公司按规定建立股东大会、董事会、监事会和高级管理层(以下简称"三会一层")组成的公司治理架构，制定相应的公司治理制度，并能证明有效运行，保护股东权益。

第一，公司依法建立"三会一层"，并按照《公司法》《非上市公众公司监督管理办法》及《非上市公众公司监管指引第 3 号——章程必备条款》等规定建立公司治理制度。

第二，公司"三会一层"应按照公司治理制度进行规范运作。在报告期内的有限公司阶段应遵守《公司法》的相关规定。

第三，公司董事会应对报告期内公司治理机制执行情况进行讨论、评估。

7.4.2　合法规范经营

合法规范经营，是指公司及其控股股东、实际控制人、董事、监事、高级管理人员须依法开展经营活动，经营行为合法、合规，不存在重大违法违规行为。

第一，公司的重大违法违规行为是指公司最近 24 个月内因违反国家法律、行政法规、规章的行为，受到刑事处罚或适用重大违法违规情形的行政处罚。

(1) 行政处罚是指经济管理部门对涉及公司经营活动的违法违规行为给予的行政处罚。

(2) 重大违法违规情形是指，凡被行政处罚的实施机关给予没收违法所得、没收非法财物以上行政处罚的行为，属于重大违法违规情形，但处罚机关依法认定不属于的除外；被行政处罚的实施机关给予罚款的行为，除主办券商和律师能依法合理说明或处罚机关认定该行为不属于重大违法违规行为的外，都视为重大违法违规情形。

(3) 公司最近 24 个月内不存在涉嫌犯罪被司法机关立案侦查，尚未有明确结论意见的情形。

第二，控股股东、实际控制人合法合规，最近 24 个月内不存在涉及以下情形的重大违法违规行为。

(1) 控股股东、实际控制人受刑事处罚。

(2) 受到与公司规范经营相关的行政处罚，且情节严重；情节严重的界定参照前述规定。

(3) 涉嫌犯罪被司法机关立案侦查，尚未有明确结论意见。

第三，现任董事、监事和高级管理人员应具备和遵守《公司法》规定的任职资格和义务，不应存在最近 24 个月内受到中国证监会行政处罚或者被采取证券市场禁入措施的情形。

另外，公司报告期内不应存在股东包括控股股东、实际控制人及其关联方占用公司资金、资产或其他资源的情形。如有，应在申请挂牌前予以归还或规范。公司应设有独立财务部门进行独立的财务会计核算，相关会计政策能如实反映企业财务状况、经营成果和现金流量。

7.4.3　案例分析

××公司控股股东 A 先生提供了一批电子设备和办公设备给公司无偿使用，同时其欠公司款项 680 850 元。2011 年 4 月，A 先生以此批固定资产抵偿债务，此批资产经过辽宁正和资产评估有限公司评估为 680 850 元。但 A 先生并无此批资产的所有权证明。A 先生承诺如因此批资产所有权产生纠纷，相关责任由其承担。此批固定资产金额占总资产金额的比重较小，约 1%，但占固定资产 2011 年年末年余额达到比重为94.45%。

下面来分析一下：

A 先生用于抵偿债务的固定资产无所有权，因此，抵偿债务的行为存在法律问题，此相关会计处理不能成立。要求股东 A 先生采取措施，偿还债务，处理相关固定资产，消除上述事项产生的影响。

7.5　股权明晰，股票发行和转让行为合法合规

下面来具体讲解一下新三板挂牌的第四个条件，即股权明晰，股票发行和转让行为合法合规。

7.5.1　股权明晰

股权明晰，是指公司的股权结构清晰，权属分明，真实确定，合法合规，股东特别是控股股东、实际控制人及其关联股东或实际支配的股东持有公司的股份不存在权

属争议或潜在纠纷。

(1) 公司的股东不存在国家法律、法规、规章及规范性文件规定不适宜担任股东的情形。

(2) 申请挂牌前存在国有股权转让的情形，应遵守国资管理规定。

(3) 申请挂牌前外商投资企业的股权转让应遵守商务部门的规定。

7.5.2　股票发行和转让行为合法合规

公司股票发行和转让行为合法合规，不存在下列情形。

(1) 最近 36 个月内未经法定机关核准，擅自公开或者变相公开发行过证券。

(2) 违法行为虽然发生在 36 个月前，目前仍处于持续状态，但《非上市公众公司监督管理办法》实施前形成的股东超 200 人的股份有限公司经中国证监会确认的除外。

另外，公司股票限售安排应符合《公司法》和《全国中小企业股份转让系统业务规则(试行)》的有关规定。

提醒　在区域股权市场及其他交易市场进行权益转让的公司，申请股票在全国股份转让系统挂牌前的发行和转让等行为应合法合规。公司的控股子公司或纳入合并报表的其他企业的发行和转让行为须符合本指引的规定。

7.5.3　案例分析

2011 年 4 月，控股股东甲以 3000 元价格从公司购买 3 项专利(公司账面未计入无形资产，主导产品应用的核心技术)；2011 年 8 月，甲以购买的 3 项专利技术向公司增资，3 项专利技术评估价值为 204.67 万元，其中 98 万元作为注册资本，剩余部分记入资本公积，增资后注册资本从 100 万元增加到 198 万元。

下面来分析一下：

对于一项资产，短时间内出现两个迥异的价格，该事项存在两个方面的问题：一是公司将自有无形资产以 3000 元卖给公司股东，存在贱卖公司资产嫌疑，损害公司利益；二是公司在卖出无形资产 4 个月后，又接受股东以该部分无形资产增资，存在通过交易安排变相以自有无形资产高评增资的嫌疑，影响到股东是否足额出资。股东甲应与公司补充协议，约定转让价格为 204.67 万元，甲需要向公司支付专利转让价款 204.67 万元；甲通过上述转让获得专利后，将专利无偿赠与公司或长期无偿提供给公司使用，因此，公司还将拥有上述专利。通过上述交易，上述专利将不会在公司账上

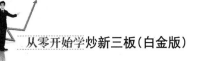

体现,而现金增加,并增加当期的利润(非经营性)。

7.6　主办券商推荐并持续督导

新的挂牌规则将中介机构的作用提到一个非常高的位置上,包括:若一定期限内无主办券商为挂牌公司持续督导,则将会做出终止挂牌的处理。

(1) 公司须经主办券商推荐,双方签署了《推荐挂牌并持续督导协议》。

(2) 主办券商应完成尽职调查和内核程序,对公司是否符合挂牌条件发表独立意见,并出具推荐报告。

7.7　新三板挂牌的其他注意事项

前面讲解了新三板挂牌要满足的 5 项条件,下面再来讲解一下新三板挂牌的其他注意事项。

7.7.1　申请挂牌公司的子公司应满足哪些要求

申请挂牌公司的子公司应满足 5 项要求,具体如下。

(1) 申请挂牌公司子公司是指申请挂牌主体全资、控股或通过其他方式纳入合并报表的公司。

(2) 子公司的股票发行和转让行为应合法、合规,并在业务资质、合法规范经营方面须符合《全国中小企业股份转让系统股票挂牌条件适用基本标准指引(试行)》的相应规定。申请挂牌公司应充分披露其股东、董事、监事、高级管理人员与子公司的关联关系。

(3) 主办券商应按照《全国中小企业股份转让系统主办券商尽职调查工作指引(试行)》的规定,对申请挂牌公司子公司逐一核查。

(4) 对业务收入占申请挂牌公司 10%以上的子公司,应按照《全国中小企业股份转让系统公开转让说明书内容与格式指引(试行)》第二章第二节公司业务的要求披露其业务情况。

(5) 子公司的业务为小贷、担保、融资性租赁、城商行、投资机构等金融或类金融业务的,不但要符合《全国中小企业股份转让系统股票挂牌条件适用基本标准指引(试行)》的规定,还应符合国家、地方及其行业监管部门颁布的法规和规范性文件的要求。申请挂牌公司参股公司的业务属于前述金融或类金融业务的,须参照前述规定执行。

7.7.2 申请挂牌公司在财务规范方面需要满足哪些要求

申请挂牌公司在财务规范方面需要满足 3 项要求，具体如下。

(1) 申请挂牌公司财务机构及人员独立并能够独立做出财务决策、财务会计制度及内控制度健全且得到有效执行、会计基础工作规范，符合《会计法》《会计基础工作规范》《公司法》《现金管理条例》等其他法律法规要求。

(2) 申请挂牌公司财务报表的编制符合企业会计准则和相关会计制度的规定，在所有重大方面公允地反映了申请挂牌公司的财务状况、经营成果和现金流量，财务报表及附注不得存在虚假记载、重大遗漏以及误导性陈述。

(3) 申请挂牌公司存在以下情形的应视为财务不规范，不符合挂牌条件。

第一，报告期内未按照《企业会计准则》的要求进行会计处理且需要修改申报报表。

第二，控股股东、实际控制人及其控制的其他企业占用公司款项未在申报前归还。

第三，因财务核算不规范情形被税务机关采取核定征收企业所得且未规范。

第四，其他财务不规范情形。

7.7.3 报告期内申请挂牌公司发生实际控制人变更或者主要业务转型的是否可申请挂牌

申请挂牌公司在报告期内存在实际控制人变更或主要业务转型的，在符合《全国中小企业股份转让系统股票挂牌条件适用基本标准指引(试行)》的要求的前提下可以申请挂牌。

第 8 章

挂牌企业的改制与审核

　　要想进入全国股份转让系统挂牌，企业必须是股份公司的组织形式，因此改制为股份公司是企业走进全国股份转让系统的前置程序。全国股份转让系统在挂牌审查工作方面强调了包容性和规范性的平衡。对企业的规模、收入、利润等财务指标不设门槛，没有把那些尚未盈利但具有较强经营活力和未来发展潜力的中小微企业挡在门外；同时挂牌审核坚持公开透明原则，强化以信息披露为核心的理念。本章首先讲解挂牌企业的改制，即设立股份有限公司的条件、方式和程序，改制的定义、原因、成本、目标、原则、流程，然后讲解新三板的挂牌审查工作流程、挂牌审查的理念、内容及如何沟通；接着讲解挂牌审查的全公开内容、挂牌准入的常见问题；最后讲解办理挂牌手续的相关事宜。

8.1　初识股份公司

在讲解挂牌企业改制之前，先来讲解一下什么是股份公司及设立股份公司的条件、方式和程序。

8.1.1　申请新三板挂牌的公司是否必须是股份公司

按照《国务院关于全国中小企业股份转让系统有关问题的决定》国发(〔2013〕49 号)和《全国中小企业股份转让系统业务规则(试行)》等相关规定，申请在全国股份转让系统挂牌的公司必须为股份公司。

市场经济条件下的股份制是一种适应市场经济需要、符合现代企业制度要求的企业组织制度。

一般来说，股份制具有 4 种功能，分别是分散投资风险；筹资、融资；有利于所有权与经营权的分离；形成科学、合理的企业经营管理监督机制和约束机制，如图 8.1 所示。

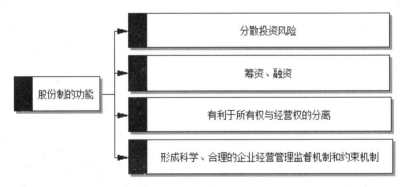

图 8.1　股份制的功能

股份制企业依法设立股东会、董事会、监事会等领导、监管机构，聘任经理后，既职责分工明确，又相互制约，形成了高效、有序的运作机制。

8.1.2　有限责任公司和股份有限公司

有限责任公司是指按照《公司法》设立的，由符合法定人数的股东共同出资，股东以其认缴的出资额对公司承担有限责任，公司以其全部资产对公司债务承担责任的资本组织形式。

我国《公司法》规定，有限责任公司股东人数是 50 人以下。有限责任公司的注册资本最低限额为人民币 3 万元，由全体股东共同出资组成公司注册资本，但不需要划分为等额股份。股东以其出资额承担有限责任，并按照出资比例获得利润。《公司法》还规定了不同类型有限责任公司的最低注册资本。有限责任公司的股权可在股东之间相互转让，股东向股东以外的人转让股权，应当经其他股东过半数同意。不允许像股票一样，在社会上自由流通。

股份有限公司，其全部资本分为等额股份，股东以其所持股份为限对公司承担责任，公司以其全部资产对公司的债务承担责任。

我国《公司法》规定，股份有限公司发起人为 2 人以上 200 人以下，股份有限公司注册资本最低限额为人民币 500 万元。股份有限公司的一个重要特征是全部资本分成的等额股份可以由股东自主决定是否转让，无须其他股东同意。

8.1.3　设立股份有限公司应具备哪些条件

除经国务院特别批准，有限责任公司在依法变更为股份有限公司时，可以采取募集设立方式公开发行股票外，企业申请发行股票，必须先设立股份有限公司。根据《公司法》的规定，设立股份有限公司应当具备以下条件。

(1) 发起人符合法定人数。应当有 2 人以上 200 人以下为发起人，其中须有半数以上的发起人在中国境内有住所。

(2) 发起人认购和募集的股本达到法定资本最低限额。股份有限公司注册资本的最低限额为人民币 500 万元，法律、行政法规对股份有限公司注册资本的最低限额有较高规定的，从其规定。

(3) 股份发行、筹办事项符合法律规定。发起人必须依照规定申报文件，承担公司筹办事务。

(4) 发起人制定公司章程，采用募集设立的经创立大会通过。发起人应根据《公司法》等法律法规的要求制定章程草案。

(5) 有公司名称，建立符合股份有限公司要求的组织机构。拟设立的股份有限公司应当依照工商登记的要求确定公司名称，并建立股东大会、董事会、监事会和经理等组织机构。

(6) 有公司地址。

8.1.4　设立股份有限公司有哪些方式

设立股份有限公司的方式有两种，分别是发起设立、募集设立，如图 8.2 所示。

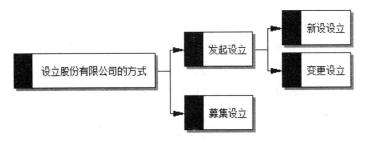

图 8.2　设立股份有限公司的方式

1）发起设立

发起设立是指由发起人认购公司应发行的全部股份而设立公司。主要为以下两种情况：一是新设设立，即 2 个以上 200 个以下发起人出资新设立一个公司；二是变更设立，即有限责任公司按原账面净资产值折股整体变更为股份有限公司。

2）募集设立

募集设立是指由发起人认购公司应发行股份的一部分，其余股份向社会公开募集或者向特定对象募集而设立公司。经国务院批准，有限责任公司在依法变更为股份有限公司时，可以采取募集设立方式公开发行股票。

8.1.5　设立股份有限公司需要经过哪些程序

以发起方式设立股份有限公司的主要程序如下。

(1) 主发起人拟订设立股份有限公司方案，确定设立方式、发起人数量、注册资本和股本规模、业务范围、邀请发起人等。

(2) 对拟出资资产进行资产评估或审计。

(3) 签订发起人协议书，明确各自在公司设立过程中的权利和义务。

(4) 发起人制定公司章程。

(5) 由全体发起人指定的代表或者共同委托的代理人向公司登记机关申请名称预先核准。

(6) 法律、行政法规或者国务院决定规定设立公司必须报经批准，或者公司经营范围中属于法律、行政法规或者国务院决定规定在登记前须经批准的项目的，以公司登记机关核准的公司名称报送批准，履行有关报批手续。

(7) 发起人按公司章程规定缴纳出资，并依法办理以非货币性财产出资的财产权的转移手续。

(8) 聘请具有从业资格的会计师事务所验资并取得验资报告。

(9) 选举董事会和监事会，由董事会向公司登记机关报送公司章程、验资证明以及法律、行政法规规定的其他文件，申请设立登记。

以募集方式设立股份有限公司的，发起人认购的股份不得少于公司股份总数的35%，必须公告招股说明书，且须报经国务院证券监督管理机构核准。

8.2　初识改制

按照《公司法》改制为股份公司，实现科学的治理结构、规范的公司运营，是企业走向公众公司的必经之路，也是企业进入资本市场的起点，同时也是企业申请在全国股份转让系统挂牌的必要前提，这项系统工作将深远地影响企业的后续发展。

8.2.1　什么是改制

改制是指依法改变企业原有的资本结构、组织形式、经营管理模式或体制等，使其在客观上适应企业发展新需要的过程。实践中改制包括国有企业的改制、集体企业的改制、中外合作企业的改制、企业股份制的改造等。

这里讲解的改制，是特指企业按照《公司法》《证券法》及相关法律法规的规定，改制为股份有限公司。

8.2.2　为何要改制

对企业来说，改制的好处主要表现在 4 个方面，具体如下。
(1) 有利于建立现代企业制度，规范法人治理结构，促使企业持续稳定经营。
(2) 有利于提高企业管理水平，降低经营风险。
(3) 有利于建立归属清晰、权责明确的现代产权制度，增强企业创新的动力。
(4) 有利于企业进入资本市场进行资本运作，利用金融工具进行资源整合，做大做强。

8.2.3　公司股份改制的成本

公司股份改制的成本主要来自 3 个方面，分别是规范成本、重组成本和中介机构费用，如图 8.3 所示。

1) 规范成本

企业规范成本主要包括：建立健全公司治理机制，完善内部控制，维持其正常运行的成本，如董事会、监事会和股东大会的运行成本；规范历史经营中遗留问题的支出，如补缴出资、补缴欠税、不合规问题纠正及风险化解支出等。

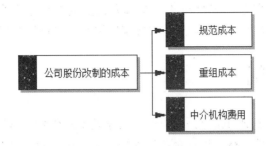

图 8.3　公司股份改制的成本

2) 重组成本

企业重组成本主要包括：为更有利于企业未来发展和资本运作，进行业务调整、资产置换、剥离、处置，股权调整，股权激励等操作所支出的税费。

3) 中介机构费用

中介机构费用主要包括：证券公司财务顾问费、会计师事务所审计费用、律师费、资产评估费(如需要)等。

目前，很多地方政府出台了鼓励企业股份制改造及挂牌的补贴政策，可以覆盖部分改制成本。

8.2.4　哪些类型的企业适宜改制

适宜改制的企业主要包括 5 种，具体如下。

(1) 需要规范治理结构、提高管理水平的企业。

(2) 需要扩充股东人数的企业。

(3) 已有一定业务规模，需要持续发展、扩大业务规模的企业。

(4) 具有创新业务模式，需要提升品牌、提高估值水平的企业。

(5) 拟进入国务院批准设立的证券交易场所交易融资，即申请在全国股份转让系统及沪深证券交易所挂牌上市的企业。

8.3　改制的目标和原则

前面讲解了改制的定义、成本及适合改制的企业特点，下面来讲解一下改制的目标和原则。

8.3.1　改制的目标

企业改制的目标主要包括 5 个，具体如下。

(1) 确定公司的独立法人财产权，有效地实现出资者所有权与公司法人财产权的分离。

(2) 建立规范的公司治理结构。根据《公司法》建立股东大会、董事会、监事会、经理层分权与制衡为特征的公司治理结构，塑造真正的市场竞争主体，以适应市场经济发展的需要。

(3) 建立有效的公司管理结构、内部控制制度、竞争激励机制，促进公司的发展。

(4) 梳理与规范企业历史瑕疵问题，消除风险隐患，按照挂牌上市要求，夯实企业进入证券市场的基础。

(5) 合法合规地将企业的类型变更为股份制公司。

8.3.2　改制的原则

企业改制应坚持 3 个主要原则，分别是合法性原则、稳定性原则、科学性原则，如图 8.4 所示。

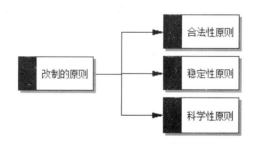

图 8.4　改制的原则

1) 合法性原则

企业改制的内容和程序都要合法合规。

2) 稳定性原则

企业改制要保持企业在改制前后生产经营的连续性和稳定性。

3) 科学性原则

企业改制要着重于企业组织制度的科学改造，建立先进的产权制度、科学的法人治理结构。

8.4 改制的流程

下面来进一步讲解改制的流程。改制主要包括 3 个阶段，分别是准备阶段、操作阶段和收尾阶段，先来看一下准备阶段。

8.4.1 改制的准备阶段

改制准备阶段工作主要包括 4 个步骤，分别是选聘中介，前期调查，制定改制方案，落实方案、做好规范，如图 8.5 所示。

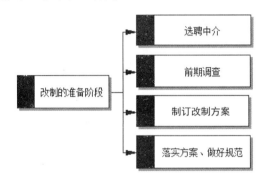

图 8.5 改制的准备阶段

1) 选聘中介

企业选定并聘请证券公司、会计师事务所、律师事务所、资产评估机构(如需要)等中介机构，签订相关协议。

2) 前期调查

证券公司、会计师事务所、律师事务所等中介机构对企业进行前期尽职调查，发现企业在历史经营中存在的不规范问题，判断企业经营的持续性、独立性，分析企业是否存在重大法律、财务、税务风险，分析企业是否存在影响改制目标实现的其他问题。

3) 制订改制方案

各中介机构根据前期调查发现的问题提出建议，召开协调会，与企业的实际控制人、控股股东、高级管理人员充分沟通，在此基础上制订改制方案和工作时间表。

4) 落实方案、做好规范

证券公司牵头协调企业及各个中介机构改制工作的节奏，落实改制方案，推动解决前期调查发现的问题，总体把握企业是否达到改制的目标和原则要求；帮助企业建立健全公司治理结构；指导企业建立完善各项内部控制制度。

8.4.2 改制的操作阶段

改制具体操作阶段工作主要包括以下步骤。

(1) 有限责任公司召开董事会，决议聘请中介机构，启动股份制改造工作。如果有限公司没有董事会(只设执行董事)的，执行董事需要就启动股份制改造提交工作报告。

(2) 公司办理变更名称预核准。

(3) 会计师事务所对企业会计报表进行审计，出具《审计报告》。

(4) 资产评估机构对公司改制基准日的净资产值进行评估，出具《资产评估报告》(如需要)。

(5) 有限责任公司召开股东会，审议改制方案，就整体折股方案、出资方式、出资比例、变更公司类型等事项做出决议。股东会应当提前 15 日通知全体股东(公司章程或全体股东另有约定的除外)。股东会做出变更公司形式的决议必须经代表 2/3 以上表决权的股东通过。

(6) 签订发起人协议，发出召开股份公司创立大会暨第一次临时股东大会的通知。

(7) 中介机构进行验资，出具《验资报告》(如需要)。

(8) 律师事务所协助公司制作《股份有限公司章程(草案)》及"三会"议事规则、《关联交易管理办法》等规章制度。

(9) 召开职工大会选举职工监事和职工董事(如需要)。

(10) 召开创立大会暨第一届临时股东大会，审议发起人关于公司股份改制情况的报告，通过公司章程，选举董事会成员和监事会成员等。发起人应当在创立大会召开 15 日前将会议日期通知各认股人。创立大会应有代表股份总数过半数的发起人出席。

(11) 召开董事会，选举董事长，决定聘任经理；召开监事会，选举监事会主席等。

(12) 公司准备整体变更为股份有限公司的相关申报资料。

(13) 向工商行政管理部门申请变更登记。领取股份公司《企业法人营业执照》。

8.4.3 改制的收尾阶段

改制收尾阶段，主要应做好以下后续工作：修改完善公司各项内部管理制度；进行相关资产权属变更，相关证照、银行账户名称变更；制作股份公司公章，通知客户、债权债务人等公司改制更名事宜。

8.4.4 大股东与高管要做何准备

在企业改制准备阶段，大股东与高管需要做好以下准备工作。

(1) 从思想和态度上要非常重视改制工作，建立专项工作机制，安排专人负责和协调，同时利用改制着力培育或引进专业人才(如董秘或信息披露负责人、财务负责人)。

(2) 大股东应该与企业管理层、中介机构(如有)充分协商沟通，探讨企业改制的方式，设计改制的总体方案，包括股份公司的设立方式、发起人数量、股本规模、业务范围等。

(3) 企业如拟引入投资者的，需要物色、洽谈投资人。

(4) 企业如拟进行股权激励，需要拟定股权激励方案，与激励对象进行初步沟通。

(5) 探讨遴选合适的中介机构。

8.4.5 如何选择改制的中介机构

企业在选择中介机构时，应考虑 3 个方面的因素，分别是中介机构应具有相应的资质；中介机构项目组成员应具有相应的执业能力和经验；不要只考察费用水平，如图 8.6 所示。

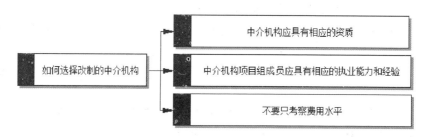

图 8.6 如何选择改制的中介机构

1) 中介机构应具有相应的资质

改制需要聘请会计师事务所进行审计、验资，聘请资产评估机构进行评估(如需要)；如果企业拟改制成股份公司并在全国股份转让系统挂牌，建议同时聘请主办券商担任改制的财务顾问。

各中介机构应当具有相应的资质。如果企业向全国股份转让系统申报挂牌材料时拟使用改制的审计报告(即以改制基准日作为申请挂牌的财务报表基准日)，公司所聘请的会计师事务所须具有从事证券期货业务的资格。

主办券商名录信息可以在全国股份转让系统网站查询，具体操作如下。

在浏览器的地址栏中输入 www.neeq.com.cn，然后按 Enter 键，就可以进入全国股份转让系统网站的首页，如图 8.7 所示。

图 8.7　全国股份转让系统网站的首页

单击导航栏中的"市场机构"，弹出子菜单，就可以看到"主办券商"。选择"主办券商"子菜单命令，就可以看到主办券商名录信息，如图 8.8 所示。

图 8.8　主办券商名录信息

单击"执业情况"选项卡，还可以查看主办券商的执业情况，如图 8.9 所示。

图 8.9　主办券商的执业情况

单击左侧导航栏中的"会计师事务所"，就可以查看会计师事务所的机构列表，如图 8.10 所示。

图 8.10　会计师事务所的机构列表

单击左侧导航栏中的"律师事务所"，就可以查看律师事务所的机构列表，如图 8.11 所示。

单击左侧导航栏中的"合作银行"，就可以查看合作银行的具体信息，如图 8.12 所示。

图 8.11　律师事务所的机构列表

图 8.12　合作银行的具体信息

2) 中介机构项目组成员应具有相应的执业能力和经验

中介机构对企业改制的质量有重大影响。企业选择中介机构应当考虑项目组成员的执业经验、业务能力、敬业精神、时间保障，以及对企业经营模式的理解能力，疑难问题的处理经验等。

3) 不要只考察费用水平

中介机构费用由企业和中介机构自由协商确定，它会影响企业改制的成本。企业应当在自身业务的复杂程度、市场平均价格水平、中介机构的声誉及执业质量三者之间寻找平衡，而不应当一味追求低成本。企业在开展改制工作之初就应当周密考虑，审慎选择中介机构及项目团队，切忌抱着"试试看""不行就换"等思想。

8.4.6 拟挂牌企业整体变更改制准备阶段的工作主要有哪些

拟挂牌企业整体变更改制准备阶段的主要工作具体如下。

(1) 准备拟改制挂牌企业的历史沿革资料,梳理企业的历史沿革。

企业应在中介机构的指导下,安排专人准备以下与历史沿革相关的资料:到工商行政管理部门查询打印企业注册登记的全套资料,整理自企业成立以来历次股东会、董事会决议及会议记录;整理历次中介机构出具的审计报告、验资报告、评估报告;整理历次公司股权变更、登记变更时相关机构的批准文件(如有),整理历届股东、董事、监事、高级管理人员简历等资料。企业及中介机构在此基础上梳理企业的历史沿革,分析企业设立、变更程序合规性及公司股东、董事、监事及高级管理人员任职的适应性。

企业及中介机构应将历次股权变更工商记录与审计报告、验资报告、评估报告(如有)及公司财务资料进行比较,询问财务人员,分析股东出资是否及时到位,出资方式是否符合有关法律、法规的规定。

(2) 准备财务资料,进行清产核资,规范报告期会计核算。

这一阶段的主要工作内容包括6项,具体如下。

① 企业会计人员应当整理企业报告期及期初的全部财务资料,整理企业出资、投资、长期资产购置、长期债务、并购重组等业务入账及后续会计核算的财务资料,包括会计报表、账簿、会计凭证、纳税报表、凭证等。

② 企业会计人员应当盘点、清查公司财物,进行账实核对,往来账项核对。在盘点、核对的基础上,企业应对盘盈盘亏、废旧毁损财物、坏账等进行财务处理,追回企业被违规占用的资金、资产。

③ 企业会计人员与中介机构财务人员共同分析报告期内企业财务基础是否健全、期初数据是否真实,报告期会计处理是否规范,会计资料是否完整。如果存在因会计基础薄弱(如账表不符、账证不符、账实不符、多套账等)导致财务数据失实的情形,企业应当考虑进行账务整改,形成一套以原始凭证为依据、符合会计准则的财务资料。

④ 企业会计人员应当整理企业对外投资的财务资料,梳理对外投资关系,协调整理纳入合并报表范围子公司的财务资料。纳入合并报表子公司的财务规范要求适用拟挂牌母公司的标准。

⑤ 企业会计人员在中介机构的指导下,梳理企业报告期关联方、关联关系以及存在的关联交易,分析关联交易的决策程序的规范性、存在的必要性及交易价格的公允性。

⑥ 企业会计人员应协调企业业务人员整理公司报告期内的重大合同，初步分析合同的执行情况，并综合研发支出、生产能力、偿债能力等因素，分析企业的可持续经营能力。

(3) 准备对外投资相关资料，梳理企业对外投资情况。

企业相关工作人员应当整理对外投资的相关资料，如公司对外投资的决策文件、批复文件、登记备案文件，并结合财务资料梳理企业对外投资关系；协调子公司打印工商登记资料，梳理子公司的历史沿革，了解其设立、变更的规范性，出资的真实性等情况。

(4) 整理拟改制挂牌企业关联方的相关资料，梳理关联方关系，分析企业是否存在同业竞争企业应在律师的指导下，认定拟改制挂牌企业的关联方，整理关联方的相关资料，梳理出企业的关联方关系。关注企业控股股东、实际控制人及其控制的其他企业，通过询问相关人员、查阅营业执照、实地走访生产或销售部门等方式，了解公司控股股东、实际控制人及其控制的其他企业是否与拟改制挂牌企业构成同业竞争，了解同业竞争形成的原因、存在的必要性、对拟挂牌企业未来经营能力的影响，初步探讨避免同业竞争的可能方案。

(5) 梳理企业业务流程，分析企业经营的合法性。

企业应在律师的指导下梳理公司的业务类型、各类业务的流程，整理企业各项业务资质，供、产、销环节应有的批文证照，产品认证证书，环保、消防的评估、验收等资料(根据具体情况提供相应的资料)，分析企业经营是否符合相关法律法规的要求。

(6) 整理公司法务资料，分析相关主体是否存在重大违法违规行为。

在律师的指导下，整理企业报告期内的诉讼资料、处罚资料，分析公司、实际控制人、控股股东、公司董事、监事、高级管理人员在最近 24 个月内是否存在重大违法违规行为。

(7) 整理公司各项规章制度，分析公司内部控制制度的合理性、执行的有效性。

(8) 初步确定股份公司董事、监事、高级管理人员的设置及人选。

控股股东、实际控制人应与董事、监事、高管沟通，初步确定股份公司董事、监事、高级管理人员的设置及人选，准备这些人员的简历资料。

(9) 中介机构初步调查，拟定改制方案。

主办券商牵头各中介机构对以上内容及资料进行初步调查，汇总拟改制挂牌企业存在的问题，并与控股股东、实际控制人、高级管理人员讨论，拟定公司存在问题的解决方案，拟定公司业务调整，股权、资产调整方案，在此基础上形成改制挂牌整体方案和工作时间表，初步确定改制基准日。

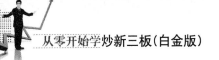

(10) 落实改制方案，协同做好改制前规范工作。

主办券商牵头，各中介机构协同拟挂牌企业落实改制挂牌方案，逐项解决初步调查汇总的问题及由此引发的新问题，总体把握改制挂牌方案落实的质量和时间进度，判断是否符合挂牌的基本要求。

8.4.7　拟挂牌企业整体变更改制操作阶段的工作主要有哪些

拟挂牌企业经过改制准备阶段的工作，历史遗留问题经规范符合企业在全国股份转让系统挂牌的条件，已经具备实现改制目标的基础时，才可以进行改制操作阶段的工作。改制操作阶段的工作，具体如下。

(1) 召开董事会，决议进行股份制改造，确定股份制改造的基准日，确定审计、评估、验资等中介机构。

(2) 到有限公司登记的工商行政管理部门办理拟成立股份公司名称预核准手续，该名称预核准有效期为 6 个月。

(3) 企业完成以改制基准日为会计报表日的会计核算、封账工作。

(4) 会计师事务所、评估机构(如需)到企业现场进行改制审计、资产评估(如需)工作。

(5) 会计师事务所出具审计报告初稿，与企业、主办券商、律师事务所、评估事务所(如需)进行沟通后，出具正式审计报告。

(6) 评估机构对企业改制基准日经审计的净资产进行评估，出具评估报告初稿，与企业、主办券商、会计师事务所、律师事务所进行沟通后，出具正式资产评估报告(如需)。

(7) 有限公司召开股东会，审议《审计报告》《评估报告》(如有)，就公司改制事宜做出决议。

(8) 公司在律师的指导下，准备《股份公司发起人协议书》《股份公司章程》《股东大会议事规则》《董事会议事规则》《监事会议事规则》等资料，指导公司发出召开股东大会通知，准备申办工商变更登记的相关文件。

(9) 股份公司发起人签订《股份公司发起人协议书》，确定各发起人的股权比例，设立股份公司筹备委员会，或指定专人负责筹备事宜，发出召开股份公司创立大会暨第一次股东大会的通知。

(10) 召开职工代表大会选举职工监事。

(11) 会计师事务所进行验资并出具改制的《验资报告》(如需要)。

(12) 召开创立大会暨第一次股东大会，创立大会应有代表股份总数过半数的发起人出席。创立大会通常行使下列职权：审议发起人关于公司筹办情况的报告；通过公司章程；选举董事会成员(5~19 人)；选举监事会成员(3 名以上，职工监事须占 1/3 以上)；对公司的设立费用进行审核；对发起人用于抵作股款的财产的作价进行审核；发生不可抗力或者经营条件发生重大变化直接影响公司设立的，可以做出不设立公司的决议。第一次股东大会一般也将审议通过股东大会议事规则、董事会议事规则、监事会议事规则、对外投资制度、对外担保制度、关联交易制度等。

(13) 股份公司董事会召开第一届董事会第一次会议，选举董事长，聘任经理、财务负责人、董事会秘书等高级管理人员，审议公司各项内控制度(如果有)。

(14) 股份公司监事会召开第一届监事会第一次会议，选举监事会主席。

(15) 新成立的股份有限公司董事会委派人员向工商行政管理部门提交变更为股份有限公司的申报资料。

(16) 工商行政管理部门依法变更登记，换发股份公司《企业法人营业执照》。

8.4.8 拟挂牌企业整体变更改制收尾阶段的工作主要有哪些

拟挂牌企业整体变更改制收尾阶段的主要工作，具体如下。

(1) 制作股份公司公章，变更相关证照、账户名称，办理相关资产和资质过户手续。公司应制作股份公司公章，去税务机关、开户银行、社保机构、质监局、海关(如需)、外管局(如需)等单位将原有限公司名下的所有证照、账户名称变更至股份公司名下，包括：组织机构代码证、税务登记证、银行开户许可证、银行贷款证(如有)、社保基本户等。

公司属于特殊行业的，需办理相关的行业许可证名称变更手续，如特许经营权证书，生产型企业的生产许可证，进出口企业的对外贸易经营资格备案表、海关报关注册登记证、检验检疫备案证书，外商投资企业批准证书(外资企业)等。

原有限公司名下所有登记公示的资产(如土地、房产、车辆、知识产权)及资质证书，应及时更名过户至股份公司名下。

(2) 通知客户、供应商、债权债务人等利益相关人公司改制更名事宜。

公司取得股份公司《企业法人营业执照》后，应及时将公司改制更名事宜告知客户、供应商、债权债务人等利益相关人，以便公司对外账务往来、订立合同、收开发票等业务往来顺利进行。

(3) 制定、修改企业内部规章制度，完善公司治理和内部控制。

股份公司应在中介机构的指导下，制定、修改公司各项规章制度，完善公司内部控制。制定、完善公司治理的配套规则，健全公司财务管理，做到业务、资产、人员、财务、机构独立完整。

8.4.9 拟挂牌企业整体变更改制工作中各中介机构的职责

企业改制的中介机构包括 4 个，分别是证券公司、会计师事务所、律师事务所和资产评估机构，如图 8.13 所示。

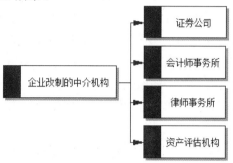

图 8.13 企业改制的中介机构

 提醒 各中介机构职责不一。

证券公司的职责包括：牵头协调、指导企业和其他中介机构工作，参与初步调查，发现企业存在的问题并提出规范意见，协助企业拟定改制重组方案，对前期规范工作能否达到改制目标及是否符合挂牌条件进行质量把关，协调各改制参与方的工作进度。

律师事务所的职责包括：对企业历史沿革的合法合规性问题进行梳理，对企业历史经营过程中的法律瑕疵提出规范解决方案，对企业改制总体方案的合法合规性进行分析评价，对企业整体折股变更为股份公司的程序合规性进行质量把关，指导企业股份改制相关文件(包括公司章程、三会议事规则、重大的业务规则、工商登记变更资料等)的起草，指导企业办理股份改制相关事项。

会计师事务所的职责包括：指导企业整理报告期的财务资料；发现企业历史经营过程中遗留的财务问题，提供解决方案，指导企业规范；对企业改制总体方案的财务风险、会计核算进行分析判断，提出指导意见；审验企业改制基准日的会计报表并出具审计报告；验资并出具验资报告；指导企业股改完成后的财务规范工作。

资产评估机构的职责包括：对企业以股改基准日的账面净资产值整体折股出资进行评估，出具评估报告。

8.4.10 改制时如何增资

整体变更股份制改造方式下，公司应以经审计的账面净资产值整体折股作为股份公司发起人股东的出资，并且经评估的净资产值不应低于审计的净资产值。

公司经审计的净资产值应按照一定的比例折合成股份公司股份，折股比例不能低于 1∶1(即折股时每股净资产不能低于 1 元)，差额部分计入资本公积。折股数量和折股比例应根据企业的规模和股东的要求制定。

公司在改制的同时进行增资操作，或者以评估的净资产值进行评估调账作为股改的出资额的，公司连续经营时间将中断，视同新设股份公司，重新计算经营期。

8.5　挂牌审查的工作流程

下面来讲解一下新三板的挂牌审查工作流程。

8.5.1　股东人数未超过 200 人的挂牌审查的流程

根据《非上市公众公司监督管理办法》《全国中小企业股份转让系统有限责任公司管理暂行办法》等规章，股东人数未超过 200 人股份公司申请到全国股份转让系统挂牌公开转让须经全国股份转让系统公司审查同意，中国证监会豁免核准，纳入非上市公众公司统一监管。

> **提醒** 登录全国中小企业股份转让系统网站(http://www.neeq.com.cn)，在"法律法规"项中，可以查看《非上市公众公司监督管理办法》《全国中小企业股份转让系统有限责任公司管理暂行办法》等内容。

按照标准公开、程序透明、行为规范、高效便民的原则，股东人数未超过 200 人的股份公司申请股票在全国股份转让系统挂牌公开转让、发行股票(包括股份公司申请挂牌并发行、挂牌公司申请发行股票)的审查工作流程，如图 8.14 所示。

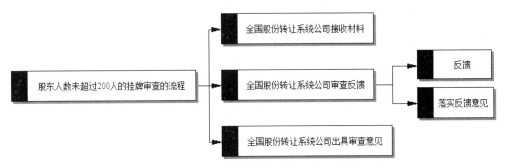

图 8.14　股东人数未超过 200 人的挂牌审查的流程

1) 全国股份转让系统公司接收材料

全国股份转让系统公司设接收申请材料的服务窗口。申请挂牌公开转让、发行股票的股份公司(以下简称申请人)通过业务支持平台向全国股份转让系统公司提交挂牌(或发行股票)申请材料。申请材料应符合《全国中小企业股份转让系统业务规则(试行)》《全国中小企业股份转让系统挂牌申请文件内容与格式指引(试行)》等有关规定的要求。

全国股份转让系统公司对申请材料的齐备性、完整性进行检查:需要申请人补正申请材料的,按规定提出补正要求;申请材料形式要件齐备,符合条件的,全国股份转让系统公司出具接收确认单。

2) 全国股份转让系统公司审查反馈

一是反馈。对于审查中需要申请人补充披露、解释说明或中介机构进一步核查落实的主要问题,审查人员撰写书面反馈意见,并通过业务支持平台送达申请人及主办券商。

二是落实反馈意见。申请人应当在反馈意见要求的时间内向通过业务支持平台提交反馈回复意见;如需延期回复,应提交申请,但最长不得超过 30 个工作日。

3) 全国股份转让系统公司出具审查意见

申请材料和回复意见审查完毕后,全国股份转让系统公司出具同意或不同意挂牌或发行股票(包括股份公司申请挂牌同时发行、挂牌公司申请发行股票)的审查意见,窗口将审查意见送达申请人及相关单位。

8.5.2 股东人数超过 200 人的挂牌审查的流程

申请挂牌时股东人数超过 200 人的股份公司直接向中国证监会受理窗口提交材料,由中国证监会公众公司部负责审核,经审核同意后,企业向全国股份转让系统公司提交挂牌申请材料。

股东人数超过 200 人的股份公司向中国证监会提交的审查材料目录详见《非上市公众公司监管指引第 2 号——申请文件》。

在浏览器的地址栏中输入 http://www.neeq.com.cn,然后按 Enter 键,就进入全国中小企业股份转让系统的首页,如图 8.15 所示。

选择"法律规则"菜单,可以弹出子菜单,然后选择"部门规章",就可以看到《非上市公众公司监管指引第 2 号——申请文件》,如图 8.16 所示。

图 8.15　全国中小企业股份转让系统的首页

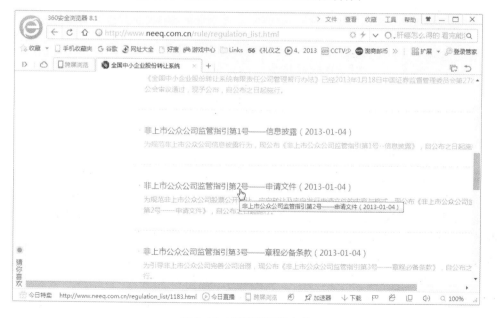

图 8.16　部门规章的文件

如果要查看《非上市公众公司监管指引第 2 号——申请文件》的内容，只需双击该文件标题即可。

经中国证监会核准以后向全国股份转让系统公司提交的申请文件目录详见《全国

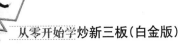

中小企业股份转让系统申请文件内容与格式指引(试行)》附录 2。

注意该文件可以登录全国中小企业股份转让系统网站(http://www.neeq.com.cn)，在"法律法规/业务规则"子菜单中找到该文件，进行查看。

全国股份转让系统公司主要对公司申请文件齐备性和完整性进行审查，审查完成后直接履行签批核准程序，出具同意挂牌函，不做重复审查。

取得全国股份转让系统公司出具的同意挂牌函后，申请挂牌公司凭同意挂牌函办理信息披露、股份初始登记等挂牌手续。

8.6 股东人数未超过 200 人的挂牌审查工作

下面来讲解一下股东人数未超过 200 人的挂牌审查工作。

8.6.1 挂牌审查的理念

全国股份转让系统挂牌审查的理念有两点，分别是坚持以信息披露为核心、倡导市场化选择机制，如图 8.17 所示。

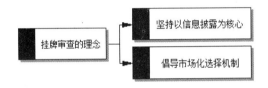

图 8.17 挂牌审查的理念

1) 坚持以信息披露为核心

申请挂牌公司作为信息披露的第一责任人，要遵守《全国中小企业股份转让系统公开转让说明书(试行)、《全国中小企业股份转让系统挂牌公司信息披露细则(试行)》等信息披露规则的要求，保证信息披露的真实性、准确性、完整性和及时性，要重点披露投资者关心的信息，强调个性化和针对性，客观如实地描述和分析企业的成长性、创新性，同时也要充分揭示风险及其风险管理举措。

主办券商、律师事务所、会计师事务所等中介机构要归位尽责、提高尽职调查质量，强化内部质量控制，在围绕挂牌条件等内容发表专业意见时要注意合规性、有效性和逻辑性。

2) 倡导市场化选择机制

公司是否能够得到市场的认可，并不取决于全国股份转让系统，而是取决于公司本身。

首先，主办券商作为市场的卖方，除最基本的推荐业务质量控制以外，还应当着眼于建立自身的企业遴选标准，着眼于销售定价，为企业做好融资(挂牌同时发行或挂牌后发行)、做市、持续督导等服务。

其次，投资者基于公司的信息披露文件，对公司的投资价值进行自主判断并做出投资决策，充分发挥市场对企业的选择作用。申请挂牌公司在做好自身规范发展的同时，要积极做好被市场选择的准备，包括融资、交易的规划安排。

8.6.2　挂牌审查的内容

全国股份转让系统挂牌审查工作坚持公开透明原则，强化以信息披露为核心的审查理念，主要围绕挂牌条件和信息披露的合规性、有效性展开。

(1) 按照《公司法》《证券法》《非上市公众公司监督管理办法》《全国中小企业股份转让系统挂牌条件适用基本标准指引(试行)》，关注申请挂牌公司是否符合挂牌基本条件，这是对挂牌公司的最基本要求。

(2) 按照《全国中小企业股份转让系统公开转让说明书内容与格式指引(试行)》和《全国中小企业股份转让系统挂牌公司信息披露细则(试行)》等规则，关注申请挂牌公司信息披露的真实性、准确性、完整性和及时性。

(3) 关注主办券商、律师事务所和会计师事务所等中介机构是否归位尽责，是否严格履行尽职调查、质控内核等必备程序，并围绕挂牌条件和信息披露等如实客观、逻辑清晰地发表专业意见，同时也鼓励中介机构在遵守现有法律法规、部门规章和业务规则的前提下，为企业提出创新性、建设性和可操作性的解决方案或规范措施，提高服务实体经济的专业水平。

8.6.3　挂牌审查如何沟通

挂牌审查的沟通具体如下。

(1) 企业挂牌申请材料在完成审查任务分配后，主办券商和申请挂牌公司可从报送系统查询审查员姓名和联系方式。当然，为确保审查员能及时与相关人员取得联系，也请申请挂牌公司等务必在申请文件《申请挂牌公司基本情况和联系表》中留下完整的项目负责人、申请挂牌公司董秘信息、披露负责人，以及签字律师、签字会计师的电话和邮箱，保持通信方式的畅通。

(2) 挂牌审查期间，主办券商项目负责人及项目组成员或申请挂牌公司董秘、信息披露负责人均可直接通过电话、邮件、传真等方式，与审查人员就反馈问题、在审期间的重大变化及其他或有关事项等进行沟通；需要当面沟通的，请与审查员联系约定时间，在正式办公场所进行沟通，并由审查人员做好记录存档。

需要注意的内容有6点，具体如下。

一是项目负责人要切实履行全面职责，杜绝只签字不负责的现象。

二是主办券商项目组成员、签字律师、签字会计师以及其他参与人员在沟通时要有针对性，不得无故干扰审查工作，影响审查质量和效率。

三是在沟通中如遇存有分歧的问题，要坚持平等原则，采取直接积极沟通的方式，避免信息不对称。

四是审查中如果申请文件内容(包括信息披露文件公开后所发生的应披露而未披露事项)有变化，应及时反映，确保在挂牌时信息披露文件的真实性、准确性、完整性。

五是沟通中若存在不顺畅的情形，可直接向挂牌业务部咨询电话(010-63889583)反映，我们将予以认真处理和协调。

六是对于严重干扰审查的人员，挂牌业务部将予以备案登记。

(3) 在审企业的基本情况信息(含审查进度)已在全国中小企业股份转让系统网站(www.neeq.com.cn)公开，可根据需要自行查询；随着电子化报送审查系统的上线，主办券商已可随时在全国中小企业股份转让系统网站上查询所推荐企业的相关信息(含反馈意见、反馈意见回复等)。如有其他问题，主办券商可直接与审查人员联系沟通。下面具体操作一下。

在浏览器的地址栏中输入 http://www.neeq.com.cn，然后按 Enter 键，就可以进入全国中小企业股份转让系统的首页，如图8.18所示。

图8.18　全国中小企业股份转让系统的首页

选择"信息披露"→"监管公开信息"命令，就可以看到在审企业的基本情况信息，如图 8.19 所示。

图 8.19　在审企业的基本情况信息

8.6.4　挂牌审查全公开内容是什么

挂牌审查全公开内容有 4 项，分别是审查流程公开、审查标准公开、审查进度公开、审查过程公开，如图 8.20 所示。

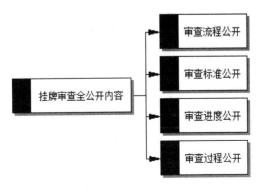

图 8.20　挂牌审查全公开内容

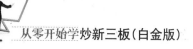

1) 审查流程公开

股份公司申请在全国股份转让系统挂牌要经过申请材料受理、审查反馈、落实反馈意见和审查会议(质控会)讨论和出具同意挂牌函或不同意挂牌函等几个阶段,详见《股份公司申请在全国中小企业股份转让系统公开转让、定向发行股票的审查工作流程》。

2) 审查标准公开

全国股份转让系统挂牌审查工作主要围绕挂牌条件和企业信息披露的合规性、有效性展开,一方面是审查企业是否符合挂牌条件,信息披露的真实性、准确性、完整性和及时性;另一方面是中介机构是否归位尽责,以及执业质量。

3) 审查进度公开

在审企业基本情况(含审查进度)每周更新并在全国股份转让系统网站公示。

4) 审查过程公开

首先,企业申请材料接收后就会在全国股份转让系统网站信息披露栏目披露。

其次,企业反馈意见和反馈意见回复实现了公开。

再次,通过全国股份转让系统业务支持平台报送的项目,在审查任务分工确认后,主办券商可从业务支持平台查询审查员姓名和电话;审查过程中,申请挂牌公司和中介机构可就专业问题随时通过邮件、电话或预约会谈的方式与审查人员进行沟通。

8.7 挂牌准入的常见问题

下面来讲解一下挂牌准入的常见问题。

(1) 可以中途更换主办券商吗?

企业在申请挂牌前,可以更换主办券商。

(2) 报送申请文件后要更换主办券商怎么办?

报送申请文件后,如果需要更换主办券商,则申请挂牌公司须出具终止审查的申请,说明终止审查的原因,将申报文件撤回。待新的主办券商重新履行尽职调查、内核程序后再申报。

(3) 报送申请文件后要更换签字会计师或会计师事务所、签字律师或律师事务所等其他中介机构怎么办?

报送申请文件后,如果需要更换签字会计师或者签字律师,则需要会计师事务所或者律师事务所出具更换签字会计师、签字律师的说明,并确定由新的签字会计师、签字律师承担申请文件中相应的法律责任。

如果会计师事务所、律师事务所仅名称发生变更,则需要会计师事务所、律师事务所出具说明和名称变更的相关文件。

如果企业更换了会计师事务所、律师事务所，则需要申请终止审查，将申报文件撤回，由新的会计师事务所、律师事务所履行尽职调查和内部质量控制程序后，出具相关申请文件，重新申报。

(4) 公司已经在区域市场挂牌，如何申请在全国股份转让系统挂牌？

根据《国务院关于全国中小企业股份转让系统有关问题的决定》(以下简称《国务院决定》)相关规定，在符合《国务院关于清理整顿各类交易场所切实防范金融风险的决定》(国发〔2011〕38 号)要求的区域性股权转让市场进行股权非公开转让的公司，符合挂牌条件的，可以申请在全国股份转让系统挂牌公开转让股份。

对于在已通过国务院清理整顿各类交易场所部际联席会议检查验收的区域性股权转让市场挂牌的公司，申请在全国股份转让系统挂牌前须暂停其股份转让(或摘牌)；取得全国股份转让系统公司出具的同意挂牌函后，必须在办理股份初始登记前完成在区域性股权市场的摘牌手续。

对于在《国务院决定》发布之前，已在尚未通过国务院清理整顿各类交易场所部际联席会议检查验收的区域性股权转让市场挂牌的公司，须在申请挂牌前完成摘牌手续，由主办券商和律师事务所核查其在区域性股权市场挂牌期间是否符合国发〔2011〕38 号的规定，并发布明确意见。

对于在《国务院决定》发布之后，在尚未通过国务院清理整顿各类交易场所部际联席会议检查验收的区域性股权转让市场挂牌的公司，全国股份转让系统公司将在该区域性股权转让市场通过国务院清理整顿各类交易场所部际联席会议检查验收后受理其挂牌公开转让的申请。

对于在区域市场挂牌期间的企业合法规范经营情况，全国股份转让系统公司主要要求由主办券商和律师事务所进行尽职调查，并发表是否合法规范和是否符合挂牌条件的专业意见。

8.8　办理挂牌手续的相关事宜

下面讲解一下办理挂牌手续的相关事宜。

8.8.1　审核完成后的工作流程和时间节点

申请挂牌公司接到领取同意挂牌函的通知后，应按以下步骤准备办理挂牌手续。

(1) 在全国股份转让系统公司领取同意挂牌函、代码和简称通知书、转让方式确认函。

(2) 向全国股份转让系统公司申请办理并取得《股票初始登记明细表》。

(3) 于取得代码和简称通知书的当日或第二个转让日披露公开转让说明书等首次信息披露文件。

(4) 申请挂牌公司及主办券商应不迟于取得证券简称和代码的第二个转让日，向中国证券登记结算有限责任公司北京分公司(以下简称"中国结算北京分公司"，北京市西城区金融大街 26 号金阳大厦 5 层)报送股份初始登记预审文件。根据中国结算北京分公司的安排现场办理登记手续，领取《股份登记确认书》。

(5) 取得中国结算北京分公司出具的《股份登记确认书》等文件当日，确定挂牌日期(通常为取得股份登记确认书后的第二个转让日)，向全国股份转让系统公司挂牌业务部递交《公开转让记录表》《股份登记确认书》等文件的扫描件，办理挂牌手续。

(6) 于挂牌日前一个转让日披露挂牌提示性公告。详细内容请见《全国中小企业股份转让系统股票挂牌业务操作指南(试行)》。

 提醒 登录全国中小企业股份转让系统网站(http://www.neeq.com.cn)，在"法律法规/业务规则"项中，可以查看《全国中小企业股份转让系统股票挂牌业务操作指南(试行)》的内容。

8.8.2 取得挂牌函后如何进行首次信息披露

下面来讲解一下取得挂牌函后，如何进行首次信息披露。

1) 首次信息披露文件

取得证券简称和代码当日或第二个转让日，主办券商应协助申请挂牌公司通过全国股份转让系统业务支持平台进行首次信息披露操作。

挂牌前首次信息披露文件包括：公开转让说明书；财务报表及审计报告；补充审计期间的财务报表及审计报告(如有)；法律意见书；补充法律意见书(如有)；公司章程；主办券商推荐报告；股票发行情况报告书(如有)；全国股份转让系统公司同意挂牌函；中国证监会核准文件(如有)；其他公告文件。

提醒 上述文件系统将自动提取反馈回复的最后一稿，无须主办券商再次上传。

2) 首次信息披露操作流程

首先进入主办券商登录业务支持平台，具体操作如下。

在浏览器的地址栏中输入 http://www.neeq.com.cn，然后按 Enter 键，就进入全国中小企业股份转让系统的首页，如图 8.21 所示。

图 8.21　全国中小企业股份转让系统的首页

单击"业务平台"，就进入全国中小企业股份转让系统的业务支持平台的登录页面，如图 8.22 所示。

图 8.22　全国中小企业股份转让系统的业务支持平台的登录页面

在确认申请挂牌文件已归档后，进入首次信息披露模块，找到待披露的项目，打开并单击"处理"即可进入传送公告页面。

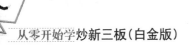

在该页面,系统将自动抓取"9.1(1)-(7)"列示的文件,主办券商需要上传同意挂牌函等其他披露文件;确认无误后,选择披露日期,单击"披露",系统将在可转让日的15:30后在www.neeq.com.cn上进行披露。

3)更正公告

文件披露后,不得随意更改、替换或撤销。如确需修改,申请挂牌公司和主办券商可通过全国股份转让系统业务支持平台,提交申请挂牌公司出具的更正公告、更正后的信息披露文件、主办券商出具的情况说明(如涉及法律意见书更正的,由律师事务所出具说明;涉及审计报告及财务报表更正的,由会计师事务所出具说明),上述文件均需加盖公章;经挂牌业务部确认后,发布更正公告及更正后的信息披露文件。

8.8.3　如何办理股份登记

申请挂牌公司及主办券商应不迟于取得证券简称和代码的第二个转让日,向中国结算北京分公司报送股份初始登记预审文件,根据中国结算北京分公司的安排现场办理登记手续,领取《股份登记确认书》。

外资股东办理证券账户和登记结算业务应遵照中国证券登记结算有限责任公司《关于外国战略投资者开A股证券账户等有关问题的通知》《中国结算北京分公司发行人业务指南》等相关政策规定。

8.8.4　如何申请举办挂牌仪式

申请挂牌公司拟举办挂牌仪式的,需要填写《全国股份转让系统公司挂牌仪式申请》,发邮件至 guapaiyishi@neeq.org.cn,与全国股份转让系统公司信息研究部(010-63889731)沟通具体事宜。

详细内容请见《全国中小企业股份转让系统股票挂牌业务操作指南(试行)》。

8.8.5　申请挂牌同时股票发行时有何注意事项

全国股份转让系统是公开市场,为提高投融资对接的效率,满足申请挂牌公司的融资需求,申请挂牌公司可在申请挂牌时或挂牌审查期间提出股票发行申请,履行董事会、股东大会审议程序,自主决定发行方式、发行价格和发行的比例。申请挂牌同时股票发行后股东不超过200人的,中国证监会豁免核准。

申请挂牌同时股票发行的注意事项,分别是披露发行意向、披露公开转让说明书等文件、报送备案材料、办理股份登记、披露发行股份挂牌公开转让的公告等文件、披露工商变更登记公告、通过股票发行持有公司股份的股东投资权限、挂牌日后完成股票发行的，如图 8.23 所示。

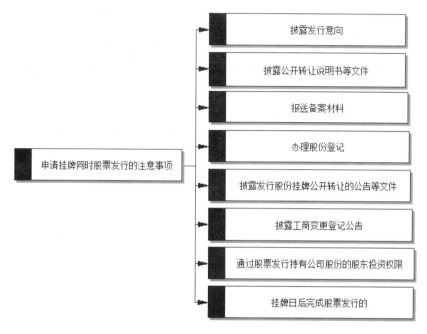

图 8.23　申请挂牌同时股票发行的注意事项

1）披露发行意向

申请挂牌同时发行股票且尚未确定认购对象的，可在报送申请挂牌材料后向全国股份转让系统公司挂牌业务部申请在 www.neeq.com.cn 披露股票发行意向。

2）披露公开转让说明书等文件

取得证券简称和代码后，申请挂牌公司按照前述"挂牌前首次信息披露"流程办理《公开转让说明书》等文件的信息披露事宜。

3）报送备案材料

在完成股票认购、验资后，参照《全国中小企业股份转让系统股票发行业务细则(试行)》及其指引的有关规定，申请挂牌公司通过业务支持平台向全国股份转让系统公司受理窗口报送备案材料；取得全国股份转让系统公司出具的股份登记函。

4）办理股份登记

取得股份登记函后，申请挂牌公司、主办券商持股份登记函及其他材料前往中国结算北京分公司办理股份初始登记，初始登记的股份为发行完成后的全部股份。

5）披露发行股份挂牌公开转让的公告等文件

取得《股份登记确认书》后，申请挂牌公司披露《关于公司挂牌同时股票发行的

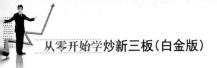

股票将在全国股份转让系统挂牌公开转让的公告》等文件。

6）披露工商变更登记公告

申请挂牌公司完成工商变更登记后，发布《关于完成工商变更登记的公告》。

7）通过股票发行持有公司股份的股东投资权限

根据《全国中小企业股份转让系统投资者适当性管理细则(试行)》的规定，通过申请挂牌同时股票发行持有公司股份的股东，如不符合参与挂牌公司公开转让条件，只能买卖其持有或曾持有的挂牌公司股票。

8）挂牌日后完成股票发行的

申请挂牌公司拟于挂牌日后完成股票发行的，其发行程序及投资者适当性要求按照已挂牌公司股票发行的规定办理。

第 9 章

新三板的主办券商
推荐与融资

　　主办券商在新三板股票的上市过程中是非常重要的。主办券商除了要协助挂牌公司办理新三板股票发行的各项业务流程外，更重要的是以销售为核心，在路演询价、估值定价和投资者选择等方面为挂牌公司提供更专业的服务。新三板就是为解决中小微企业融资而设立的，所以成功挂牌新三板之后，新三板就会为创新、创业、成长型中小微企业提供股份转让、股权融资、债券融资等服务。本章首先讲解主办券商的选择与签约技巧，然后讲解企业与券商、其他中介机构的合作技巧，接着讲解挂牌文书的准备工作和挂牌申请的电子化报送，以及新三板融资的方式、理念和特点；最后重点讲解股票发行制度和优先股制度。

9.1 主办券商的选择与签约

主办券商在企业挂牌新三板的过程中是非常重要的，那么企业在挂牌新三板过程中，该如何选择主办券商呢？又如何与主办券商签约呢？下面详细讲解一下。

9.1.1 主办券商的重要性

主办券商的重要性主要表现在 4 个方面，分别是企业申请在新三板挂牌的条件之一为"主办券商推荐并持续督导"； 主办券商在企业改制挂牌工作中起指导规范作用；主办券商负责对推荐挂牌公司挂牌后的持续督导工作；主办券商对推荐挂牌公司后续资本运作一般能起重要的作用，如图 9.1 所示。

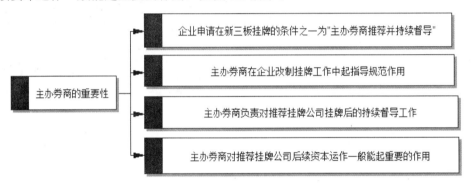

图 9.1 主办券商的重要性

1) 企业申请在新三板挂牌的条件之一为"主办券商推荐并持续督导"

企业申请挂牌须经主办券商推荐，双方签署《推荐挂牌并持续督导协议》；主办券商应完成尽职调查和内核程序，对公司是否符合挂牌条件发表独立意见，并出具推荐报告。

2) 主办券商在企业改制挂牌工作中起指导规范作用

在企业改制挂牌工作中，主办券商负责协调、指导企业规范历史遗留问题，帮助规范公司的治理结构，完善企业内部控制制度，提高治理水平；帮助企业规划战略，设计改制方案，总体把握企业改制是否满足规范性要求，是否达到挂牌的基本条件；在改制挂牌工作中牵头协调企业和其他中介机构的工作，把握时间进度；对拟挂牌企业进行尽职调查，指导企业制作申请挂牌的全套资料；指导企业完成挂牌审核过程中全国股份转让系统反馈意见的回复工作，指导企业完成股份登记托管、挂牌等事宜。

3）主办券商负责对推荐挂牌公司挂牌后的持续督导工作

主办券商持续督导所推荐挂牌公司诚实守信、规范履行信息披露义务、完善公司治理机制。主办券商对所推荐挂牌公司信息披露文件进行事前审查。

4）主办券商对推荐挂牌公司后续资本运作一般能起重要的作用

企业在全国股份转让系统挂牌，是走进公开资本市场的第一步，挂牌之后发行股票融资、发行债券及证券衍生品、做市交易、并购重组等业务将会频繁发生。由于推荐挂牌的主办券商与企业的天然关系，一般能够在后续资本运作中起到重要的作用。

9.1.2　哪些主办券商可以在新三板执业

全国股份转让系统实行主办券商推荐并持续督导制度。证券公司在全国股份转让系统开展业务，必须进行备案并取得主办券商业务资格。

在全国股份转让系统公司登记备案的主办券商业务范围包括推荐挂牌业务、经纪业务和做市业务。各主办券商的业务资格及执业情况，详见全国中小企业股份转让系统网站 www.neeq.com.cn。

 提醒　在 8.4.5 小节已详细讲解过，这里不再赘述。

9.1.3　评价和选择主办券商的技巧

企业评价主办券商时应当考虑的因素主要包括 3 个方面，分别是主办券商的规范性、主办券商业务线的完整性、主办券商在新三板的业务开展情况及人员配置，如图 9.2 所示。

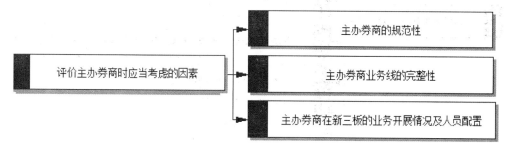

图 9.2　评价主办券商时应当考虑的因素

(1) 主办券商的规范性。主要考虑主办券商的经营合规性、风险防范意识、管理规范性。

（2）主办券商业务线的完整性。主要考虑主办券商各类业务的布局、历史业绩及未来发展情况。

（3）主办券商在新三板的业务开展情况及人员配置。

企业在全国股份转让系统挂牌，应当审慎选择主办券商。企业选择主办券商应当坚持"适合企业发展"的基本理念，而不是盲目看重券商的规模、排名、收费情况。

企业选择主办券商及项目团队时应关注的要点具体如下。

（1）应当选择与企业自身发展战略相匹配的券商，尤其要考虑企业在全国股份转让系统挂牌后的资本运作规划与主办券商的匹配性。

（2）应当选择对企业在全国股份转让系统挂牌及后续业务有一定经验的券商。

（3）券商的项目团队对企业有直接关联，应当选择对企业的所属行业、业务、经营模式有一定理解和运作经验的券商项目团队。

（4）应当选择对企业诚信服务，具有时间保障的券商项目团队。

9.1.4 如何与主办券商签约

企业与主办券商签约的程序一般包括 6 个步骤，分别是主办券商和企业前期接触；主办券商与企业签订保密协议；主办券商完成初步调查；双方就初步调查发现的重大事项达成一致意见，明确双方合作意向；主办券商完成内部立项程序；签订协议，如图 9.3 所示。

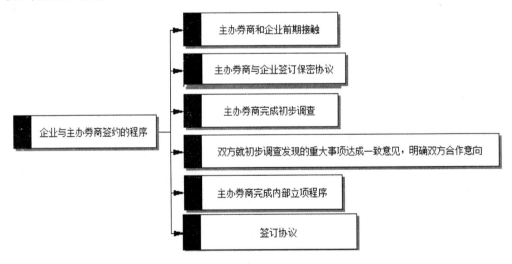

图 9.3　企业与主办券商签约的程序

企业选择改制挂牌中介机构最好能够同时进行，主办券商和其他中介机构(会计师事务所、律师事务所、评估机构)最好能够同时确定，共同完成初步调查，以便就企业改制挂牌中的问题共同探讨，提出解决方案。

9.2　企业与券商的合作

企业选好主办券商并签约后，就要与券商合作了。下面讲解企业与券商的合作技巧。

9.2.1　新三板对券商的推荐业务有何要求

主办券商开展推荐业务须满足以下几点基本要求。

(1) 主办券商推荐股份公司股票进入全国中小企业股份转让系统挂牌，应与申请挂牌公司签订《推荐挂牌并持续督导协议》。

(2) 主办券商应对申请挂牌公司进行尽职调查和内核。同意推荐的，主办券商向全国股份转让系统公司提交推荐报告及其他有关文件。

(3) 全国股份转让系统公司对主办券商推荐业务进行自律管理，审查推荐文件，履行审查程序。

(4) 主办券商及相关人员应勤勉尽责、诚实守信地开展推荐业务，履行保密义务，不得利用在推荐业务中获取的尚未公开信息谋取利益。

9.2.2　推荐业务的流程和节点

推荐业务一般分为 4 个主要阶段，分别是改制重组阶段、制作并申报材料阶段、挂牌审查阶段和股份挂牌阶段，如图 9.4 所示。

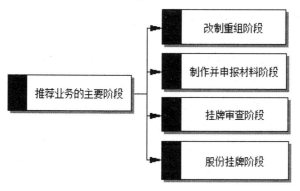

图 9.4　推荐业务的主要阶段

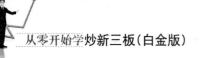

1) 改制重组阶段

改制重组阶段的主要事宜有各中介机构尽职调查、设计并实施改制方案、审计评估以及设立股份公司,该阶段以取得股份公司营业执照为完成节点。

2) 制作并申报材料阶段

制作并申报材料阶段的主要事宜有申请挂牌公司配合主办券商及其他中介机构制作申报的全套材料,该阶段以报送材料并取得全国股份转让系统公司材料接收函为完成节点。

3) 挂牌审查阶段

挂牌审查阶段的主要事宜分两种情形,具体如下。

(1) 申报时股东人数未超过 200 人的股份公司,由全国股份转让系统公司对申报材料进行审查并反馈问题,申请挂牌公司及中介机构对全国股份转让系统公司的反馈问题进行回复,积极配合审查工作,该阶段以取得全国股份转让系统公司同意挂牌的核准函为完成节点。

(2) 申报时股东人数超过 200 人的股份公司,由中国证监会非上市公众公司监管部对申报材料进行审查并反馈问题,申请挂牌公司及中介机构对反馈问题进行回复,积极配合审查工作,审核通过后由中国证监会出具核准公开转让的行政许可;获得证监会行政许可后,申请挂牌公司向全国股份转让系统公司提交挂牌申请材料,由全国股份转让系统公司对企业挂牌申请材料进行审查后,履行签批程序,出具同意挂牌函。

4) 股份挂牌阶段

股份挂牌阶段的主要事宜有取得证券简称和证券代码,完成信息披露和股份登记工作,最后确定挂牌时间并完成挂牌,该阶段以公司股票在全国股份转让系统正式挂牌交易为最终完成标志。

9.2.3 企业如何配合券商的工作

为了更加全面、客观、准确地了解挂牌公司状况,推进挂牌工作的开展,拟挂牌公司须全面配合主办券商工作,按主办券商要求的清单提供相关资料,并保证所提供资料的真实性、准确性和完整性,承诺其中不存在虚假记载、误导性陈述或重大遗漏,并就其保证承担个人和连带法律责任。

拟挂牌企业应全面配合券商项目小组的尽职调查工作,配合其他相关中介机构工作,并配合完成报送材料的制作、上报、反馈、归档、股份登记等工作,确保企业顺利挂牌。

9.2.4　企业如何评价和反馈券商的工作

企业可考察券商在尽职调查内控过程、申报材料制作过程、反馈回复过程、股份登记、解限售、挂牌、持续督导以及发行交易过程中所提供服务的专业性、及时性等方面，对主办券商项目组负责人及相关人员的工作做出评价和沟通，并将此评价反馈给券商承做推荐业务的部门负责人和质控内核部门。若券商执业质量确实存在问题的，企业应及时向全国股份转让系统公司反映。

9.3　企业与其他中介机构的合作

企业除了与券商合作外，还要与其他机构合作，如会计师事务所、律师事务所。下面讲解企业与其他中介机构的合作。

9.3.1　会计师事务所的职责和执业标准

会计师事务所需要为申报挂牌公司出具 2 年一期的审计报告，需要在挂牌审查阶段对全国股份转让系统公司提出的与财务相关问题出具反馈回复意见。

注册会计师应按照中国注册会计师审计准则的规定执行审计工作，遵守职业道德守则，计划和执行审计工作，以及对财务报表是否存在重大错报发表独立审计意见。

9.3.2　律师事务所的职责和执业标准

律师事务所的职责是接受企业委托，为其申请股票在全国股份转让系统挂牌的特聘专项法律顾问。律师事务所应根据有关法律、法规及规范性文件的规定，按照律师行业公认的业务标准、道德规范和勤勉尽责精神，为企业提供法律服务，就项目过程中的法律问题提供咨询意见，为公司改制起草法律文件，为公司挂牌事宜出具法律意见书。

9.3.3　券商、会计师事务所、律师事务所如何协作

在企业挂牌过程中，企业、券商、会计师事务所、律师事务所形成挂牌项目工作组。券商为整个项目组的牵头人，负责把控整个项目的挂牌进度、在重大问题上做出判断、推动挂牌过程顺利进行。企业、主办券商、会计师事务所、律师事务所应归位

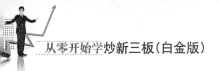

尽责，相互配合共同做好申请挂牌工作。

9.3.4　企业如何配合会计师事务所、律师事务所的工作

会计师根据中国注册会计师审计准则的要求开展工作，企业应积极为会计师的审计工作提供便利，及时提供资料，积极配合会计师的核查。企业需要确保提供给会计师、律师的材料的真实性、准确性和完整性。

9.3.5　企业如何评价和反馈会计师和律师的工作

企业应根据会计师、律师在挂牌业务过程中的专业能力、职业道德、服务水平等综合评价和反馈会计师、律师的工作。企业可将对项目主办会计师、律师的意见反馈给承接业务的会计师事务所、律师事务所合伙人以及主办券商项目负责人。执业质量确实存在问题的，企业应及时向全国股份转让系统公司反映。

9.3.6　除主办券商外，哪些机构可以从事推荐业务

根据中国证监会《关于证券经营机构参与全国股转系统相关业务有关问题的通知》，基金管理公司子公司、期货公司子公司、证券投资咨询机构等其他机构，经中国证监会备案后，可以在全国股转系统开展推荐业务。

9.4　挂牌文书的准备工作

下面讲解挂牌文书的准备工作。

9.4.1　新三板对申报文件的要求

新三板对申报文件的制作要求详见《全国中小企业股份转让系统挂牌申请文件内容与格式指引(试行)》，指引要求：申请文件需要为原件，不能提供原件的，需要律师鉴证，保证与原件一致。申请文件所有需要签名处，均应为签名人亲笔签名，不得以名章、签名章等代替。申请文件应有企业、券商以及其他中介机构的联系人，申请文件章与章之间、章与节之间应有明显的分隔标识，文件中的页码应与目录中的页码相符。

同时，主办券商在申报时也应按照全国股份转让系统发布的《全国中小企业股份

转让系统申请材料接收须知》《关于做好申请材料接收工作有关注意事项的通知》以及电子化报送有关问题的通知要求进行申报。

9.4.2　企业、中介机构对申报文件各承担什么责任

企业和全体董事、监事、高级管理人员须承诺公开转让说明书不存在虚假记载、误导性陈述或重大遗漏，并对真实性、准确性、完整性承担个别和连带的法律责任。

主办券商需对公开转让说明书进行核查，确认不存在虚假记载、误导性陈述或重大遗漏，并对其真实性、准确性和完整性承担相应的法律责任。

会计师、律师、评估师需对公开转让说明书中引用的其审计报告、法律意见书、资产评估报告(如有)的内容进行核查，确认公开转让说明书不致因上述内容而出现虚假记载、误导性陈述或重大遗漏，并对其真实性、准确性和完整性承担相应的法律责任。

同时，上述各方须对其提供的其他申报文件的真实性、准确性和完整性承担相应的法律责任。

9.4.3　需要准备哪些申报文件

企业申请挂牌的申报文件，分别是公开转让说明书及推荐报告、申请挂牌公司相关文件、主办券商相关文件、其他相关文件，如图 9.5 所示。

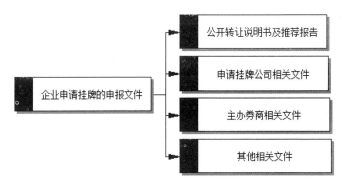

图 9.5　企业申请挂牌的申报文件

1) 公开转让说明书及推荐报告

公开转让说明书；财务报表及审计报告；法律意见书；公司章程；主办券商推荐报告。

2) 申请挂牌公司相关文件

向全国股份转让系统公司提交的申请股票在全国股份转让系统挂牌的报告；有关股票在全国股份转让系统挂牌的董事会决议；有关股票在全国股份转让系统挂牌的股东大会决议；公司企业法人营业执照；公司股东名册及股东身份证明文件；董事、监事、高级管理人员名单及持股情况；申请挂牌公司设立时和最近 2 年的资产评估报告；申请挂牌公司最近 2 年原始财务报表与申报财务报表的差异比较表；申请挂牌公司全体董事、监事和高级管理人员签署的声明及承诺书。

3) 主办券商相关文件

主办券商与申请挂牌公司签订的推荐挂牌并持续督导协议；尽职调查报告；尽职调查工作文件；内核意见；主办券商推荐挂牌内部核查表及主办券商对申请挂牌公司风险评估表；主办券商自律说明书；主办券商业务备案函复印件及项目小组成员任职资格说明文件。

4) 其他相关文件

申请挂牌公司全体董事、主办券商及中介机构对申请文件真实性、准确性和完整性的承诺书；相关中介机构对纳入公开转让说明书等文件中由其出具的专业报告或意见无异议的函；申请挂牌公司、主办券商对电子文件与书面文件保持一致的声明；律师、注册会计师、资产评估师及所在机构的相关执业证书复印件；国有资产管理部门出具的国有股权设置批复文件及商务主管部门出具的外资股确认文件；证券简称及证券代码申请书。

9.4.4　如何编写公开转让说明书

公开转让说明书的编写要求详见《全国中小企业股份转让系统公开转让说明书内容格式与指引(试行)》。主要编写原则和注意事项有：在公开转让说明书中披露的所有信息应真实、准确、完整，不得有虚假记载、误导性陈述或重大遗漏。公开转让说明书的编制和披露应便于投资者理解和判断，符合下列一般要求。

(1) 通俗易懂、言简意赅。

要切合公司具体情况，用词要符合社会公众的认知习惯，对有特定含义的专业术语应作出释义。为避免重复，可采用相互引证的方法，对相关部分进行合理的技术处理。

(2) 表述客观、逻辑清晰。

不得有夸大性、广告性、诋毁性的词句。可采用图形、表格、图片等较为直观的方式进行披露。

(3) 业务、产品(服务)、行业等方面的统计口径应前后一致。

(4) 引用的数字采用阿拉伯数字，货币金额除特别说明外，指人民币金额，并以元、万元、亿元为单位。

公开转让说明书的编写内容主要有 6 个部分，包括公司基本情况、公司业务、公司治理、公司财务、有关声明和附件，如图 9.6 所示。

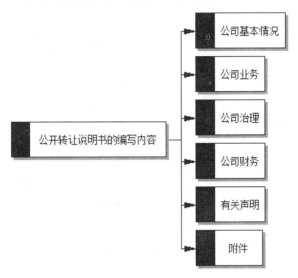

图 9.6　公开转让说明书的编写内容

 提醒　凡对投资者投资决策有重大影响的信息，均应披露。

9.4.5　如何编写挂牌发行备案文件

对于挂牌同时股票发行备案文件，全国股份转让系统公司尚未单独制定有关指引，可以参照《全国中小企业股份转让系统股票发行业务指引第 1 号——备案文件的内容与格式(试行)》和《全国中小企业股份转让系统股票发行业务指引第 2 号——股票发行方案及发行情况报告书的内容与格式(试行)》开展相关业务。

挂牌同时股票发行备案材料的最低要求应至少包括 6 项，如图 9.7 所示。

(1) 股票发行情况报告书。

(2) 公司关于股票发行的董事会决议。

(3) 公司关于股票发行的股东大会决议。

(4) 主办券商关于股票发行合法合规性意见。

(5) 股票发行法律意见书。

(6) 本次股票发行的验资报告、缴款凭证或者其他证明出资到位的文件等。

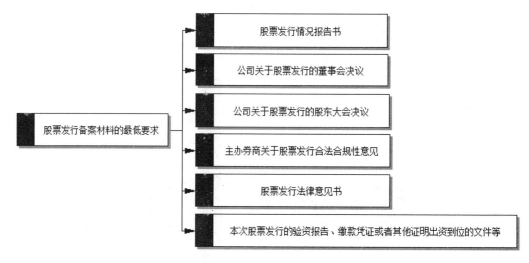

图 9.7　股票发行备案材料的最低要求

9.4.6　如何准备财务报表及审计报告

申请挂牌公司应按照《企业会计准则》的规定编制并披露最近 2 年及一期(如有)的财务报表,在所有重大方面公允反映公司财务状况、经营成果和现金流量,并由注册会计师出具无保留意见的审计报告。编制合并报表的,应同时披露合并财务报表和母公司财务报表。

申请挂牌公司应披露财务报表的编制基础、合并财务报表范围及变化情况。

申请挂牌公司应披露会计师事务所的审计意见类型。财务报表应出具带强调事项的无保留审计意见,应全文披露审计报告正文以及董事会、监事会和注册会计师对强调事项的详细说明。

9.4.7　如何准备法律意见书

全国股份转让系统公司对申请挂牌的法律意见书没有发布专门的业务指引,各律师事务所可以根据自己的执业习惯自行制定模板,但主要内容应为对企业历史沿革、合法规范经营、是否符合挂牌条件以及其他重大事项发表的专业意见。

律师应在法律意见书中详尽、完整地阐述所发表意见或结论的依据、进行有关核查验证过程、所涉及的必要资料或文件。

9.4.8　如何准备主办券商推荐工作报告

主办券商应根据全国股份转让系统公司发布的《全国中小企业股份转让系统主办券商推荐业务规定(试行)》《全国中小企业股份转让系统主办券商尽职调查工作指引(试行)》等规定，对企业进行全面的尽职调查，对企业是否符合挂牌条件和信息披露要求进行分析，并通过主办券商的内核以后，对是否同意推荐挂牌出具专业报告。

9.5　挂牌申请的电子化报送

挂牌文书准备好后，怎样进行电子化报送呢？下面具体讲解一下。

9.5.1　电子化报送与受理的基本业务流程

挂牌审查电子化报送系统已正式上线，所有挂牌申请材料包括挂牌并发行、反馈回复、归档等，必须通过挂牌审查系统进行报送，并由受理窗口在线上进行受理确认。申请挂牌公司不需要专程前来北京进行挂牌申请材料的报送，通过设在主办券商的远程端口即能实现挂牌申请材料的上报、反馈意见的接收、反馈意见回复以及归档等审查程序。

9.5.2　电子化报送材料的注意事项

电子化报送材料过程中需要注意的问题有 4 项，具体如下。

(1) 必须认真对待并准确完整填写报送信息，尤其是基本信息、财务信息、中介机构信息等表格；申报材料电子版文件须经过签字、盖章，并扫描签字盖章页(PDF版本必须彩色扫描)，与纸质文件具备同等法律效力。

(2) 报送的申请挂牌文件须按照《全国中小企业股份转让系统挂牌申请文件内容与格式指引》中规定的申请文件目录进行制作。

(3) 上传的电子文件应包括 Word、PDF 版本各一套。其中，需要披露文件的Word 版本除签字盖章页为图片扫描外，其余部分均应为可编辑状态，文字命名方式应为"公司全称+申请文件对应目录名"，如：×××股份有限公司公开转让说明书。

(4) 单个文件大小应不超过 20MB。

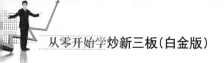

> **提醒** 全国股份转让系统的挂牌审查电子化系统已正式上线，将不再接收纸质版文件。

9.6　新三板融资概述

下面来看一下新三板融资的方式、理念和特点。

9.6.1　新三板融资的方式

挂牌公司在全国股份转让系统可以进行股权融资和债权融资。目前主要的融资方式是发行普通股票。全国股份转让系统已推出优先股，并将择机推出债券类产品，丰富市场主体的投融资选择。

除发行证券进行直接融资外，公司挂牌后，还能在银行贷款等方面获得更大的便利。目前，全国股份转让系统已与多家商业银行签订了战略合作协议。商业银行将提供包括挂牌公司股权质押贷款在内的各项金融产品和服务。

9.6.2　新三板融资的理念与特点

全国股份转让系统融资制度以市场化为导向，以信息披露为核心，主要服务于创新型、创业型、成长型中小微企业，通过建立健全小额、便捷、灵活、多元的投融资机制，为挂牌公司提供综合性的金融服务，提升服务实体经济的能力。

9.6.3　新三板的融资特点

服务中小微企业的"小额、便捷、灵活、多元"融资特点，主要体现在 5 个方面，分别是发行要求、限售安排、信息披露、发行定价、审查方式，如图 9.8 所示。

1) 发行要求

挂牌公司可以在挂牌的同时发行，也可以在挂牌后发行。对股票发行不设财务指标，没有强制时间间隔，也不限融资规模。

2) 限售安排

新增股份不强制限售。

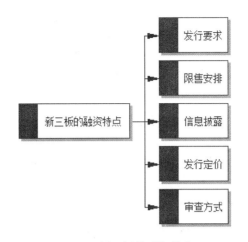

图 9.8　新三板的融资特点

3) 信息披露

不强制披露募投项目的可行性分析、盈利预测等信息。

4) 发行定价

实行市场化定价，可以与特定对象协商谈判，也可以进行路演、询价。

5) 审查方式

事后备案，形式审查，十分便捷。正常情况下，出具备案函的时间为 10 个转让日左右。

9.7　股票发行制度

下面来看一下新三板股票的发行制度，即股票发行的对象、认购方式、流程、信息披露要求等内容。

9.7.1　如何对挂牌公司的股票发行进行管理

挂牌公司的股票发行有核准制和备案制两种管理方式，具体适用何种管理方式，取决于挂牌公司股东人数是否超过 200 人。

股东人数超过 200 人的挂牌公司发行股票，或者发行股票后股东人数累计超过 200 人的，在发行前应向中国证监会申请核准；发行后股东人数累计不超过 200 人的，仅在发行后向全国股份转让系统公司备案，如图 9.9 所示。

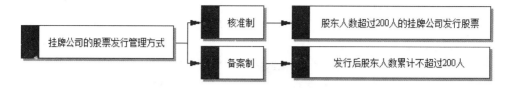

图 9.9　挂牌公司的股票发行管理方式

9.7.2　挂牌公司的股票发行有什么样的规则

股票发行的自律规则体系包括 1 个细则、4 个指引和 1 个指南,如图 9.10 所示。

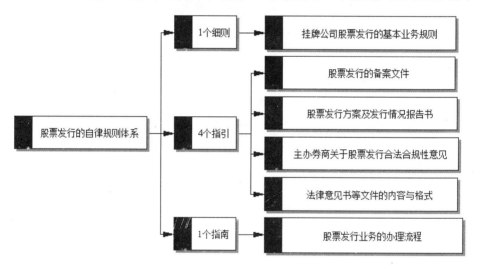

图 9.10　股票发行的自律规则体系

《全国中小企业股份转让系统股票发行业务细则(试行)》是挂牌公司股票发行的基本业务规则。

《全国中小企业股份转让系统股票发行业务指引》第 1 号至第 4 号,分别规定了股票发行的备案文件、股票发行方案及发行情况报告书、主办券商关于股票发行合法合规性意见和法律意见书等文件的内容与格式。

《全国中小企业股份转让系统股票发行业务指南》规定了股票发行业务的办理流程。

9.7.3　股票发行的对象

股票发行对象包括:

(1) 公司股东。

(2) 公司的董事、监事、高级管理人员、核心员工。

(3) 符合投资者适当性管理规定的自然人投资者、法人投资者及其他经济组织。公司确定发行对象时，除原股东外的新增股东合计不得超过 35 名。

核心员工的认定，应当由公司董事会提名，并向全体员工公示和征求意见，由监事会发表明确意见后，经股东大会审议批准。

股票发行的对象如图 9.11 所示。

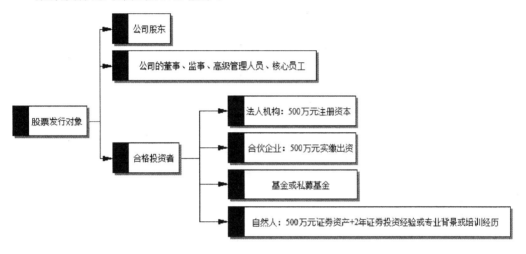

图 9.11　股票发行的对象

9.7.4　股票发行的认购方式

股票发行对象可以用现金或者非现金资产认购发行股票。其中，非现金资产为股权资产的，应经具有证券、期货等相关业务资格的会计师事务所审计。为非股权资产的，应当经具证券、期货等相关业务资格的资产评估机构评估。

9.7.5　股票发行的流程

股票发行的流程如图 9.12 所示。

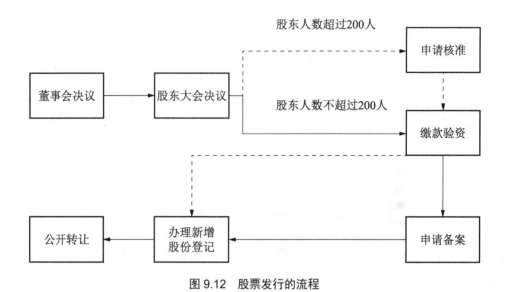

图 9.12　股票发行的流程

9.7.6　股票发行的信息披露要求

股票发行的信息披露要求分为两个部分：第一，挂牌公司董事会，股东大会通过关于发行股票的决议，应在 2 个转让日内披露；第二，与股票发行相关文件的披露时点，如表 9.1 所示。

表 9.1　挂牌公司股票发行信息披露时点要求

编　号	文件类型	披露时点
1	股票发行方案	与董事会决议同时披露
2	审计结果、评估结果(如有)	最迟与召开股东大会通知同时披露
3	认购公告	最迟在缴款起始日前的 2 个转让日披露
4	股票发行情况报告书	办理股份登记前，新增股份转让前
5	主办券商的合法合规性意见	同上
6	律师事务所的法律意见书	同上
7	股票转让公告	同上

9.7.7　注册资本变更登记与新增股份登记的关系

注册资本变更登记属于工商行政管理部门对公司登记事项的管理范围，挂牌公司完成股票发行后，注册资本发生变化，需要办理注册资本变更手续的，按照工商行政管理部门的相关规定办理。

同时，挂牌公司作为非上市公众公司，股票登记在中国证券登记结算有限责任公司(以下简称"中国结算")北京分公司。因此，挂牌公司发行股票导致股东持股变化的，应当在中国结算北京分公司办理新增股份登记。

 提醒 挂牌公司在取得股份登记函之前，股票发行尚未完成，因此不能使用本次股票发行的募集资金。

9.7.8 现有股东的优先权认购

规定现有股东有权优先认购，主要基于以下两个方面的考虑。

第一，在目前挂牌公司股权高度集中的背景下，中小股东通过行使优先认购权，能够防止股权被稀释摊薄。

第二，赋予股东优先认购权，有利于形成新老投资者之间的价格制衡机制，防止低价发行导致的利益输送。

需要说明的是，优先认购是公司现有股东的权利，而非义务，因此股东可以自愿放弃优先认购。股东自愿放弃优先认购的，签订书面承诺或声明是方式之一，但并非唯一方式。出于尊重公司自治的原则，相关规则允许通过修改公司章程，直接排除优先认购的适用。

此外，公司也可以在发行方案、认购办法等信息披露文件中说明，现有股东在缴款期限内未缴款的，视为放弃优先认购。

9.7.9 主办券商的服务与收费

主办券商除了协助挂牌公司办理股票发行各项业务流程外，更重要的是以销售为核心，在路演询价、估值定价和投资者选择等方面为挂牌公司提供更专业的服务。

股票发行的收费，完全由主办券商与挂牌公司之间协商确定，全国股份转让系统没有指导性意见。全国股份转让系统鼓励主办券商在路演询价等方面发挥专业优势，协助挂牌公司更好地向投资者销售股票，实现融资目的，从而获得合理报酬，不断优化市场生态环境。

9.7.10　查看股票发行的操作案例

目前，挂牌公司股票发行的发行方案、主办券商合法合规意见、律师事务所的法律意见书和发行情况报告书，均已在网上公开披露，下面来具体查看一下。

在浏览器的地址栏中输入 www.neeq.com.cn，然后按 Enter 键，就进入全国股份转让系统网站的首页，如图 9.13 所示。

图 9.13　全国中小企业股份转让系统网站的首页

选择"信息披露"菜单，弹出下一级子菜单，再选择"审查公开信息"子菜单命令，就可以看到新三板挂牌公司的审查公开信息，如图 9.14 所示。

图 9.14　新三板挂牌公司的审查公开信息

要想查看哪家公司的公开信息，只需双击即可，在这里双击"厦门兴康信科技股份有限公司反馈意见回复"，就可以看到公开信息，如图 9.15 所示。

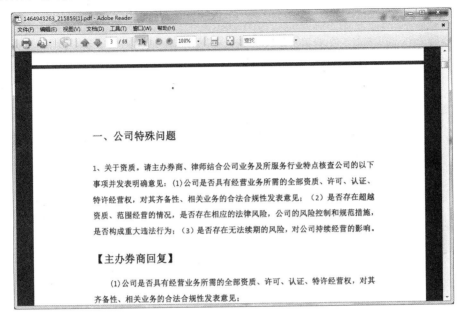

图 9.15　公开信息

2016 年以来，出现了一些有特色的股票发行案例，介绍如下。

1) 股票发行对象不确定

挂牌公司均信担保和新锐英诚在发行方案中确定了发行价格，但部分发行对象尚不确定。公司主要通过洽谈协商的方式，寻找到合适的外部投资者。

2) 股权资产认购实现"换股"收购

挂牌公司北京了望通过发行股票，购买一家同行业公司 99%的股权，从而实现了换股收购。

3) 以股权资产和现金混合认购

挂牌公司同辉佳视和科胜石油向公司股东发行股票，收购股东所持有的其他公司股权，同时募集部分现金。

9.8　优先股制度

下面来看一下新三板优先股制度，即优先股的定义、类型、优缺点等内容。

9.8.1　什么是优先股

优先股是指其股份持有人优先于普通股股东分配公司利润和剩余财产，但参与公司决策管理等权利受到限制，在正常情况下不参与公司治理的特殊类型股票。

9.8.2　优先股的类型

相对于普通股，优先股的类型更复杂多样，特殊条款较多。根据不同的标准，优先股可以分为不同的类型，如图9.16所示。

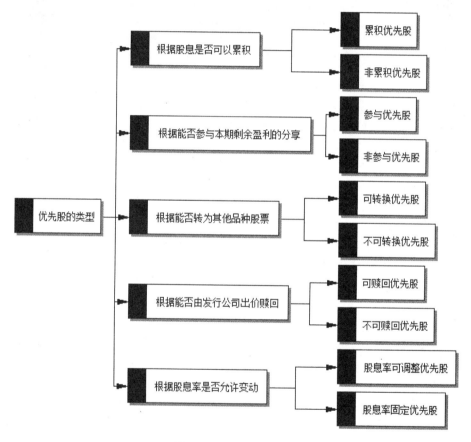

图9.16　优先股的类型

9.8.3　优先股的优缺点

对发行人而言，优先股相比普通股的主要优点是不分散控制权，红利稀释较少。此外，会计处理也比较灵活。缺点是优先股股息不能税前扣除，可能会增加财务负担。

对投资者而言，优先股能够满足长期稳定收益的投资需求，但收益较低，在极端情况下，也有违约的风险。

9.8.4　什么样的公司适合发优先股

有 4 类公司适合发优先股，如图 9.17 所示。

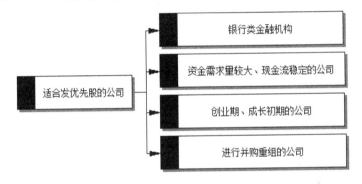

图 9.17　适合发优先股的公司

1）银行类金融机构

银行类金融机构，可以发行优先股补充一级资本，满足资本充足率的监管要求。

2）资金需求量较大、现金流稳定的公司

资金需求量较大、现金流稳定的公司，发行优先股可以补充低成本的长期资金，降低资产负债率，改善公司的财务结构。

3）创业期、成长初期的公司

创业期、成长初期的公司，股票估值较低，通过发行优先股，可在不稀释控制权的情况下融资。

4）进行并购重组的公司

进行并购重组的公司，发行优先股可以作为收购资产或换股的支付工具。

9.8.5　优先股股东是否可以参与公司经营决策

优先股股东并非完全不参与公司经营决策，而是仅对特定事项享有表决权，具体如下。

(1) 修改公司章程中与优先股相关的内容。

(2) 一次或累计减少公司注册资本超过 10%。

(3) 公司合并、分立、解散或变更公司形式。

(4) 发行优先股。

(5) 公司章程规定的其他情形。

此外，公司累计 3 个会计年度或连续 2 个会计年度未按约定支付优先股股息的，股东大会批准当年不按约定分配利润的方案次日起，优先股股东有权出席股东大会与普通股股东共同表决，每股优先股股份享有公司章程规定的一定比例表决权。

9.8.6　优先股与债券、普通股的区别

优先股与债券、普通股的区别如表 9.2 所示。

表 9.2　优先股与债券、普通股的区别

项　目	债　券	优　先　股	普　通　股
产品属性	债务融资	权益\债务融资	债务融资
分配顺序	先于优先股和普通股	先于普通股，次于债券	次于债券和优先股
投资者权利	募集说明书约定的权利	正常情况下无表决权	公司法规定的股东权利
融资期限	约定期限	无期限或期限较长	一般无期限
收益支付	定期还本付息	定期分配股息	股息不固定，不还本
收益来源	息税前利润	税后利润	税后利润

9.8.7　哪些主体可以发行优先股

根据《国务院关于开展优先股试点的指导意见》(国发〔2013〕46 号)及《优先股试点管理办法》(证监会第 97 号令)等法规规章，上市公司中的上证 50 指数公司，以公开发行优先股作为支付手段收购或吸收合并其他上市公司的公司，以减少注册资本为目的回购普通股的公司，可以公开发行优先股。

其他上市公司、非上市公众公司(全国股份转让系统挂牌公司)和在境内注册的境

外上市公司可以非公开发行优先股。

优先股的发行和转让须在沪深交易所、全国股份转让系统内进行。

9.8.8　非上市公众公司非公开发行优先股有哪些条件和要求

非上市公众公司非公开发行优先股的基本条件具体如下。

(1) 合法规范经营。

(2) 公司治理机制健全。

(3) 依法履行信息披露义务。

此外，《优先股试点管理办法》(证监会第 97 号令)还对优先股发行规定了一些具体要求，主要包括：

(1) 不存在该试点办法规定的禁止发行优先股的情形。

(2) 相同条款的优先股应当具有同等权利，同次发行的相同条款优先股，发行的条件、价格和票面股息率等各项条款应当相同。

(3) 不得发行在股息分配和剩余财产分配上具有不同优先顺序的优先股。

(4) 已发行的优先股不得超过公司普通股股份总数的 50%，且筹资金额不得超过发行前净资产的 50%。

(5) 非公开发行优先股的票面股息率不得高于最近 2 个会计年度的加权平均净资产收益率。

(6) 优先股面值为 100 元。

9.8.9　非公开发行优先股的发行对象

第一，发行人数上，每次发行对象不得超过 200 人，且持有相同条款优先股的发行对象累计不得超过 200 人。

第二，只能向合格投资者发行优先股，合格投资者主要包括：

(1) 金融机构，包括商业银行、证券公司、基金管理公司、信托公司和保险公司等。

(2) 理财产品，包括但不限于银行理财产品、信托产品、投连险产品、基金产品、证券公司资产管理产品等。

(3) 实收资本或实收股本总额不低于人民币 500 万元的企业法人。

(4) 实缴出资总额不低于人民币 500 万元的合伙企业。

(5) 合格境外机构投资者(QFII)、人民币合格境外机构投资者(RQFII)、符合国务院相关部门规定的境外战略投资者。

(6) 除发行人董事、高级管理人员及其配偶以外的，名下各类证券账户、资金账户、资产管理账户的资产总额不低于人民币 500 万元的个人投资者。

(7) 经中国证监会认可的其他合格投资者。

需要特别说明的是，挂牌公司发行优先股的合格投资者范围，与发行普通股存在以下差异。

(1) 发行人的董事、高管及其配偶可以认购本公司发行的普通股，但不能认购本公司非公开发行的优先股。

(2) 公司普通股股东、核心员工不符合 500 万元以上证券资产标准的，可以作为合格投资者参与认购普通股，但不能作为合格投资者参与认购优先股。

9.8.10　发行优先股的公司如何进行信息披露

发行优先股的挂牌公司，在年度报告、半年度报告等定期报告中，应当设专章披露优先股的相关情况；在日常信息披露中，若涉及优先股付息、回售/赎回、转换、表决权恢复等特殊事项，应当发布专门的临时公告。

9.8.11　挂牌公司发行优先股应当遵循哪些规定

目前，国务院颁布的《关于开展优先股试点的指导意见》(国发〔2013〕46 号)是优先股试点工作的基本规定。为落实该指导意见，证监会制定了《优先股试点管理办法》，对优先股的发行、交易(转让)、信息披露等做了进一步的具体规定。针对非上市公众公司发行优先股的特殊要求，证监会还颁布了《非上市公众公司信息披露内容与格式准则第 7 号——定向发行优先股说明书和发行情况报告书》《非上市公众公司信息披露内容与格式准则第 8 号——定向发行优先股申请文件》。

为在业务操作层面落实和执行上述法规，全国股份转让系统还制定颁布了《优先股业务指引(试行)》和配套的信息披露内容与格式准则。

提醒　《非上市公众公司信息披露内容与格式准则第 7 号——定向发行优先股说明书和发行情况报告书》《非上市公众公司信息披露内容与格式准则第 8 号——定向发行优先股申请文件》两个准则，为非上市公众公司发行优先股指明了操作路径和监管要求，明确了试点期间优先股的发行主体、豁免核准、转让场所等问题，规范了优先股定向发行环节信息披露的内容、格式及申请文件。

9.8.12　发行优先股与发行普通股在发行程序方面有什么不同

　　挂牌公司发行优先股的程序与发行普通股基本相同，按照《优先股业务指引(试行)》的规定，可以参照适用《股票发行业务细则(试行)》等文件的相关规定。

　　但需要注意的是，在信息披露文件的编制上，定向发行优先股说明书和发行情况报告书应当按照证监会颁布的内容与格式准则的规定编制。

第 10 章

新三板的并购与信息披露

　　并购通常是指企业收购、重大资产重组、回购、合并、分立等对公司股权结构、资产结构和负债结构、利润，以及业务产生重大影响的活动。全国股份转让系统挂牌公司的并购重组被拆解成了收购和重大资产重组两种主要活动。为确保市场具有高效的价值发现功能，推动社会资源的有效配置，提升挂牌公司对外部资源的吸引力，全国股份转让系统特别强调挂牌公司的持续信息披露职责，要求挂牌公司在主办券商的持续督导下，及时、准确、完整地披露半年报和年报，以及其他重大事项。本章首先讲解新三板的收购，即什么是收购、收购制度的特点、收购参与主体、控制权变动、协议收购、要约收购、竞争要约，然后讲解新三板的重大资产重组，即什么是重大资产重组、重大资产重组制度的特点、重大资产重组需要满足的条件、重大资产重组的流程等；接着讲解新三板的信息披露基础知识即信息披露的内容、义务人、流程、监管，然后讲解新三板的定期报告披露实务，即年度报告、半年度报告的披露实务，最后讲解新三板的临时报告披露实务。

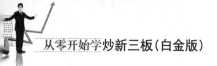

10.1　收购

下面来详细讲解一下新三板的收购,即什么是收购、收购制度的特点、收购参与主体、控制权变动、协议收购、要约收购、竞争要约等。

10.1.1　什么是收购

所谓收购,通常是指收购人通过合法途径取得公司控制权的行为。为规范非上市公众公司的收购,中国证监会制定并颁布了《非上市公众公司收购管理办法》(以下简称《收购办法》)及配套的格式指引,全国股份转让系统也出台了相应的配套规则。

目前,《证券法》和《收购办法》均未给出收购的明确定义。

从《收购办法》的内容来看,主要是对非上市公众公司控制权或第一大股东发生变化的情况进行了规定。需要特别说明的是,《收购办法》的"收购",仅指非上市公众公司被收购的情形。

10.1.2　新三板收购制度的特点

新三板收购制度的特点共有 3 个,如图 10.1 所示。

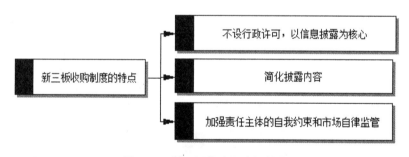

图 10.1　新三板收购制度的特点

1) 不设行政许可,以信息披露为核心

全国股份转让系统实行了较为严格的投资者适当性制度,投资者具有较强的风险识别与承受能力。因此《收购办法》不设行政许可,充分发挥市场约束机制,强化全国股份转让系统的自律监管职责,给市场和投资者更大的决策范围。

2）简化披露内容

除要约收购或者收购活动导致第一大股东或实际控制人发生变更的，其他收购只需要披露权益变动报告书，简要披露收购人的基本情况、持股数量和比例、持股性质、权益取得方式等信息，且不区分简式权益变动报告书和详式权益变动报告书。收购报告书和要约收购报告书也大幅减少披露内容，重点强化客观性事实披露，弱化主观性分析信息，较上市公司的相关要求减少超过一半。

3）加强责任主体的自我约束和市场自律监管

借鉴新股发行制度改革的做法，对于相关责任主体做出公开承诺的，要求同时披露未能履行承诺时的约束措施。全国股份转让系统对未能履行承诺的，及时采取自律监管措施。

10.1.3　《收购办法》的主要内容

《收购办法》大体上可以分为两大制度体系，一是权益披露，二是收购类型。在此基础上，《收购办法》又对收购类型进行了细化规定，分为了控制权变动、要约收购等几种情况，并分别做出了规定。

10.1.4　权益披露的功能与规则

权益披露又被称为持股预警信息披露，是一种对于控制权变动的预警性披露。

收购人在收购公司前，往往需要取得一部分的控制权，从而便利后续收购活动的开展。因此，每当公众公司股票大量、快速地聚集到个别股东手中的时候，都可能预示着一次潜在的收购行为。在出现这种情况时，为了使广大投资者和市场参与主体及时、公平地获取相关信息，就需要相关持股主体对其持股情况进行披露，并限制其在一定时间段内的交易权限。

挂牌公司的权益披露规则主要包括两项，分别是首次触发和持续触发，如图 10.2所示。

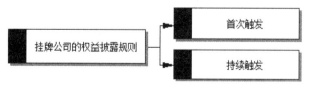

图 10.2　挂牌公司的权益披露规则

1）首次触发

根据《收购办法》的规定，投资者及其一致行动人持有挂牌公司的股份(拟)达到或者超过 10%之时，就应该进行权益披露。相关信息披露主体应当自该事实发生之日起 2 日内编制并披露权益变动报告书，报送全国股份转让系统，并通知该挂牌公司。同时，自发生应当披露权益变动报告书的事实之日至披露后 2 日内，相关投资者及其一致行动人不得再买卖该挂牌公司的股票。需要特别提醒的是，该交易限制仅针对触发权益披露的个别投资者，公司股票并未被实施暂停转让，以下亦同。

2）持续触发

投资者及其一致行动人拥有权益的股份达到公众公司已发行股份的 10%后，其拥有权益的股份占该公众公司已发行股份的比例每增加或者减少 5%(即其拥有权益的股份每达到 5%的整数倍时)，应当比照首次触发时的要求进行信息披露，即自该事实发生之日起 2 日内编制并披露权益变动报告书，报送全国股份转让系统，并通知该挂牌公司。同时，自发生应当披露权益变动报告书的事实之日至披露后 2 日内，相关投资者及其一致行动人不得再买卖该挂牌公司的股票。

10.1.5　挂牌公司收购的主要参与主体

一般来说，挂牌公司收购的主要参与主体有三大类：收购人、被收购公司及其股东、中介机构，如图 10.3 所示。

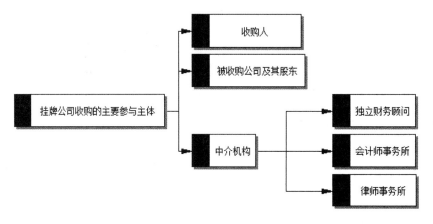

图 10.3　挂牌公司收购的主要参与主体

1）收购人

收购人即收购行为的发起人。在收购完成后，收购人将成为挂牌公司的第一大股东或实际控制人。

2）被收购公司及其股东

被收购公司即收购的对象，被收购公司的股东则是收购人的直接交易对手方。由于公司一般不能持有自己的股票，因此收购行为一般是收购人通过购买被收购公司股东的股票来完成的。

3) 中介机构

中介机构则是包括独立财务顾问、会计师事务所、律师事务所等在内的，可能参与到挂牌公司收购中的各类机构。其中，独立财务顾问是收购中作用最为显著的中介机构，《收购办法》中也明确规定"为公众公司收购提供服务的财务顾问的业务许可、业务规则、法律责任等，按照《上市公司并购重组财务顾问业务管理办法》的相关规定执行"。

10.1.6　收购挂牌公司的收购人需要满足的条件

为保护被收购公司及其股东的合法权益，《收购办法》从正反两个方面规定了收购人需要满足的条件。

一方面，《收购办法》明确规定，收购人及其实际控制人应当具有良好的诚信记录，收购人及其实际控制人为法人的，应当具有健全的公司治理机制；任何人不得利用公众公司收购损害被收购公司及其股东的合法权益。

另一方面，《收购办法》又列出了收购的否定条件，规定有下列情形之一的，不得进行公众公司收购。

(1) 收购人负有数额较大债务，到期未清偿，且处于持续状态；

(2) 收购人最近 2 年有重大违法行为或者涉嫌有重大违法行为；

(3) 收购人最近 2 年有严重的证券市场失信行为；

(4) 收购人为自然人的，存在《公司法》第 146 条规定的情形；

(5) 法律、行政法规规定以及中国证监会认定的不得收购公众公司的其他情形。

10.1.7　独立财务顾问的主要职责

对收购方来说，原则上必须聘请独立财务顾问，且独立财务顾问在收购完成后 12个月内需要对收购方进行持续督导。可以不聘请独立财务顾问的例外情况包括：国有股行政划转或者变更、因继承取得股份、股份在同一实际控制人控制的不同主体之间进行转让、取得公众公司向其发行的新股、司法判决导致收购人成为或拟成为公众公司第一大股东或者实际控制人。

对被收购的挂牌公司来说，没有聘请独立财务顾问的强制性要求。《收购办法》仅规定在要约收购中，被收购方可以聘请独立财务顾问；该财务顾问可以是为公司提供持续督导服务的主办券商，但存在影响独立性、财务顾问资格受限的情况除外；可以同时聘请其他机构担任独立财务顾问。

在功能方面，《收购办法》明确规定：收购人聘请的财务顾问应当勤勉尽责，遵守行业规范和职业道德，保持独立性，对收购人进行辅导，帮助收购人全面评估被收购公司的财务和经营状况；对收购人的相关情况进行尽职调查，对收购人披露的文件进行充分核查和验证；对收购事项客观、公正地发表专业意见，并保证其所制作、出具文件的真实性、准确性和完整性。在收购人公告被收购公司收购报告书至收购完成后 12 个月内，财务顾问应当持续督导收购人遵守法律、行政法规、中国证监会的规定、全国股份转让系统相关规则以及公司章程，依法行使股东权利，切实履行承诺或者相关约定。此外，财务顾问认为收购人利用收购损害被收购公司及其股东合法权益的，应当拒绝为收购人提供财务顾问服务。

10.1.8 什么是控制权变动

根据《收购办法》的规定，控制权变动是指通过全国股份转让系统的证券转让，投资者及其一致行动人拥有权益的股份变动导致其成为公众公司第一大股东或者实际控制人；或者通过投资关系、协议转让、行政划转或者变更、执行法院裁定、继承、赠与、其他安排等方式拥有权益的股份变动导致其成为或拟成为公众公司第一大股东或者实际控制人且拥有权益的股份超过公众公司已发行股份的 10%。

挂牌公司如果发生控制权变动，相关投资者及其一致行动人需要在该事实发生之日起 2 日内编制收购报告书，连同财务顾问专业意见和律师出具的法律意见书一并披露，报送全国股份转让系统，同时通知挂牌公司。

同时需要注意的是，收购公众公司股份需要取得国家相关部门(如国资、外资管理部门等)批准的，收购人应当在收购报告书中进行明确说明，并持续披露批准程序进展情况。

在限售要求方面，收购人成为挂牌公司第一大股东或者实际控制人的，收购人持有的被收购公司股份，在收购完成后 12 个月内不得转让。但是，收购人在被收购公司中拥有权益的股份在同一实际控制人控制的不同主体之间进行转让不受前述 12 个月的限制。

10.1.9 什么是协议收购及其规定

《收购办法》中并未给出协议收购的准确定义。一般而言，协议收购即指通过协议的方式进行收购。例如，收购人与公司的原实际控制人签订协议，通过受让股权取得公司控制权，就是典型的协议收购。

除了需要遵守控制权变动的一般信息披露要求外，协议收购还涉及收购过渡期的特殊规定。根据《收购办法》，以协议方式进行公众公司收购的，自签订收购协议起至相关股份完成过户的期间为公众公司收购过渡期(以下简称过渡期)。在过渡期内，收购人不得通过控股股东提议改选公众公司董事会，确有充分理由改选董事会的，来自收购人的董事不得超过董事会成员总数的 1/3；被收购公司不得为收购人及其关联方提供担保；被收购公司不得发行股份募集资金。

在过渡期内，被收购公司除继续从事正常的经营活动或者执行股东大会已经做出的决议外，被收购公司董事会提出拟处置公司资产、调整公司主要业务、担保、贷款等议案，可能对公司的资产、负债、权益或者经营成果造成重大影响的，应当提交股东大会审议通过。

10.1.10　什么是要约收购及其类型

所谓要约收购，即通过向公司所有股东发出要约购买其持有的公司股份的方式来进行的收购。

要约收购可以分为两种，分别是全面要约和部分要约，如图 10.4 所示。

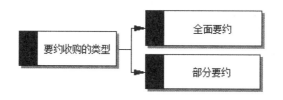

图 10.4　要约收购的类型

全面要约和部分要约，区别主要在于收购股份的数量。

全面要约是收购所有股东的所有股份，而部分要约则是收购所有股东的部分股份。需要特别注意的是，无论是全面要约还是部分要约，要约的对象都是公司的所有股东。

10.1.11　要约收购的流程

首先，以要约方式收购挂牌公司股份的，收购人应当聘请财务顾问，并编制要约收购报告书，连同财务顾问专业意见和律师出具的法律意见书一并披露，报送全国股份转让系统，同时通知该挂牌公司。

要约收购需要取得国家相关部门批准的，收购人应当在要约收购报告书中进行明确说明，并持续披露批准程序进展情况。在这一环节，要约收购与控制权变动需要履行的程序基本一致。

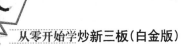
在相关信息披露文件披露后，收购期限开始计算。收购要约约定的收购期限不得少于 30 日，并不得超过 60 日；但是出现竞争要约的除外。

要约收购期限届满后 2 日内，收购人应当披露本次要约收购的结果。发出部分要约的收购人应当按照收购要约约定的条件购买被收购公司股东预受的股份，预受要约股份的数量超过预定收购数量时，收购人应当按照同等比例收购预受要约的股份；发出全面要约的收购人应当购买被收购公司股东预受的全部股份。

要约收购的流程如图 10.5 所示。

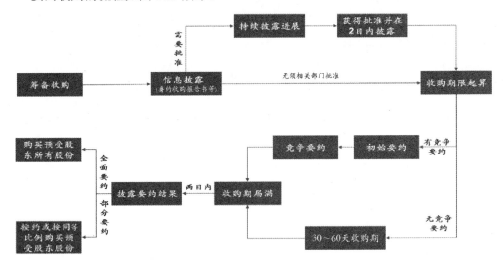

图 10.5　要约收购的流程

10.1.12　要约收购的支付手段与特别规定

在要约收购中，收购人可以使用现金、证券、现金与证券相结合等合法方式支付。同时，必须提供至少以下一项履约保障。

(1) 将不少于收购价款总额的 20%作为履约保证金存入中国结算指定的银行等金融机构；收购人以在中国结算登记的证券支付收购价款的，在披露要约收购报告书的同时，将用于支付的全部证券向中国结算申请办理权属变更或锁定。

(2) 银行等金融机构对于要约收购所需价款出具的保函。

(3) 财务顾问出具承担连带担保责任的书面承诺。如要约期满，收购人不支付收购价款，财务顾问应当承担连带责任，并进行支付。

需要注意的是，收购人以证券支付收购价款的，还应当披露该证券发行人最近 2 年经审计的财务会计报表、证券估值报告，并配合被收购公司或其聘请的独立财务顾问的尽职调查工作。收购人以未在中国结算登记的证券支付收购价款的，必须同时提供现金方式供被收购公司的股东选择，并详细披露相关证券的保管、送达被收购公司股东的方式和程序安排。

根据《收购办法》，要约收购预收的股份比例不得低于该公众公司已发行股份的5%；收购人披露后至收购期限届满前，不得卖出被收购公司的股票，也不得采取要约规定以外的形式和超出要约的条件买入被收购公司的股票。

此外，虽然《收购办法》中没有关于强制全面要约的规定，但同时要求公众公司应当在公司章程中约定在公司被收购时收购人是否需要向公司全体股东发出全面要约收购，并明确全面要约收购的触发条件以及相应制度安排。根据公司章程规定需要发出全面要约收购的，同一种类股票要约价格不得低于要约收购报告书披露日前 6 个月内取得该种股票所支付的最高价格。

10.1.13　什么是竞争要约及特别规定

在某些情况下，可能同时出现针对同一家公司发出的多个收购要约，我们将第一个发出的要约称为初始要约，之后发出的要约称为竞争要约。

《收购办法》规定，发出竞争要约的收购人最迟不得晚于初始要约收购期限届满前 15 日披露要约收购报告书，同时需要履行相应的披露义务。在出现竞争要约的情况下，发出初始要约的收购人变更收购要约距初始要约收购期限届满不足 15 日的，应当延长收购期限，延长后的要约期应当不少于 15 日，不得超过最后一个竞争要约的期满日，并按规定比例追加履约保证能力。

10.2　重大资产重组

下面详细讲解新三板的重大资产重组，即什么是重大资产重组、重大资产重组制度的特点、重大资产重组需要满足的条件、重大资产重组的流程等。

10.2.1　什么是重大资产重组

为规范非上市公众公司的重大资产重组，中国证监会制定并颁布了《非上市公众公司重大资产重组管理办法》(以下简称《重组办法》)及配套的格式指引，全国股份转让系统也出台了相应的配套规则。

根据《重组办法》，非上市公众公司的重大资产重组是指公众公司及其控股或者控制的公司在日常经营活动之外购买、出售资产或者通过其他方式进行资产交易，导致公众公司的业务、资产发生重大变化的资产交易行为。

在判断标准方面，公众公司及其控股或者控制的公司购买、出售资产，达到下列标准之一的，构成重大资产重组。

(1) 购买、出售的资产总额占公众公司最近一个会计年度经审计的合并财务会计报表期末资产总额的比例达到 50%以上。

(2) 购买、出售的资产净额占公众公司最近一个会计年度经审计的合并财务会计报表期末净资产额的比例达到 50%以上，且购买、出售的资产总额占公众公司最近一个会计年度经审计的合并财务会计报表期末资产总额的比例达到 30%以上。

在具体应用中，针对不同的资产类型，需要按以下原则进行判断。

(1) 购买的资产为股权的，且购买股权导致公众公司取得被投资企业控股权的，其资产总额以被投资企业的资产总额和成交金额二者中的较高者为准，资产净额以被投资企业的净资产额和成交金额二者中的较高者为准；出售股权导致公众公司丧失被投资企业控股权的，其资产总额、资产净额分别以被投资企业的资产总额以及净资产额为准。

除前款规定的情形外，购买的资产为股权的，其资产总额、资产净额均以成交金额为准；出售的资产为股权的，其资产总额、资产净额均以该股权的账面价值为准。

(2) 购买的资产为非股权资产的，其资产总额以该资产的账面值和成交金额二者中的较高者为准，资产净额以相关资产与负债账面值的差额和成交金额二者中的较高者为准；出售的资产为非股权资产的，其资产总额、资产净额分别以该资产的账面值、相关资产与负债账面值的差额为准；该非股权资产不涉及负债的，不适用资产净额标准。

(3) 公众公司同时购买、出售资产的，应当分别计算购买、出售资产的相关比例，并以二者中比例较高者为准。

(4) 公众公司在 12 个月内连续对同一或者相关资产进行购买、出售的，以其累计数分别计算相应数额。已按照《重组办法》的规定履行相应程序的资产交易行为，无须纳入累计计算的范围。交易标的资产属于同一交易方所有或者控制，或者属于相同或者相近的业务范围，或者中国证监会认定的其他情形，可以认定为同一或者相关资产。

10.2.2　新三板的重大资产重组制度特点

新三板的重大资产重组制度特点有 5 点，分别是减少事前的行政干预、突出公司自治、简化要求并降低公司重组成本、强化中介机构的作用、加强投资者保护，如图 10.6 所示。

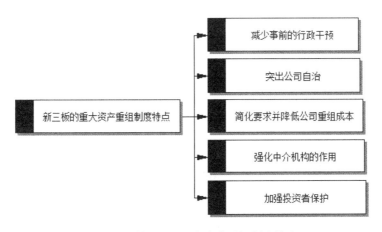

图 10.6　新三板的重大资产重组制度特点

1) 减少事前的行政干预

对于非上市公众公司的重大资产重组行为,不设事前行政许可,以信息披露为抓手。只有发行股份购买资产构成重大资产重组的情况方才涉及核准或备案要求。

具体来说,公司发行股份购买资产构成重大资产重组,发行后股东人数累计超过200 人的需要中国证监会核准,发行后股东人数累计不超过 200 人的需要向全国股份转让系统公司备案。

2) 突出公司自治

对于一些涉及重组的具体事项,给予公司一定的自主权和选择空间。比如不限制支付手段定价、不强制要求对重组资产进行评估、不强制要求对重组做出盈利预测、不强制要求公司对重组拟购买资产的业绩进行承诺,但如果做出承诺的,应当披露相关承诺及未能履行承诺时的约束措施等。

3) 简化要求并降低公司重组成本

简化非上市公众公司重大资产重组程序,不设重组委;实现独立财务顾问与主办券商结合,降低公司重组中聘请中介的支出;精练信息披露内容,减少公司披露主观描述性的信息等。

4) 强化中介机构的作用

主办券商持续督导是全国股份转让系统的市场特色之一,在公司重大资产重组减少行政干预的情况下,中介机构的作用更加突出。为此,《重组办法》对独立财务顾问的职能、权利与义务做了明确规定,并规定了主办券商与独立财务顾问的"捆绑",体现出突出主办券商制度、强化中介机构作用的立法思路。同时,《全国中小企业股份转让系统非上市公众公司重大资产重组业务指引(试行)》中也明确规定,为公司提供持续督导的主办券商未担任公司独立财务顾问的,应当遵守《全国中小企业股份转让系统业务规则(试行)》的规定,履行持续督导义务。

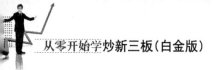

5）加强投资者保护

尽管全国股份转让系统有较高的投资者准入标准，但在整套重大资产重组制度中，对投资者权益的保护依然是立法重点之一。例如，《重组办法》中就明确规定，股东人数超过 200 人的挂牌公司进行重大资产重组的，应当对出席会议的持股比例在 10%以下的股东表决情况实施单独计票；同时，退市公司进行重大资产重组的，其股东大会应当提供网络投票等方式，便于中小股东参会。

10.2.3　重大资产重组需要满足的条件

根据《重组办法》的规定，挂牌公司如需进行重大资产重组，需要同时满足以下 4 项条件。

第一，重大资产重组所涉及的资产定价公允，不存在损害公众公司和股东合法权益的情形。

第二，重大资产重组所涉及的资产权属清晰，资产过户或者转移不存在法律障碍，相关债权债务处理合法；所购买的资产，应当为权属清晰的经营性资产。

第三，实施重大资产重组后有利于提高公众公司资产质量和增强持续经营能力，不存在可能导致公众公司重组后主要资产为现金或者无具体经营业务的情形。

第四，实施重大资产重组后有利于公众公司形成或者保持健全有效的法人治理结构。

10.2.4　重大资产重组对财务顾问的要求

与收购不同，挂牌公司进行重大资产重组，必须要聘请财务顾问，且应当聘请为其提供督导服务的主办券商为独立财务顾问，但存在影响独立性、财务顾问业务受到限制等不宜担任独立财务顾问情形的除外。挂牌公司也可以同时聘请其他具有资质的机构共同担任重大资产重组的财务顾问。

10.2.5　重大资产重组交易进程备忘录

重大资产重组交易进程备忘录是挂牌公司进行重大资产重组的重要证明文件。

根据《重组办法》的规定，公众公司筹划重大资产重组事项，应当详细记载筹划过程中每一具体环节的进展情况，包括商议相关方案、形成相关意向、签署相关协议或者意向书的具体时间、地点、参与机构和人员、商议和决议内容等，制作书面的交易进程备忘录并予以妥当保存；参与每一具体环节的所有人员应当即时在备忘录上签名确认。

10.2.6　重大资产重组的流程

一般来说，重大资产重组大致可以分为现金购买资产和发行股份购买资产两种情况。

在股东大会召开前，两种情况下重大资产重组需要履行的程序基本是一致的，都包括了申请暂停转让、提交内幕信息知情人相关资料、召开首次董事会、信息披露、全国股份转让系统审查、申请恢复转让、召开股东大会等。

在召开股东大会后，如果是现金购买资产的情形，公司就可以继续推进重组程序，完成资产过户；如果是发行股份购买资产的情形，则需要向中国证监会申请核准或向全国股份转让系统申请备案。

现金购买资产的重大资产重组的流程如图 10.7 所示。

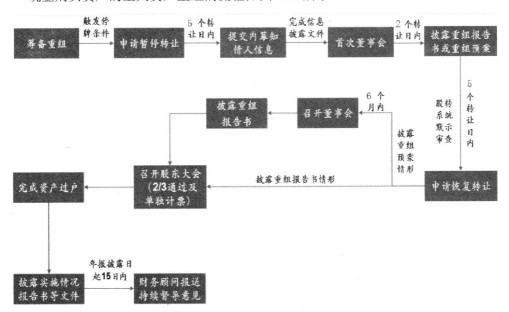

图 10.7　现金购买资产的重大资产重组的流程

发行股份购买资产的重大资产重组的流程如图 10.8 所示。

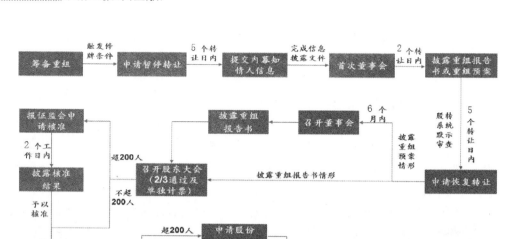

图 10.8　发行股份购买资产的重大资产重组的流程

10.2.7　重大资产重组在什么条件下申请证券暂停转让

根据全国股份转让系统的相关业务规则，挂牌公司出现下列情形之一时，须立即向全国股份转让系统公司申请公司证券暂停转让。

(1) 交易各方初步达成实质性意向。

(2) 虽未达成实质性意向，但在相关董事会决议公告前，相关信息已在媒体上传播或者预计该信息难以保密或者公司证券转让出现异常波动。

(3) 本次重组需要向有关部门进行政策咨询、方案论证。

除挂牌公司申请证券暂停转让的情形外，全国股份转让系统有权在必要情况下对挂牌公司证券主动实施暂停转让。

特别需要注意的是，在申请暂停转让时，挂牌公司必须通过全国股份转让系统设置的专用传真机(010-63889872)，在转让日收市后 15 时 30 分至 16 时 30 分之间发送暂停转让申请。在公司证券暂停转让前，全国股份转让系统不接受任何关于挂牌公司重大资产重组的咨询，也不接收任何相关材料。

10.2.8　申请证券暂停转让后何时恢复交易

申请证券暂停转让后最晚恢复转让日由公司自主确定，但暂停转让时间原则上不应超过 3 个月，且最晚恢复转让日与首次董事会召开之日间的时间间隔不少于 9 个转让日。暂停转让时间确需超过 3 个月的，应当向全国股份转让系统公司说明理由，并在取得全国股份转让系统公司的同意后发布关于公司证券需长期暂停转让的公告。

同时，挂牌公司申请证券暂停转让后，应当每月披露一次重大资产重组进展情况报告，说明重大资产重组的谈判、批准、定价等事项进展情况和可能影响重组的不确定因素。

10.2.9　重大资产重组的信息披露及审查

根据《重组办法》的规定，公司应当在披露董事会决议的同时，披露本次重大资产重组报告书、独立财务顾问报告、法律意见书以及重组涉及的审计报告、资产评估报告(或资产估值报告)等文件。

如果公司在首次召开董事会前本次重组相关资产尚未完成审计等工作，公司应当在披露首次董事会决议的同时披露重大资产重组预案及独立财务顾问对预案的核查意见。在披露重大资产重组预案后 6 个月内，公司应当完成审计等工作，并再次召开董事会，在披露董事会决议时一并披露重大资产重组报告书、独立财务顾问报告、法律意见书以及本次重大资产重组涉及的审计报告、资产评估报告(或资产估值报告)等文件。

在公司信息披露后，全国股份转让系统将在 5 个转让日内对信息披露的完备性进行审查；全国股份转让系统未对信息披露提出异议的，公司应当在审查期满后向全国股份转让系统申请证券恢复转让。

发现信息披露存在完备性问题的，全国股份转让系统有权要求公司对存在问题的信息披露内容进行解释、说明和更正；公司预计在原定最晚恢复转让日仍无法恢复转让的，应当在接到全国股份转让系统关于信息披露异议的同时，申请延后最晚恢复转让日。发现公司重大资产重组信息披露存在重大瑕疵的，全国股份转让系统有权采取自律监管措施并向中国证监会报告，公司应当同时申请证券持续暂停转让。

10.2.10　独立财务顾问如何对完成重大资产重组后的公司进行督导

独立财务顾问应当按照中国证监会的相关规定，对实施重大资产重组的公司履行持续督导职责。持续督导的期限自公司完成本次重大资产重组之日起，应当不少于 1 个完整会计年度。

独立财务顾问应当结合公司重大资产重组实施当年和实施完毕后的第一个完整会计年度的年报，自年报披露之日起 15 日内，对重大资产重组实施的下列事项出具持续督导意见，报送全国股份转让系统，并披露：

(1) 交易资产的交付或者过户情况；

(2) 交易各方当事人承诺的履行情况及未能履行承诺时相关约束措施的执行情况；

(3) 公司治理结构与运行情况；

(4) 本次重大资产重组对公司运营、经营业绩影响的状况；

(5) 盈利预测的实现情况(如有)；

(6) 与已公布的重组方案存在差异的其他事项。

10.2.11　发行股份购买资产的重大资产重组的限售要求

根据《重组办法》的规定，特定对象以资产认购而取得的挂牌公司股份，自股份发行结束之日起 6 个月内不得转让；属于下列情形之一的，12 个月内不得转让。

(1) 特定对象为挂牌公司控股股东、实际控制人或者其控制的关联人。

(2) 特定对象通过认购本次发行的股份取得挂牌公司的实际控制权。

(3) 特定对象取得本次发行的股份时，对其用于认购股份的资产持续拥有权益的时间不足 12 个月。

10.3　初识信息披露

下面来详细讲解一下新三板的信息披露，即信息披露的内容、义务人、流程、监管等。

10.3.1　信息披露的内容

根据《全国中小企业股份转让系统挂牌公司信息披露细则(试行)》(以下简称《信息披露细则》)相关规定，挂牌公司信息披露包括挂牌前的信息披露及挂牌后持续信息披露，其中挂牌后持续信息披露包括定期报告和临时报告，如图 10.9 所示。

挂牌公司应当披露的定期报告包括年度报告、半年度报告，鼓励但不强制披露季度报告。临时报告是指除定期报告以外的公告，如股东大会决议公告、董事会决议公告、监事会决议公告以及对外投资公告。

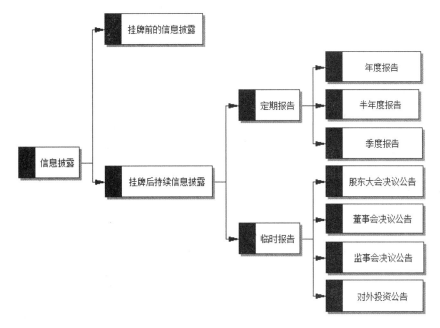

图 10.9　信息披露

10.3.2　信息披露的义务人

信息披露义务人包括申请挂牌公司、挂牌公司及其董事(会)、监事(会)、高级管理人员、股东、实际控制人、收购人及其他相关信息披露义务人，如图 10.10 所示。

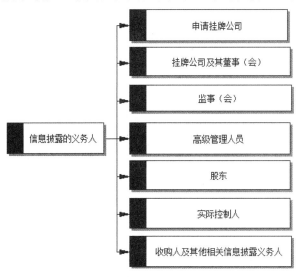

图 10.10　信息披露的义务人

挂牌公司及相关信息披露义务人应当及时、公平地披露所有对公司股票及其他证券品种转让价格可能产生较大影响的信息，并保证信息披露内容的真实、准确、完整，不存在虚假记载、误导性陈述或重大遗漏。

10.3.3　义务人的职责

《公司法》《证券法》《非公办法》《全国中小企业股份转让系统业务规则(试行)》(以下简称《业务规则》)《信息披露细则》等具有以下相关规定。

(1)　挂牌公司应当按照法律、行政法规、部门规章、全国股份转让系统相关业务规定完善公司治理，确保所有股东，特别是中小股东享有平等地位，充分行使合法权利；应当依据《公司法》及有关非上市公众公司章程必备条款的规定制定公司章程并披露，依照公司章程的规定，规范重大事项的内部决策程序。

(2)　挂牌公司与控股股东、实际控制人及其控制的其他企业应实行人员、资产、财务分开，各自独立核算、独立承担责任和风险。

(3)　控股股东、实际控制人及其控制的其他企业应切实保证挂牌公司的独立性，不得利用其股东权利或者实际控制能力，通过关联交易、垫付费用、提供担保及其他方式直接或者间接侵占挂牌公司资金、资产，损害挂牌公司及其他股东的利益。

(4)　公司的董事、监事、高级管理人员应当忠实、勤勉地履行职责，保证公司披露信息的真实、准确、完整、及时。董事、监事、高级管理人员不得利用职权收受贿赂或者其他非法收入，不得侵占公司财产。

10.3.4　主办券商等中介机构的职责

根据《非公办法》《业务规则》的相关规定，主办券商、律师事务所、会计师事务所及其他证券服务机构，应当勤勉尽责、诚实守信，认真履行审慎核查义务，按照依法制定的业务规则、行业执业规范和职业道德准则发表专业意见，保证所出具文件的真实性、准确性和完整性，并接受中国证监会的监管。

主办券商应对挂牌公司拟披露的信息披露文件进行审查，履行持续督导职责。

10.3.5　信息披露的流程

根据 2014 年 12 月 31 日发布的《全国中小企业股份转让系统挂牌公司持续信息披露业务指南(试行)》相关规定，挂牌公司董事会秘书或者信息披露事务负责人应当通过编制端编制披露文件，编制工具里没有明确给出模板的临时公告，由挂牌公司根据有关规定自行编制。

挂牌公司准备好披露文件后，应将包括加盖董事会章的公告纸质文件及相应电子文档，其中电子文档包括定期报告或临时公告正文及相应 XBRL 文件(自行编制的除外)送达主办券商。

主办券商对拟披露文件进行事前审查，使用"全国中小企业股份转让系统数字证书"通过报送端报送披露文件，披露文件包括文件正文(PDF 格式)及 XBRL 文件(自行编制的除外)；信息披露系统在规定的时间段中将披露文件的正文自动发送至全国股份转让系统指定信息披露平台。

信息披露的流程如图 10.11 所示。

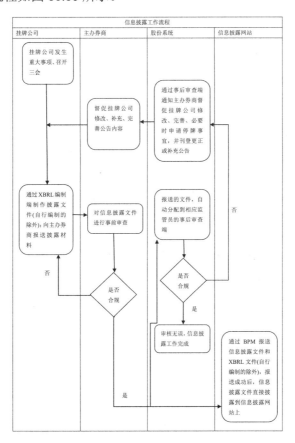

图 10.11　信息披露的流程

10.3.6　信息披露的监管

全国股份转让系统对挂牌公司的日常监管主要是"以信息披露为核心"、依托主

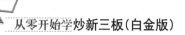

券商持续督导的自律监管。

具体方式为：主办券商对挂牌公司的信息披露和业务办理进行事先审查和把关，全国股份转让系统进行事后审查和监管。在监管实践中，全国股份转让系统探索出了由监管员对挂牌公司进行日常监管的方法。

日常监管主要包括 4 个方面，具体如下。

一是以主办券商来划分监管员对挂牌公司的监管分工。每个监管员负责几家主办券商推荐并持续督导的挂牌公司日常监管工作，以利于保持监管的连续性和稳定性，提高监管和沟通的效率。

二是通过监管员对挂牌公司信息披露文件事后审查的方式，对信息披露文件中涉及重大事项以及风险外溢程度高的挂牌公司进行监管。

三是主要通过引导、培训、督促的方式，对挂牌公司进行规范和监管。

四是通过内部晨会及日志的形式及时将监管情况进行汇总，并传递到每个监管员；在对重点监管事项及重点公司处理后，及时形成监管案例，并建立标准化的处理程序。

10.4 定期报告披露实务

下面详细讲解新三板的定期报告披露实务，即年度报告、半年度报告的披露实务。

10.4.1 定期报告的披露时限要求

挂牌公司应当在每个会计年度结束之日起 4 个月内编制并披露年度报告，在每个会计年度的上半年结束之日起 2 个月内披露半年度报告；披露季度报告的，公司应当在每个会计年度前 3 个月、9 个月结束后的一个月内披露，且第一季度报告的披露时间不得早于上一年的年度报告。

10.4.2 年度报告的主要内容

挂牌公司的年度报告须参照全国股份转让系统发布的《全国中小企业股份转让系统挂牌公司年度报告内容与格式指引(试行)》(以下简称《年报内容与格式指引》)的要求进行披露，主要内容包括重要提示、目录和释义、公司简介、会计数据和财务指标摘要，管理层讨论与分析，重要事项，股本变动及股东情况，董事、监事、高级管理人员及核心员工情况，公司治理及内部控制，财务报告，备查文件目录等 10 个章节，如图 10.12 所示。

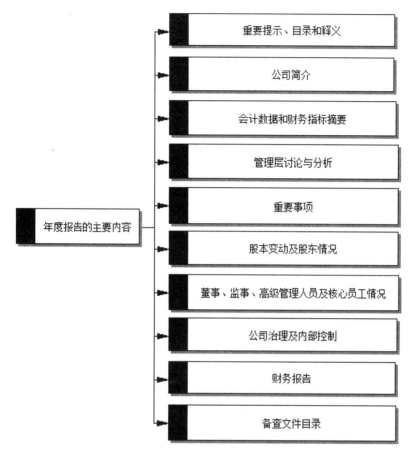

图 10.12　年度报告的主要内容

　　挂牌公司年度报告中的财务报告必须经具有证券期货相关业务资格的会计师事务所审计。

10.4.3　半年度报告的主要内容

　　挂牌公司的半年度报告须参照全国股份转让系统发布的《全国中小企业股份转让系统挂牌公司半年度报告内容与格式指引(试行)》(以下简称《半年报内容与格式指引》)要求进行披露，主要内容包括公司半年大事记，声明与提示，目录，正文，备查文件目录等。正文包括基本信息、财务信息和非财务信息，如图 10.13 所示。

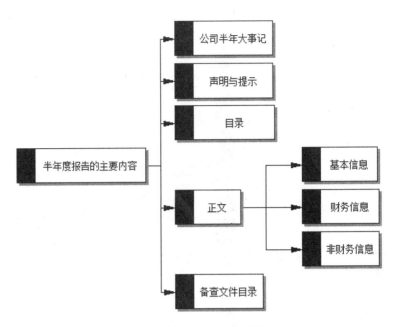

图 10.13　半年度报告的主要内容

挂牌公司半年度报告中的财务报告无须经审计，若挂牌公司自愿进行审计，需聘请具有证券期货相关业务资格的会计师事务所审计。

10.4.4　新三板对定期报告的审查标准和流程

全国股份转让系统对定期报告的审查标准是按照《信息披露细则》《年报内容与格式指引》以及《半年报内容与格式指引》等规则中对定期报告的要求制定。

全国股份转让系统对定期报告进行事后审查，对在信息披露平台已经披露的定期报告进行审查。挂牌公司及相关信息披露义务人应该确保定期报告中所包含内容真实、准确、完整，不存在虚假记载、误导性陈述或重大遗漏。具体流程如下。

(1) 监管员按照全国股份转让系统对年报及半年报的相关要求对已披露的年报及半年报进行内容与格式审查。

(2) 对需要调查、了解情况或问题的公司，通过指定邮箱发给主办券商，请主办券商和挂牌公司进行说明。

(3) 对主办券商和挂牌公司关于反馈意见的回复进行核查及讨论，必要情况下，可要求主办券商和挂牌公司进行进一步说明。

(4) 得出关于年报审查的结论性意见，需要更正的，提请主办券商督导挂牌公司及时更正年报。

10.4.5　新三板对定期报告不规则行为的处理

全国股份转让系统对定期报告进行事后审查，确保定期报告的真实、准确、完整。对于审查中发现的定期报告披露不规范行为，情节较轻者，我们将会与主办券商和挂牌公司进行沟通，要求其对定期报告进行更正，并更新相应的定期报告；情节较为严重者，除要求其对定期报告进行更正外，我们还将会针对挂牌公司及相关主体在信息披露过程中和券商持续督导过程中的违规行为，根据《业务规则》中的相关规定，对相应的责任人采取自律监管措施或纪律处分措施，违规行为达到中国证监会稽查标准的，将及时移交中国证监会处理。

10.4.6　如何对定期报告进行修改和补充

定期报告在全国股份转让系统网站披露后，挂牌公司或主办券商如发现有重大错误或遗漏需要更正或补充的，挂牌公司应依照《全国中小企业股份转让系统挂牌公司持续信息披露业务指南(试行)》的规定发布更正或补充公告，并重新披露相关公告。原已披露的公告不做撤销。

10.5　临时报告披露实务

下面详细讲解新三板的临时报告披露实务。

10.5.1　应当披露的重大信息

应当披露的重大信息是指对挂牌公司股票及相关产品转让价格可能产生较大影响的事项。董事会认为对股票及相关产品价格可能产生较大影响的信息，公司也应作为重大信息进行披露。

挂牌公司控股子公司发生的对挂牌公司股票及相关产品转让价格可能产生较大影响的信息，视同挂牌公司的重大信息。

10.5.2　需要披露临时报告的情形有哪些

下面来看一下需要披露临时报告的情形有哪些。

(1) 挂牌公司召开董事会会议，会议内容涉及应当披露的重大信息，公司应当以临时公告的形式及时披露；决议涉及根据公司章程规定应当提交经股东大会审议的收购与出售资产、对外投资(含委托理财、委托贷款、对子公司投资等)等事项，公司应当在决议后及时以临时公告的形式披露。

(2) 挂牌公司召开监事会会议，涉及应当披露的重大信息，公司应当以临时公告的形式披露。

(3) 挂牌公司召开股东大会，应当在会议结束后 2 个转让日内将相关决议以临时公告的形式披露。

(4) 除日常关联交易之外的其他关联交易，挂牌公司应当经过股东大会审议并以临时公告的形式披露。

(5) 挂牌公司对涉案金额占公司最近一期经审计净资产绝对值 10%以上的重大诉讼、仲裁事项以临时公告的形式披露。

(6) 挂牌公司应当在董事会审议通过利润分配或资本公积转增股本方案后，以临时公告的形式披露方案具体内容，并于实施方案的股权登记日前披露方案实施公告。

(7) 股票转让被全国股份转让系统认定为异常波动的，挂牌公司应当于次一股份转让日披露异常波动公告。

(8) 公共媒体传播的消息可能或者已经对公司股票转让价格产生较大影响的，挂牌公司应当及时向主办券商提供有助于甄别传闻的相关资料，并决定是否发布澄清公告。

(9) 实行股权激励计划的挂牌公司，应当严格遵守全国股份转让系统有关规定，并履行披露义务。

(10) 限售股份在解除转让限制前，挂牌公司应披露相关公告。

(11) 在挂牌公司中拥有的权益份额达到该公司总股本 5%及以上的股东，其拥有权益份额变动达到全国股份转让系统规定标准的，该股东应当按照要求及时通知挂牌公司并披露权益变动公告。

(12) 挂牌公司和相关信息披露义务人披露承诺事项的，应当严格披露承诺事项。

(13) 全国股份转让系统对挂牌公司实行风险警示或做出股票终止挂牌决定后，公司应当及时披露。

(14) 挂牌公司出现以下情形之一的，应当自事实发生之日起 2 个转让日内以临时公告的形式披露。

第一，控股股东或实际控制人发生变更。

第二，控股股东、实际控制人或者其关联方占用资金。

第三，法院裁定禁止有控制权的大股东转让其所持公司股份。

第四，任一股东所持公司 5%以上股份被质押、冻结、司法拍卖、托管、设定信托或者被依法限制表决权。

第五，公司董事、监事、高级管理人员发生变动，董事长或者总经理无法履行职责。

第六，公司减资、合并、分立、解散及申请破产的决定，或者依法进入破产程序、被责令关闭。

第七，董事会就并购重组、股利分派、回购股份、定向发行股票或者其他证券融资方案、股权激励方案形成决议。

第八，变更会计师事务所、会计政策、会计估计。

第九，对外提供担保(挂牌公司对控股子公司担保除外)。

第十，公司及其董事、监事、高级管理人员、公司控股股东、实际控制人在报告期内存在受有权机关调查、司法纪检部门采取强制措施、被移送司法机关或追究刑事责任、中国证监会稽查、中国证监会行政处罚、证券市场禁入、认定为不适当人选，或收到对公司生产经营有重大影响的其他行政管理部门处罚。

第十一，因前期已披露的信息存在差错、未按规定披露或者虚假记载，被有关机构责令改正或者经董事会决定进行更正。

第十二，主办券商或全国股份转让系统认定的其他情形。

10.5.3 公司三会决议是否必须披露

董事会决议涉及应当披露的重大信息的，应当以临时公告形式及时披露；决议涉及根据公司章程应提交股东大会审议的收购与出售资产、对外投资等事项，公司应在决议后及时以临时公告形式披露。

监事会决议涉及应当披露的重大信息的，应当以临时公告形式及时披露。

挂牌公司的股东大会决议应在会议结束后 2 个转让日内进行披露。

10.5.4 临时报告披露的时间要求

挂牌公司应当在临时报告所涉及的重大事件最先触及下列任一时点后及时履行首次披露义务。

(1) 董事会或者监事会做出决议时。

(2) 签署意向书或者协议(无论是否附加条件或者期限)时。

(3) 公司(含任一董事、监事或者高级管理人员)知悉或者理应知悉重大事件发生时。

对挂牌公司股票转让价格可能产生较大影响的重大事件正处于筹划阶段，虽然尚未触及上述时点，但出现下列情形之一的，公司亦应履行首次披露义务。

(1) 该事件难以保密。

(2) 该事件已经泄露或者市场出现有关该事件的传闻。

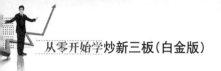

(3) 公司股票及其衍生品种交易已发生异常波动。

挂牌公司应该及时履行信息披露义务,所谓"及时"是指自起算日或触及《信息披露细则》规定的披露时点起 2 个转让日内,另有规定的除外。

10.5.5　新三板对临时报告的审查标准和流程

目前,临时报告的审查标准是按照《业务规则》《信息披露细则》等有关规定制定的。

全国股份转让系统对挂牌公司及其他信息披露义务人已披露的临时公告信息进行审查,具体流程及审查重点如下。

(1) 信息披露审查人员按照《业务规则》《信息披露细则》以及临时公告模板的要求审查临时公告的合规性,信息披露的及时性、真实性、准确性及完整性。

(2) 对需要调查、了解情况或问题的公司,要求主办券商和挂牌公司进行说明。

(3) 对确实不符合信息披露相关规定、存在较大错误或遗漏的,通知主办券商督促挂牌公司进行更正或补充处理。对于情节较为严重的,将对挂牌公司及相关责任人采取自律监管措施。

10.5.6　新三板对临时报告不规则行为的处理

全国股份转让系统对临时报告进行事后审查,确保临时报告的真实、准确、完整。对于审查中发现的临时报告披露不规范行为,情节较轻者,我们将会与主办券商和挂牌公司进行沟通,要求其对临时报告进行更正,并更新相应的临时报告;情节较为严重者,除要求其对临时报告进行更正外,我们还将会针对挂牌公司及相关主体在信息披露过程中和券商持续督导过程中的违规行为,根据《业务规则》中的相关规定,对相应的责任人采取自律监管措施或纪律处分措施,违规行为达到中国证监会稽查标准的,将及时移交中国证监会处理。

10.5.7　如何对临时报告进行修改和补充

目前,临时报告在全国股份转让系统网站披露后,挂牌公司或主办券商如发现有重大错误或遗漏需要更正或补充的,挂牌公司应依照《全国中小企业股份转让系统挂牌公司持续信息披露业务指南(试行)》的规定发布更正或补充公告,并重新披露相关公告。原已披露的公告不做撤销。

第 11 章

新三板的银行融资产品

　　企业在新三板挂牌之后，在银行进行融资就会更加方便。本章首先讲解交通银行的融资产品，即信融通和新三板集成式服务方案；接着讲解光大银行的融资产品，即挂牌易、股东融易贷、投贷通、知识产权融易贷、股权融易贷；然后讲解工商银行、农业银行、中国银行、建设银行的融资产品；接着又讲解招商银行、广发银行、兴业银行的融资产品；最后讲解浦发银行的融资产品，即银证宝、投贷联动、股权质押贷款、千户工程专属信用贷款和投资银行服务。

11.1 交通银行的融资产品

下面讲解交通银行的融资产品，即信融通和新三板集成式服务方案，如图 11.1 所示。

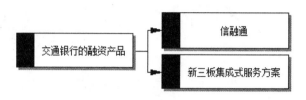

图 11.1 交通银行的融资产品

11.1.1 信融通

信融通是交通银行北京市分行在交银"展业通"中小企业金融服务产品的统一品牌下，为扶持和壮大企业发展，向具有优质信用的中小企业发放的无担保贷款，用于满足企业生产经营过程中的正常资金需要。

1) 适用对象

信融通面向各类优质中小企业，具备以下条件的企业优先办理。

(1) "瞪羚"企业。

(2) "新三板"挂牌企业。

(3) 已改制为股份有限公司并已实质性启动上市工作的企业。

(4) 拥有政府或中央企业采购订单合同的企业。

(5) 承接重大建设工程项目的企业。

(6) 高新技术企业。

(7) 百家创新企业。

(8) 已获得 VC/PE 等投资机构进入的优质中小企业。

2) 产品特点

信融通的特点有 5 项，具体如下。

(1) 信用方式，无须担保。

(2) 开辟绿色通道，实行个人签批制，流程简化便捷。

(3) 贷款期限为 1 年。

(4) 获得政府贴息支持。

(5) 与各项金融业务随意组合，灵活便捷。

3) 授信基本条件

申请办理信融通业务的中小企业应具备以下条件。

(1) 中关村国家自主创新示范区指定的信用评级机构评定的信用等级在 BB 级别以上(含 BB 级)。

(2) 企业信誉良好，具备按期还本付息能力，无不良信用记录。

(3) 交通银行北京市分行要求的其他条件。

申请办理信融通业务的中小企业业主(指法人代表、股东等)应具备以下基本条件。

(1) 具有有效身份证件(实名证件)。

(2) 具有良好的信用记录和还款意愿。

(3) 主要经营者在其经营领域有丰富的从业经验和良好的从业记录，具备一定的经营水平和能力。

(4) 交通银行北京市分行要求的其他条件。

4) 政府扶持政策

符合中关村国家自主创新示范区内的信用贷款扶持政策或重大建设工程项目承接企业扶持政策的借款企业，可享受相关政府单位的贷款贴息支持。

11.1.2　新三板集成式服务方案

新三板集成式服务方案为企业提供挂牌全流程服务，配套融资服务。在企业挂牌及后续直接和间接融资过程中，作为总协调人和牵头人统揽企业挂牌全流程；充分调动各方资源，包括各省直分行、子公司、券商、会计师事务所、律师事务所、内控咨询机构、猎头、培训机构等中介机构在总行投资银行部的统一管理、调配下为企业提供新三板挂牌及未来直接和间接融资的相关服务。

11.2　光大银行的融资产品

下面讲解光大银行的融资产品，即挂牌易、股东融易贷、投贷通、知识产权融易贷、股权融易贷，如图 11.2 所示。

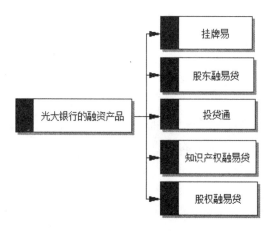

图 11.2　光大银行的融资产品

11.2.1　挂牌易、股东融易贷和投贷通

挂牌易业务是指光大银行与主办券商合作，分工协作，推荐光大银行客户在全国股份转让系统挂牌的业务。通过全国股转系统提高企业知名度，规范公司治理。

股东融易贷是指未上市企业与光大银行签订合作协议，企业中小股东(非控股股东或实际控制人)以其所持股权作为债权担保，光大银行批量为其中小股东授信的融资活动。

股东融易贷的特点有 3 点，具体如下。

(1) 为未上市企业的中小股东在不转让股权的前提下提供了盘活股权资产的新渠道。

(2) 股权估值参照股权融易贷，具有较高的估值价格。

(3) 同时覆盖机构股东和个人股东。

投贷通业务是指对光大银行合作名单范围内的 PE 已投资或与 PE 已签署投资协议的企业，以 PE 保证或类保证等方式，向授信申请人发放贷款的业务。

投贷通的特点有 2 点，具体如下。

(1) 为非上市企业提供了新的资金渠道。

(2) 为 PE 已投资的未上市企业提供持续的资金支持。

11.2.2　知识产权融易贷和股权融易贷

知识产权融易贷是指授信申请人以自身或第三方合法拥有并可依法自由转让的商标权、专利权以及著作权作为质押，联合其他风险缓释措施向光大银行申请授信的业务。

知识产权融易贷的特点有 3 点，具体如下。

(1) 可通过光大银行认可的知识产权质押，扩大融资额度。

(2) 知识产权有较高的质押率。

(3) 优先支持在全国股转系统挂牌的高科技高成长性企业。

股权融易贷是指授信申请人以自身或第三人合法持有的我国境内非上市股份有限公司、有限责任公司等企业的股权作为债权担保，在有权机构办理质押登记手续后，通过光大银行股权服务平台向光大银行申请获得授信。

股权融易贷的特点有 3 点，具体如下。

(1) 质押股权所在企业为全国股份转让系统挂牌企业或拟挂牌企业的，挂牌价格或最近增资价格可作为质押股权的估值参考，具有估值优势。

(2) 为股权融易贷提供 50 亿元的专项额度支持。

(3) 业务审批流程快捷、高效，能及时补充企业所需资金缺口。

11.3　工商银行的融资产品

下面讲解工商银行的融资产品，即启明星、市赢通、科技通，如图 11.3 所示。

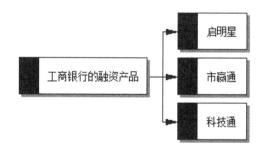

图 11.3　工商银行的融资产品

1) 启明星

针对北京地区的科技型企业推出的科技金融服务品牌，为广大科技企业提供信贷、结算、投行、国际业务、电子银行、法人理财等一系列特色产品，满足企业从初创期、成长期到成熟期等各个阶段的金融业务需求。

2) 市赢通

针对北京地区挂牌企业提供的新三板股权质押贷款。

3) 科技通

科技通是针对高科技企业提供的信用贷款，其申请条件如下。

(1) 成立并实际经营满 3 年。

(2) 上年度纳税收入 1000 万元以上。

(3) 拥有相关高新技术企业证书。

(4) 真实有效的订单需求。

(5) 企业实际控制人提供个人连带责任保证。

11.4　农业银行的融资产品

下面讲解农业银行的融资产品，即新三板挂牌财务顾问、挂牌贷，如图 11.4 所示。

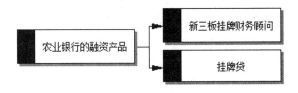

图 11.4　农业银行的融资产品

1) 新三板挂牌财务顾问

新三板挂牌财务顾问业务，是农业银行(深圳分行)与具有相关业务资质的中介机构合作，为境内企业在新三板挂牌或挂牌后再融资(如定向增发)过程中提供的咨询、方案设计、中介推荐和项目协调等专业顾问服务。

2) 挂牌贷

挂牌贷是农业银行(上海分行)对于新三板及上海股权交易中心上市企业可以采用股权质押方式融资融信。

11.5　中国银行的融资产品

下面讲解中国银行的融资产品，即上市挂牌助力贷、科技通宝、新三板通宝，如图 11.5 所示。

1) 上市挂牌助力贷

上市挂牌助力贷，是中国银行(上海地区)为企业提供贷款和结算等业务。可接受房产抵押、公司股权质押、第三方担保等多种灵活的担保方式。并联合其他优质中介机构提供中介咨询服务。

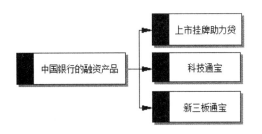

图 11.5　中国银行的融资产品

2) 科技通宝

广东中银科技通宝，针对科技型中小企业的经营特点，量身定做一系列专项产品服务，其中针对"新三板"企业给予免抵押贷款和立业通宝等授信支持。

3) 中银新三板通宝

中银新三板通宝，为已上板或在上板进程中的中小企业量身定做，提供股权质押融资，也可无须等待股权交易，通过该产品可先行向我行融资。该产品的担保方式多样，还可配备一定比例的信用贷款。

11.6　建设银行的融资产品

下面讲解建设银行的融资产品，即小额贷、速贷通、成长之路、信用贷和上市贷，如图 11.6 所示。

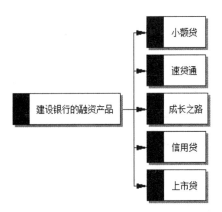

图 11.6　建设银行的融资产品

11.6.1　小额贷、速贷通和成长之路

小额贷是针对单户授信总额人民币 500 万元(含 500 万元)以下小微企业客户办

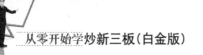

理的信贷业务。

速贷通是为满足小企业客户快捷、便利的融资需求，建设银行对财务信息不充分的借款人不进行信用评级和一般额度授信，在分析、预测企业第一还款来源可靠的基础上，主要依据提供足额有效的抵(质)押担保而办理的信贷业务。

"成长之路"业务是建设银行专为企业信息充分、信用记录良好、持续发展能力较强的成长型小企业在进行客户信用等级评定并经授信后提供金融支持的业务品牌。

11.6.2　信用贷和上市贷

"信用贷"业务是指建设银行在综合评价企业及企业主信用的基础上，对资信好的小型微型企业发放小额的、用于短期生产经营周转的人民币信用贷款业务。

小微企业"上市贷"业务主要针对已在或拟在新三板等股权交易市场上市或挂牌的小微企业，依据企业经营情况发放信用贷款，或与股权投资机构合作，按照风险共担的方式为企业发放贷款，以满足已(拟)上市企业的流动资金周转需求。

11.7　招商银行的融资产品

下面讲解招商银行的融资产品，即小贷通产品系列和展翼通，如图 11.7 所示。

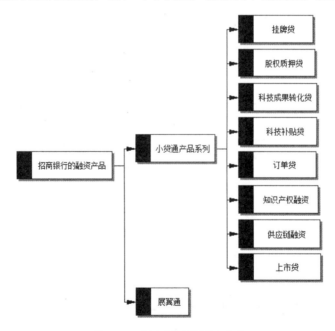

图 11.7　招商银行的融资产品

11.7.1　小贷通产品系列

小贷通产品系列包括 8 种，分别是挂牌贷、股权质押贷、科技成果转化贷、科技补贴贷、订单贷、知识产权融资、供应链融资和上市贷。

1) 挂牌贷

挂牌贷针对在"新三板"的小企业，在获得挂牌备案文件后，采用信用方式向挂牌小企业发放的短期流动资金贷款业务。

该产品的要素如下。

第一，主要适用于我行与挂牌小企业初次建立授信关系。

第二，挂牌贷的担保方式为信用方式。

第三，挂牌贷业务最高金额不超过 300 万元，授信期限不超过 1 年。

2) 股权质押贷

股权质押贷是借款人将出质人合法持有的挂牌交易的可以转让的股权作为招商银行可以接受的质物进行质押担保，从而获得资金的一种融资方式。

该产品的要素如下。

第一，股权质押贷业务授信金额最高不超过 3000 万元，授信期限最长不超过 1 年。

第二，业务担保方式为信用方式追加股权质押。同时，不单纯依靠股权作为风控手段，可接受多种方式进行风险组合管理，如应收账款质押、存货质押、房屋土地抵押、担保公司担保等手段。

第三，对于采取做市转让方式的挂牌企业，可以连续 3 个月的平均交易价格作为股权估值基准；对于采取协议方式的挂牌企业，若已有 PE 等机构参与增资的挂牌企业，可以增资价格作为股权估值基准；对于其他挂牌企业一般以净资产为估值基准。

3) 科技成果转化贷

科技成果转化贷是招商银行向科技型企业发放的、用于支持其对优质科技成果实施转化，并以企业转化产出、经营收入或其他现金收入作为还款来源的融资业务。

该产品的要素如下。

第一，保证方式：科技成果质押或实际控制人担保。

第二，融资金额：不超过 3000 万元(或成果转化后续规划总投入的 30%)。

第三，融资方式：流动资金贷款。

4) 科技补贴贷

科技补贴贷是招商银行向科技型中小企业发放的、用于支持其开展科技创新活动，并以企业未来收到的科技补贴资金或经营收入作为主要还款来源的融资业务。

该产品的要素如下。

第一，保证方式：准信用(企业实际控制人及其配偶提供连带责任担保)。

第二，融资金额：最高不得超过借款人享受的对应科技补贴金额。

第三，融资方式：流动资金贷款。

5）订单贷

订单贷是招商银行根据中小企业客户与核心企业商务合同、或支付能力较强且支付记录良好的政府机构、事业单位签订的商务合同、工程合同，向其发放用于履行商务合同、工程合同、并以商务合同销售回款、工程合同回款为第一还款来源的贷款业务。

该产品的要素如下。

第一，获取合格订单，符合审批条件即可为企业融资，不再需要其他抵押物。

第二，最高可以将订单或交易合同金额的 50%一次性融资给客户，解决签订合同后生产备货的资金需求。

第三，贷款的操作流程比保理、动产质押等其他贸易融资产品简便，降低小企业融资的操作成本。

第四，采用企业主个人保证和订单项下未来应收账款质押为担保方式，并通过跟踪贸易流程控制风险。

6）知识产权融资

知识产权融资，即企业以合法拥有的专利权、商标权、著作权中的财产权经评估后向招商银行申请融资。

该产品优势如下。

第一，激活企业无形资产的经济价值。

第二，增加新融资途径，提升无形资产的经济效益。

第三，通过政府补贴、大幅降低融资成本。

第四，借助政府媒介，提高企业品牌效益。

7）供应链融资

供应链融资是招商银行通过审查整条供应链，基于对供应链管理程度和核心企业的信用实力的掌握，对其核心企业和上下游多个企业提供灵活运用的金融产品和服务的一种融资模式。

该产品优势如下。

第一，打通上下游融资瓶颈，降低供应链条融资成本。

第二，提高核心企业及配套企业的竞争力。

第三，整合供应链，全方位地为链条上的 n 个企业提供融资服务。

8）上市贷

上市贷是招商银行向拟上市企业提供的，根据企业上市的不同进程，并结合企业经营实力和发展前景核定的，以企业自有资金为主要还款来源的流动资金贷款。

该产品的要素如下。

第一，保证方式：信用为主。

第二，融资金额：无最高额限制，信用额度一般不超过 2000 万元。

第三，融资方式：流动资金贷款。

11.7.2　展翼三板

招商银行"千鹰展翼"计划作为专门面向科技型成长企业推出的培育计划，以"登陆新三板，实现新发展"为核心服务理念，推出了为"新三板"企业提供覆盖企业申请挂牌、挂牌交易、成长壮大、转板上市等各个阶段的全流程综合化金融服务——"展翼三板"，主要包含以下服务内容。

1) 登陆"新三板"意向阶段

目前招商银行"千鹰展翼"计划入库客户已超过 20 000 家，招商银行将在"千鹰展翼"客户库中持续优选成长性企业，利用我行对企业运营情况的了解优势，针对性地向企业介绍登陆"新三板"，提供政策咨询、企业分析等服务。

2) 申请"新三板"挂牌阶段

企业确定挂牌"新三板"意向后，招商银行将利用已搭建的总分行"新三板"银证合作平台，为企业提供合作机构推荐、过程辅导等服务。

3) "新三板"挂牌交易阶段

企业正式挂牌"新三板"后，作为招商银行"千鹰展翼"计划的优质客户，我行将提供专项信贷融资、引入股权投资机构、供应链金融服务、发行债券、优先股，以及财富管理等全方位金融服务。

11.7.3　展翼增值

展翼增值主要体现在 3 个方面，分别是向企业提供全方位金融支持、投贷结合、企业获得资金的综合成本不高，如图 11.8 所示。

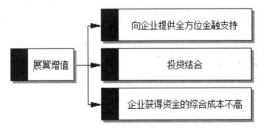

图 11.8　展翼增值

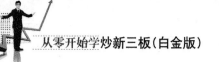

1) 向企业提供全方位金融支持

向企业提供全方位金融支持，包括优先提供信贷资金、提供优惠贷款利率、联合合作机构提供股权投资、改制、上市等服务。

2) 投贷结合

投贷结合是招商银行在给予企业信贷支持的同时由招银国际参股企业，招商银行的整体品牌形象有利于企业吸引更多投资人。

3) 企业获得资金的综合成本不高

企业以未来不确定的股权增值收益换取即期确定的银行融资，及时解决企业高速成长的资金缺口，直接创造更高的利润，从而获得更好的私募股权投资价格。

11.7.4　展翼资本

招商银行总行理财资金池和招银资本、招银国际共同出资成立招银展翼夹层基金，该基金通过委托贷款或信贷资产转让方式对通过分行授信的"千鹰展翼"客户进行融资，基金在投资的同时可受让企业选择权或股权。

11.7.5　展翼并购与展翼直投

展翼并购提供差异化服务，即针对并购公司和目标公司分别提供不同内容的服务方案。另外，充分利用招商银行"千鹰展翼"强大的客群基础，筛选优质企业资源，有效提高并购项目的准确度和成功率。

展翼直投，即企业在获得信贷融资的同时能够获得股权投资，增加了实际获得的资金量。另外，招商银行背景的股权投资机构入股企业，增加了企业的竞争力，有利于吸引更多优秀投资人投资企业。

11.8　广发银行的融资产品

下面讲解广发银行的融资产品，即兼并并购贷款、结构化融资、PE(私募股权投资)、选择权贷款、新三板企业贷款保证保险批量方案、"股权质押+股权远期回购"模式、与政府引导基金合作投贷联动模式、股权质押+股权远期回购、挂牌贷、新三板挂牌企业投贷联动服务方案，如图11.9所示。

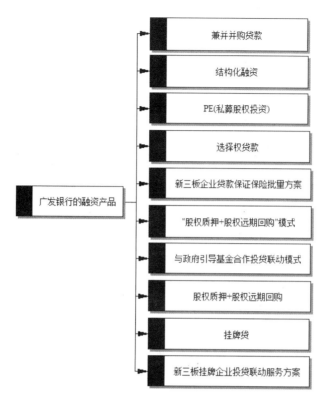

图 11.9　广发银行的融资产品

1) 兼并并购贷款

广发银行在了解客户并购计划和资金需求的基础上，协助客户完善并购方案，并根据客户的并购进程向境内并购方企业或其子公司发放的、用于支付并购交易价款的贷款，以确保客户并购计划的顺利实施。

2) 结构化融资

结构化融资是指广发银行为达到调整客户资本结构、优化客户负债期限、降低客户融资成本的目的，通过综合使用两种或两种以上的股权融资工具、债务融资工具、金融衍生工具及其他标准化的金融工具和产品，包括但不限于上市融资、股权私募、信托融资、资产证券化、融资租赁、贷款、票据、债券(商业票据)等，设计出的有机、综合、完整的独立金融产品为企业提供金融服务的业务。

3) PE(私募股权投资)

PE(私募股权投资)是指广发银行依据合作准入标准甄选 PE 合作伙伴，向广发银行高净值个人客户及企业机构客户代为推介股权投资基金产品，由 PE 合作机构和客户协商、签订相关协议认购产品。

4) 选择权贷款

选择权贷款是指广发银行在向目标客户提供传统授信业务的基础上，额外获得一定的选择权。该选择权系指广发银行指定的符合约定要求的行权方(一般为商业投资机构)享有按约定行权条款(约定行权期间、价格、份额)认购目标客户股权或目标客户持有其他公司股权的权利，具体可细分为"可转换权"(针对目标客户股权)和"可交换权"(针对目标客户持有其他公司股权)。

5) 新三板企业贷款保证保险批量方案

本业务是指借款人以广发银行为被保险人，向保险公司投保企业贷款保证保险，获批后凭保险单向广发银行申请办理融资业务，贷款资金用于支付企业新三板挂牌的各项专用费用，假设借款人没有按期还款，由保险公司依据保险合同约定承担相应的经济赔偿责任，广发银行、保险公司分担不同风险责任比例的业务。目前与广发银行开展该项业务的合作保险公司为中国人民财产保险股份有限公司。

6) "股权质押+股权远期回购"模式

本业务是指广发银行对新三板(拟)挂牌企业以其股东持有的一定比例股权作为质押担保向我行申请授信，由广发银行、回购方(政府产业投资基金/商业投资机构)、及融资企业签署股权远期转让协议，约定如借款企业发生逾期违约且触发股权远期受让邀约条件，由回购方受让股东的股权，并按照广发银行与回购方约定的风险分担机制分别承担逾期授信本息而办理的信贷业务。

7) 与政府引导基金合作投贷联动模式

针对在新三板(拟)挂牌、并有政府引导基金投资的企业为目标客群，根据政府引导基金投资情况配比一定比例的债权融资的授信业务。

8) 股权质押+股权远期回购

"股权质押+股权远期回购"模式是指广发银行针对新三板(拟)挂牌企业以其股东持有的一定比例股权作为质押担保向我行申请授信，由广发银行、回购方(政府产业投资基金/商业投资机构)及融资企业签署股权远期转让协议，约定如借款企业发生逾期违约且触发股权远期受让邀约条件，由回购方受让股东的股权，并按照广发银行与回购方约定的风险分担机制分别承担逾期授信本息而办理的信贷业务。

9) 挂牌贷

新三板企业挂牌贷是指广发银行针对拟在新三板挂牌，并已和相关推荐机构签订推荐挂牌辅导协议的中小企业，根据当地政府对其补贴金额，给予其一定额度流动资金贷款，用于企业挂牌过程中的各项费用支出或生产经营周转。

10) 新三板挂牌企业投贷联动服务方案

新三板挂牌企业投贷联动服务方案是广发银行针对正式在全国中小企业股份转让系统挂牌或是取得同意在全国中小企业股份转让系统挂牌的函的企业设计的专项服务方案。

具体是指本行在授信业务的基础上，联合股权投资机构对申请人进行营销，由本行或本行指定的股权投资机构与申请人签署附选择权的股权投资协议，约定本行指定的股权投资机构，可在约定的期限内、按照约定的投资入股价格、份额，对申请人进行股权投资。

3) 投联贷

投联贷业务是指兴业银行针对已引入股权投资机构的中小企业，在综合考虑股权投资机构投资管理能力和中小企业未来发展前景等因素的基础上，灵活应用信用、股权质押、股权投资机构保证或股权投资机构回购股权等担保方式，向中小企业提供的融资服务。

投联贷的贷款金额最高可达股权投资机构投资金额的 50%，且不超过 3000 万元。

4) 新三板挂牌企业股权质押贷款

新三板挂牌企业股权质押贷款业务是指兴业银行为新三板已挂牌或拟挂牌企业发放贷款，借款人向兴业银行提供借款人或者第三人持有的新三板已挂牌或拟挂牌企业的股权作为质押担保。

新三板挂牌企业股权质押贷款的贷款金额最高可达质押股权评估价值的 50%，且不超过 500 万元。

11.10　浦发银行的融资产品

下面介绍浦发银行的融资产品，即银证宝、投贷联动、股权质押贷款、千户工程专属信用贷款和投资银行服务，如图 11.11 所示。

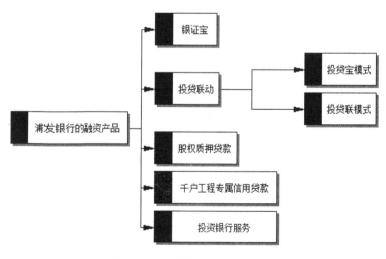

图 11.11　浦发银行的融资产品

服务模式一：借款人以广发银行为被保险人，向保险公司投保企业贷款
险，获批后凭保险单向广发银行申请办理融资业务，贷款资金用于支付企业新
牌的各项专用费用，如有余额可用于企业日常经营。当借款人不按期还款时，
公司依据保险合同约定承担相应的经济赔偿责任，广发银行、保险公司分担不
责任比例。广发银行作为该业务的创新银行，已与中国人民财产保险股份有限
京总公司明确合作模式、落实合作细节。

服务模式二：对新三版挂牌企业，由创投公司或政府主导产业基金以及广发
共同制定客户准入标准，共同对拟授信企业进行尽职调查，对于一致认可的企业
授信企业提供股权质押给广发银行，创投公司或政府主导产业基金提供担保或远
购，广发银行为符合准入条件的企业办理满足其资金周转需求的各类授信业务。

11.9　兴业银行的融资产品

下面讲解兴业银行的融资产品，即三板贷、投贷通、投联贷、新三板挂牌企业
权质押贷款，如图 11.10 所示。

1) 三板贷

三板贷是指本行针对拟挂牌新三板、已挂牌新三板、已做市新三板企业的实际经
营状况和还款能力，采用信用方式发放的小额、短期授信业务。

具体来说，针对新三板拟挂牌、已挂牌、已做市的企业，通过制定业务准入标
准，以信用免担保方式，分别给予拟挂牌、已挂牌、已做市的企业不超过 500 万元、
800 万元、1000 万元的授信额度。

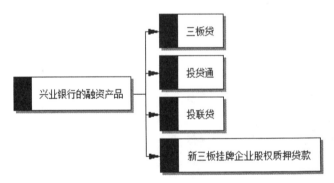

图 11.10　兴业银行的融资产品

2) 投贷通

投贷通是指本行与股权投资机构共同为具有高成长潜力或明确上市(挂牌)的
企业提供银行融资与股权投资相结合的综合性金融服务业务。

服务模式一：借款人以广发银行为被保险人，向保险公司投保企业贷款保证保险，获批后凭保险单向广发银行申请办理融资业务，贷款资金用于支付企业新三板挂牌的各项专用费用，如有余额可用于企业日常经营。当借款人不按期还款时，由保险公司依据保险合同约定承担相应的经济赔偿责任，广发银行、保险公司分担不同风险责任比例。广发银行作为该业务的创新银行，已与中国人民财产保险股份有限公司北京总公司明确合作模式、落实合作细节。

服务模式二：对新三版挂牌企业，由创投公司或政府主导产业基金以及广发银行共同制定客户准入标准，共同对拟授信企业进行尽职调查，对于一致认可的企业，拟授信企业提供股权质押给广发银行，创投公司或政府主导产业基金提供担保或远期回购，广发银行为符合准入条件的企业办理满足其资金周转需求的各类授信业务。

11.9 兴业银行的融资产品

下面讲解兴业银行的融资产品，即三板贷、投贷通、投联贷、新三板挂牌企业股权质押贷款，如图 11.10 所示。

1) 三板贷

三板贷是指本行针对拟挂牌新三板、已挂牌新三板、已做市新三板企业的实际经营状况和还款能力，采用信用方式发放的小额、短期授信业务。

具体来说，针对新三板拟挂牌、已挂牌、已做市的企业，通过制定业务准入标准，以信用免担保方式，分别给予拟挂牌、已挂牌、已做市的企业不超过 500 万元、800 万元、1000 万元的授信额度。

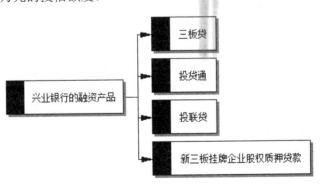

图 11.10 兴业银行的融资产品

2) 投贷通

投贷通是指本行与股权投资机构共同为具有高成长潜力或明确上市(挂牌)预期的企业提供银行融资与股权投资相结合的综合性金融服务业务。

具体是指本行在授信业务的基础上，联合股权投资机构对申请人进行营销，由本行或本行指定的股权投资机构与申请人签署附选择权的股权投资协议，约定本行指定的股权投资机构，可在约定的期限内、按照约定的投资入股价格、份额，对申请人进行股权投资。

3) 投联贷

投联贷业务是指兴业银行针对已引入股权投资机构的中小企业，在综合考虑股权投资机构投资管理能力和中小企业未来发展前景等因素的基础上，灵活应用信用、股权质押、股权投资机构保证或股权投资机构回购股权等担保方式，向中小企业提供的融资服务。

投联贷的贷款金额最高可达股权投资机构投资金额的 50%，且不超过 3000 万元。

4) 新三板挂牌企业股权质押贷款

新三板挂牌企业股权质押贷款业务是指兴业银行为新三板已挂牌或拟挂牌企业发放贷款，借款人向兴业银行提供借款人或者第三人持有的新三板已挂牌或拟挂牌企业的股权作为质押担保。

新三板挂牌企业股权质押贷款的贷款金额最高可达质押股权评估价值的 50%，且不超过 500 万元。

11.10　浦发银行的融资产品

下面介绍浦发银行的融资产品，即银证宝、投贷联动、股权质押贷款、千户工程专属信用贷款和投资银行服务，如图 11.11 所示。

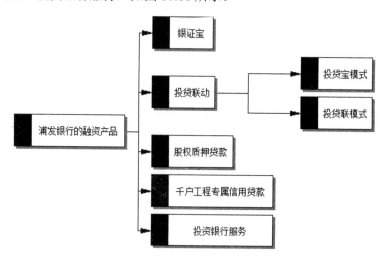

图 11.11　浦发银行的融资产品

11.10.1　银证宝

银证宝是由浦发银行牵头的，由银行、券商、担保机构共同为新三板目标企业提供综合金融服务的创新模式，目前该模式项下合作券商正从部分主要券商逐渐扩展合作范围。

浦发银行向券商推荐符合"银证宝"准入要求的客户，根据客户意愿，券商向客户分阶段提供股改及新三板挂牌推荐服务，在券商确认进场并与企业签署合作协议后，担保公司进场开展保前调查，浦发银行向符合要求的客户提供"银证宝"项下最高金额不超过一定额度的人民币担保贷款。

11.10.2　投贷联动

目前浦发银行已与超过 50 家创投机构合作，开展两方业务合作与三方业务合作。

1) 投贷宝模式

投贷宝是由浦发银行、创投机构、担保机构联合推出的投资、担保、贷款联动产品，按照一定的股权投资和银行贷款配置比例，在创投机构对企业进行股权投资后、由担保机构进行担保、由浦发银行发放贷款。

产品优势在于企业可获得股权+债权的双重融资支持；股权、债权之间的配置比例灵活，企业可根据自身需求合理选择。

2) 投贷联模式

投贷联模式是指浦发银行与优质股权基金管理机构紧密合作，通过对基金所投资的优质企业提供股债结合、投贷一体的融资支持服务。投贷联可满足企业发展初期对融资的需求，从而促进企业的快速成长，提升企业价值。

11.10.3　股权质押贷款

是指新三板挂牌企业在尽职调查、审核过程中已通过了严格筛选、层层把关，治理规范，且挂牌企业股份转让流通性通过股权转让平台得到有效提升，浦发银行降低挂牌企业抵押担保门

槛，允许挂牌企业主要通过股权质押的方式获得小额贷款。

11.10.4　千户工程专属信用贷款

"千户工程"是指浦发银行对高成长性中小企业的全程、长期培育工程，浦发银

行将对新三板挂牌企业在同等条件下优先纳入千户工程，全面跟踪和服务挂牌企业的成长全程，满足其日常经营、规模扩张和跨越成长不同阶段的服务需求。

新三板挂牌企业入库之后，可按照企业所得税纳税额或企业成长性享受最高不超过 1000 万元额度的信用贷款。

浦发银行将为挂牌企业办理各项传统融资业务和创新性融资业务。其中，创新性融资业务包括但不限于以上创新产品及股权质押贷款、知识产权质押贷款、应收账款质押贷款、订单融资、并购融资等。

11.10.5　投资银行服务

针对新三板的拟挂牌/挂牌企业，浦发银行可以为其提供以财务顾问为核心，以多种银行产品为重点支撑的综合金融服务。

财务顾问服务是指浦发银行基于其特色产品与服务，综合运用商业银行和投资银行的服务手段和工具，通过与监管机构、主办券商、会计师事务所等多方的紧密合作，为企业提供与企业发展及新三板挂牌相关的多方面金融服务建议。服务内容主要包括培育规划、挂牌咨询、中介机构推荐组织、改制重组顾问、外部机构沟通、协助开展尽职调查、后续的上市财务顾问服务等。

针对拟挂牌/挂牌企业的重点服务，主要表现在 4 个方面，分别是项目对接、中小企业集合票据、中小企业私募债、并购交易服务，如图 11.12 所示。

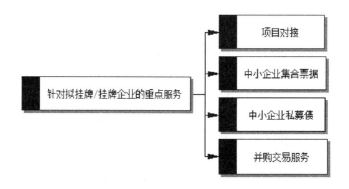

图 11.12　针对拟挂牌/挂牌企业的重点服务

1）项目对接

项目对接是指浦发银行依托与股权投资基金的良好合作关系及对企业融资需求的深入理解，通过帮助企业进行股权融资、协助尽职调查及推进投资进程，配套相应的金融服务支持，提高企业融资效率，共同促进企业的快速成长。

2) 中小企业集合票据

中小企业集合票据，是指 2 个(含)以上、10 个(含)以下具有法人资格的中小非金融企业(简称中小企业)、统一产品设计、统一券种冠名、统一信用增进、统一发行注册方式共同发行的，约定在一定期限还本付息的债务融资工具。

中小企业集合票据通过统一安排信用增进措施，多样化设计产品结构，拓宽了中小企业融资途径，优化了企业财务结构。

3) 中小企业私募债

中小企业私募债是指我国中小微企业在境内市场以非公开方式发行的，发行利率不超过同期银行贷款基准利率的 3 倍，期限在 1 年(含)以上，在交易所市场发行的相对市场化的公司债券。

浦发银行可以财务顾问的角色介入该业务，与合适的证券公司建立良好的业务合作关系，协助企业改善资产负债结构、优化财务表现。

4) 并购交易服务

并购交易服务(并购融资、并购财务顾问)，是指浦发银行作为并购交易的买方顾问或卖方顾问，在股权并购或资产并购交易过程中综合运用各种资源，提供寻找交易对手或交易目标、协助尽职调查与估值、制定并购方案并协助实施、帮助进行并购后整合等服务的业务。在并购过程中，浦发银行可通过并购贷款、并购债、并购创新资管等方式部分满足并购方的并购融资需求。

第 12 章

新三板的投资案例

"他山之石，可以攻玉"，本章讲解了新三板的投资案例。通过这些案例(陈晓与摩根士丹利及鼎晖对赌输掉永乐电器、张兰对赌鼎晖输掉俏江南、蔡达标引入中山联动和今日资本后身陷囹圄等)，希望投资者在新三板市场中，能够认清风险，从而更好地实现盈利。

359,464	0.3%
8,632,724	7.7%
59,087	0.1%
13,963,095	12.4%
5,266,055	4.7%
10,323,178	9.2%
5,283,470	4.7%
4,330,582	3.8%
490,555	0.4%
12,036,658	10.7%
121,056	0.1%
4,162,809	3.7%
33,607,969	29.9%
1,987,731	1.8%
1,665,228	1.5%
5,014,932	4.5%
5,255,312	4.7%

359,464	0.3%
8,632,724	7.7%
59,087	0.1%
13,963,095	12.4%
5,266,055	4.7%
10,323,178	9.2%
5,283,470	4.7%
4,330,582	3.8%

12.1　经典对赌案例

先来看一下什么是对赌协议。

对赌协议就是收购方(包括投资方)与出让方(包括融资方)在达成并购(或者融资)协议时，对于未来不确定的情况进行一种约定。如果约定的条件出现，投资方可以行使一种权利；如果约定的条件不出现，融资方则行使一种权利。所以，对赌协议实际上就是期权的一种形式。

民营企业是否应该引入风投？引进风投究竟是"引狼入室"还是找到了好帮手？风投是否应该投资企业？投资企业究竟是能够获得超额利润还是做了"接盘侠"？企业与风投之间因为信息不对称而产生的矛盾与风险，永远都不会消亡；企业在实体经营过程中所面对的市场风险与未知因素，也不会因一纸"对赌"协议而化解。本文通过对企业风投融资"对赌"失败的案例分析，揭示包括法律风险在内的融资对赌风险。

12.1.1　陈晓与摩根士丹利及鼎晖对赌输掉永乐电器

2004 年家电连锁市场"市场份额第一位、盈利能力第二位"的竞争格局下，跑马圈地的能力取决于各自的财力。相比而言，国美与苏宁先后在港股及 A 股实现上市，打通了资本市场的融资渠道，因而有力支持了各自的市场扩张。

而未实现上市的永乐电器在资金供给上则困难多了，为了配合自己的市场扩张，陈晓转而开始寻求私募股权基金(PE)的支持。经过大半年的洽谈，永乐电器最终于 2005 年 1 月获得摩根士丹利及鼎晖的 5000 万美元联合投资。其中，摩根士丹利投资 4300 万美元，占股 23.53%；鼎晖投资 700 万美元，占股 3.83%。

正是这次融资，让陈晓与包括摩根士丹利及鼎晖在内的资本方签下了一纸"对赌协议"，规定了永乐电器 2007 年净利润的实现目标，陈晓方面则需要根据实现情况向资本方出让股权或者获得股权。

陈晓要想在这场赌局中不赔股权，意味着他 2007 年至少要完成 6.75 亿元的净利润指标。问题是，摩根士丹利设立的利润指标是否合理？永乐电器 2002 年至 2004 年的净利润分别为 2820 万元、1.48 亿元和 2.12 亿元，显然这个盈利水平与 6.75 亿元的目标还差得太远。而摩根士丹利的理由是，永乐电器过去几年的净利润增长一直保持在 50% 以上的速度，按照这样的速度计算，2007 年实现 6.75 亿元的目标不存在太大困难。

获得融资之后的陈晓，明显加快了在全国扩张的步伐。一方面强势扩张自营连锁店；另一方面大肆收购同行。2005 年 5 月至 7 月之间，永乐迅速收购了河南通利、厦门灿坤、厦门思文等地域性家电连锁品牌。

2005 年 10 月 14 日，永乐电器登陆香港联交所完成 IPO，融资超过 10 亿港元。

但是，在企业上市的表面光鲜背后，陈晓开始明显感觉到经营寒流的到来，其跨地域扩张的困局开始初现端倪。上市 1 个月之后，永乐电器无奈对外承认"外地发展不顺"的事实。其 2005 年全年净利虽然由 2004 年的 2.12 亿元大幅增加至 3.21 亿元，但是其单位面积销售额却下降了 2.8%、毛利率下降了 0.6%。

2006 年 4 月 24 日，永乐公告披露"预计上半年的利润低于去年同期"。此消息发布之后，永乐电器的股价毫无悬念地连续下挫。永乐的投资人摩根士丹利，也在此期间立刻减持了手中 50%的永乐股票。

此时牵动陈晓神经的，或许已不再是股价的下挫以及摩根士丹利的套现，而是一年前签下的那纸对赌协议。按照永乐电器披露的业绩预警，2006 年的全年业绩很可能低于 2005 年的 3.21 亿元，那么 2007 年要实现 6.75 亿元净利润的希望就会变得非常渺茫，这就意味着陈晓要赔 3%~6%的企业股权给摩根士丹利。

有没有什么方法可以快速增加企业的盈利？这个问题，陈晓从 2006 年年初开始就一直在琢磨。

2006 年 7 月 25 日，国美与永乐正式对外公布了两家合并的方案：国美电器通过"现金+股票"的方式，以 52.68 亿港元的代价全资收购永乐电器，收购完成之后，原永乐的股东全部转变成国美的股东，而永乐则成为国美的全资子公司并从香港联交所退市。

2006 年 8 月 14 日，永乐电器公布了该年的半年报，上半年永乐最终获利 1501.8 万元，相比 2005 年同期净利润 1.4 亿元，跌幅高达 89%。

随着永乐 90%以上的股东接受国美的要约收购，永乐电器退市已成定局，永乐方面承诺的以永乐电器(HK0503)股票与大中进行资本层面股权置换已无法兑现，永乐接受国美要约收购直接构成对大中的违约，最终导致双方合作中止。

2006 年 11 月，陈晓低调出任国美电器总裁。虽然他在国美拥有少量股权(不足4%)，但显然已经不再是当年永乐时代一言九鼎的大股东了，而更像是黄光裕所聘请的职业经理人。

12.1.2　李途纯对赌英联、摩根士丹利、高盛输掉太子奶

太子奶曾于 1997 年年底以 88888888 元夺得中央电视台日用消费品的标王。据传言，该公司董事长李途纯在夺得标王时，身上所剩无几。无疑，太子奶曾经想通过一举夺得标王大赚一笔。但事与愿违，在奶制品同行业来比较的话，在价格、质量、性能各方面指标并不出众、付出巨额广告费用的太子奶只能在市场中分得极小的一块

蛋糕。

太子奶为实现上市计划,于 2006 年引入英联、高盛、摩根士丹利等三大投行"对赌",借款 7300 万美元给李途纯,之后又介绍花旗集团、新加坡星展银行等 6 家国际银行,为太子奶提供了 5 亿元人民币的无抵押、无担保、低息 3 年期信用贷款。

根据这份对赌协议,在收到 7300 万美元注资后的前 3 年,如果太子奶集团业绩增长超过 50%,就可调整(降低)对方股权;如完不成 30% 的业绩增长,李途纯将会失去控股权。彼时太子奶实现连续 10 年的复合增长率超过 100%,给了李途纯很大的底气。

借助这些资金,李途纯开始疯狂扩张。2008 年,由于高速扩张,太子奶被曝资金链断裂。

2008 年 8 月,太子奶集团开始陆续被曝资金链断裂,随后陷入了严重的债务危机。三大投行以再注资 4.5 亿元的承诺让李途纯交出所持的 61.6% 股权。2009 年 1 月湖南株洲政府注资 1 亿元,由高科奶业托管太子奶,并从三大投行手中要回 61.6% 股权,交回李途纯,并抵押给高科奶业代为行权。然而,这些举措并未救活负债累累的太子奶。根据德勤审计的结果显示,集团负债高达 26 亿元左右。

在资金链趋于断裂、销售业绩急剧下降的双重压力下,李途纯签订的那份"对赌协议"被迫提前履行,他不得不将自己持有的股权全部出让。

12.1.3　张兰对赌鼎晖输掉俏江南

2000 年,拥有 10 年餐饮经验与资金积累的"海归"张兰,在北京国贸开办了第一家俏江南餐厅,从此迎来了属于她和俏江南的一个时代。从 2000 年到 2010 年,10 年间,俏江南通过不断创新的菜品和高端餐饮的定位,在中国餐饮市场上赢得了一席之地。其业务也逐步向多元化发展,衍生出包括兰会所在内的多个业态。

公开资料显示,俏江南在 2000 年创建之初即已实现盈利,连续 8 年盈利之后,2007 年,其销售额达 10 亿元左右。2009 年,张兰首次荣登胡润餐饮富豪榜第三名,财富估值为 25 亿元。

2008 年 9 月 30 日,俏江南与鼎晖创投签署增资协议,鼎晖创投注资约合 2 亿元人民币,占有俏江南 10.526% 的股权。

而俏江南与鼎晖创投签署的投资条款也有所谓的"对赌协议":如果非鼎晖方面原因,造成俏江南无法在 2012 年年底上市,则鼎晖有权以回购方式退出俏江南。2012 年年底是当初双方约定上市的最后期限。也有说法称,俏江南如果无法在 2012 年年底上市,另一种结果是张兰将面临失去控制权的风险。

2011 年 3 月,俏江南向证监会发行部提交了上市申请,但在随后的数月内,俏江南未能收到相关政府部门的书面反馈意见。

在 2012 年中国传统春节即将到来之时，证监会披露 IPO 申请终止审查名单，俏江南赫然在列。至此，俏江南的 A 股上市之路中止。张兰被迫转战港股。2006 年，商务部、证监会、外管局等六部门联合发布《关于外国投资者并购境内企业的规定》(简称"10 号文")，其中第 11 条规定："境内公司、企业或自然人以其在境内合法设立或控制的公司名义并购与其有关的境内公司，应报商务部审批。当事人不得以外商投资企业境内投资或其他方式，规避前述要求。"

从 2013 年年初开始，俏江南的经营状况陷入泥潭，多家门店由几年前的常年盈利转变为月月亏损。对于俏江南未能在港 IPO，外界有推测称，当时俏江南已经身陷财务泥潭，难以自拔。

2014 年 4 月，CVC 宣布正式入主俏江南，成为最大股东。CVC 并未披露收购价格和股比，不过外界传其持有俏江南 82.7%的股权，其中张兰出售的 69%股权，作价 3 亿美元。

2015 年 7 月 14 日，一则关于张兰被"踢出"俏江南董事会的消息再次引发广泛关注。随后俏江南发布声明，称"保华有限公司(保华)代表已于 2015 年 6 月被委任成为俏江南集团董事会成员。CVC 的委派代表和张兰不再担任俏江南董事会成员，且不再处理或参与俏江南的任何事务"。

7 月 17 日，张兰委托律师发表声明，全面否认"出局"说法。声明称，商务部反垄断局于 2013 年 11 月批准隶属于 CVC 的甜蜜生活集团与俏江南收购案，收购完成之后，CVC 取得了俏江南 82.7%的股权。而张兰已于 2013 年年底辞去了俏江南相关公司的董事和法人等职务，因此，不存在张兰 2015 年 7 月 14 日退出俏江南董事会的情况。

张兰最终失去俏江南控制权。

12.1.4 吴长江引入软银赛富和施耐德后被逼出雷士照明

1998 年年底，吴长江出资 45 万元，他的另外两位同学杜刚与胡永宏各出资 27.5 万元，以 100 万元的注册资本在惠州创立了雷士照明。从股权结构看，吴长江是占比 45%的单一大股东，而相对两位同学的合计持股，他又是小股东。随着企业的做大，自 2002 年起"事情正在起变化"，股东之间的分歧开始悄然孕育，裂痕随即产生。

2005 年，随着雷士的销售渠道改革，3 位股东的矛盾全面爆发，其他 2 位股东激烈反对吴长江的改革方案。结果是吴长江支付给 2 位股东各 8000 万元，两位股东退出雷士照明。但是雷士账上并没有足够支付股东款的现金。最终达成的折中方案是，两位股东先各拿 5000 万元，剩余款项半年内付清。在兑现了 1 个亿的股东款之后，雷士账上几乎变成"空壳"，雷士照明极度缺钱。

2006 年 8 月，在毛区健丽的牵线搭桥下，软银赛富正式决定投资雷士。8 月 14 日，软银赛富投入的 2200 万美元到账，占雷士股权比例的 35.71%。

2 年之后的 2008 年 8 月，雷士照明为了增强其制造节能灯的能力，以现金+股票的方式收购了世通投资有限公司(其旗下的三友、江山菲普斯及漳浦菲普斯专事节能灯灯管及相关产品的制造)，其中现金部分须支付 4900 余万美元。

当时雷士并没有足够的现金来支付这笔收购款，账上现金及存款仅有 3000 万美元。为了完成此次收购，雷士照明不得不再次寻求私募融资。在该次融资中，高盛与软银赛富联合向雷士照明投入 4656 万美元，其中高盛出资 3656 万美元、软银赛富出资 1000 万美元。

此次融资，吴长江的持股比例因稀释而失去了第一大股东地位，持股 34.4%;而赛富则因先后两次投资，持股比例超越吴长江达到 36.05%，成为第一大股东；高盛以 11.02%的持股比例成为第三大股东。

2010 年 5 月 20 日，雷士照明登陆港交所，发行 6.94 亿股新股(占发行后总股本的 23.85%)，发行价 2.1 港元/股，募资 14.57 亿港元。

2011 年 7 月 21 日，雷士引进法国施耐德电气作为策略性股东，由软银赛富、高盛联合吴长江等六大股东，以 4.42 港元/股(较当日收盘价溢价 11.9%)的价格，共同向施耐德转让 2.88 亿股股票。施耐德耗资 12.75 亿港元，股份占比 9.22%，因此而成为雷士照明第三大股东。

从雷士照明的股权结构来看，创始人吴长江早已失去第一大股东地位，而软银赛富在雷士上市以前就俨然已是相对控股的第一大股东。而失去第一大股东地位的吴长江，并未意识到自己面临局势的危险性。吴长江非但不担心自己的控制权旁落，反而在上市以后还大幅减持股票，直到转让部分股权给施耐德之后，吴长江(包括其个人及通过全资公司 NVC 合计)的持股比例下降到了 17.15%的最低点。而赛富则还拥有 18.48%的持股比例。

当财务投资人股东引荐大鳄型的产业投资人进入企业时，其中暗含的含义已经相当清晰了。以黑石、凯雷、KKR 等为代表的 PE 机构，专门猎食性地入股一些价值被低估或者暂时陷入困境的企业，经过一番整合之后再将企业打包或者分拆出售给产业大鳄，而 PE 投资人则借此一进一出获得超额暴利。华尔街著名的纪实商战图书《门口的野蛮人》，已经将此种情形描述得精彩纷呈。

2012 年 5 月 25 日，吴长江被毫无征兆地"因个人原因"而辞去了雷士照明一切职务，而接替他出任董事长的则是软银赛富的阎焱，接替他出任 CEO 的则是来自施耐德并在施耐德工作了 16 年的张开鹏。而据雷士内部人士透露，张开鹏与阎焱是南京航空航天大学的校友。

12.1.5　蔡达标引入中山联动和今日资本后身陷图圄

1994 年，潘宇海和蔡达标在东莞长安镇开了一间"168 蒸品店"，后来逐渐走向全国连锁，并于 1997 年更名为"双种子"，最终更名为"真功夫"。真功夫的股权结构非常简单，潘宇海占 50%，蔡达标及其妻潘敏峰(潘宇海之姐)各占 25%。2006 年9 月，蔡达标和潘敏峰协议离婚，潘敏峰放弃了自己的 25%的股权换得子女的抚养权，这样潘宇海与蔡达标两人的股权也由此变成了 50∶50。

2007 年蔡达标主导"真功夫"引入了 2 家风险投资基金：内资的中山联动和外资的今日资本，共注入资金 3 亿元，各占 3%的股份。这样，融资之后，"真功夫"的股权结构变成：蔡、潘各占 47%，VC 各占 3%，董事会共 5 席，构成为蔡达标、潘宇海、潘敏峰以及 VC 的派出董事各 1 名。

引入风险投资之后，公司要谋求上市，那么打造一个现代化公司管理和治理结构的企业是当务之急。但蔡达标在建立现代企业制度的努力触及另一股东潘宇海的利益，"真功夫"在蔡达标的主持下，推行去"家族化"的内部管理改革，以职业经理人替代原来的部分家族管理人员，先后有大批老员工离去。公司还先后从麦当劳、肯德基等餐饮企业共引进约 20 名中高层管理人员，占据了公司多数的要职，基本上都是由蔡总授职授权，潘宇海显然已经被架空。

双方矛盾激化。2011 年 4 月 22 日，广州市公安机关证实蔡达标等人涉嫌挪用资金、职务侵占等犯罪行为，并对蔡达标等 4 名嫌疑人执行逮捕。

蔡潘双方对真功夫的混乱争夺让今日资本顶不住股东压力，而选择退出。2012 年11 月 30 日，今日资本将旗下今日资本投资——(香港)有限公司(下称今日资本香港公司)所持有真功夫的 3%股权悉数转让给润海有限公司。至此，真功夫股权又再次重回了蔡潘两家对半开的局面。

3 年之后，真功夫原总裁蔡达标一案尘埃落定。根据广州中院二审判决，蔡达标构成职务侵占罪和挪用资金罪被维持 14 年刑期。随着蔡达标刑事案件终审判决生效，蔡达标所持有的 41.74%真功夫股权已进入司法拍卖程序，有传言股权估值高达25 亿元。

12.1.6　贝恩资本折戟国美 18 亿入股 5 年后 20 亿退出

贝恩资本是国际性私人股权投资基金，管理资金超过 650 亿美元，涉及私人股权、风险投资资金、上市股权对冲基金和杠杆债务资产管理。

2008 年 11 月 17 日，黄光裕和财务总监周亚飞被相关部门带走调查。紧接着，国美财务遭遇麻烦，资金链吃紧，而且面临赎回一笔可转换债券的压力(国美此前在2007年5月发行过一笔46亿元的可转换债券，持有人可于2010年5月要求国美赎回)。

同时，2008年正值全球金融危机，市场现金几乎枯竭，国美电器内外交困。截至2008年年末，其应付票据及银行借贷已达86.57亿元，而应付账款及应付票据更是高达129亿元。

2009年1月，陈晓临危受命，接替黄光裕任国美董事局主席。

2009年4月，大股东黄光裕同意国美电器的债务重组方案。经陈晓引荐，国美电器引入贝恩。据报道，当时合作方案中隐含着"保证黄氏家族的控股地位"，并以"贝恩不会绝对控股国美"为前提。最终，贝恩在国美电器当时32.36亿港元的融资中认购了总价18.04亿港元的7年期可换股债券，国美电器才逐步走出危机恢复增长。

2010年9月，在"黄陈大战"的股东大会召开前夕，贝恩资本将所持有的18.04亿港元国美电器可转换债全部转股，转股价格为1.108港元/股，转股股份为国美电器16.66亿股，占股比例为9.98%的股权。转股后贝恩成为仅次于黄光裕的第二大股东。

在贝恩资本进入国美的3年里，国美电器一直受困于内乱而频繁改变策略。然而也就在这两三年内，整个家电连锁产业的态势已经发生了翻天覆地的变化。

老对手苏宁电器已经在几年间全面超越国美，而国美在电商上的犹豫不决又使其早已开展的电商业务一直业绩平平。当苏宁易购在2011年销售额达到59亿元时，国美电器网上商城的销售额仅有10亿元。

2011年3月，陈晓辞去国美职务，由张大中接任国美电器董事会主席。不过，内耗加电商崛起及市场低迷，令国美电器2012年亏损超7亿元。

2015年1月22日晚，国美电器发布业绩预告，2014年综合毛利率预计将超过18%，净利润将同比增长约40%。按国美电器2013年净利润8.9亿元推算，预计其2014年净利润将超12亿元。

同在1月22日当天，国美电器第二大股东贝恩，尽售其所持国美电器的9.2亿股，以较收市价折让2.5%~5.17%的条件套现约10.6亿元。贝恩退出后，国美第二大股东不再是贝恩，变为贝莱德，其持股比例由2014年1月底7.05%增至目前的7.73%。

公开数据显示，贝恩此次悉售国美股权，加上去年7月的配售，两次套现共约20亿元。相比2009年贝恩以18.04亿元认购国美股份，持股5年半，其账面仅赚了1.96亿元，投资回报率约11%。

贝恩退出后，1月22日至1月24日，国美股价连跌3天。第4天企稳回升。

> **提醒**　风险投资作为财务投资人一般只关心企业能否提供超额资本回报，而不去考虑企业的健康长远发展，当然对企业控股权也无太大兴趣。但财务投资人一旦与产业投资人合作，企业家只有认命交出企业控制权的选择了。总体上说，我国的民营企业在面对风险投资机构时，由于相关融资与法律经验不足，常常处于任人宰割的弱势地位。民营企业只有借助外力财务顾问与法律顾问，才能有效对抗风投机构，不至于在融资谈判与操作过程中处处受制于人，最终难以圆满。

12.2　新三板第一股世纪瑞尔

世纪瑞尔是 2006 年 1 月新三板正式成立后的第一个挂牌公司，挂牌后一度成为市场焦点，2009 年 9 月 9 日，世纪瑞尔定向增发 2000 万股，其中 1400 万股为国投高科、启迪中海、启迪明德和清华大学教育基金会认购，600 万股由原股东按持股比例配售，增资价格为 4.35 元/股。

但这只"新三板第一股"的上市进程并不顺利。

2006 年 11 月，世纪瑞尔公告，公司递交的中小板 IPO 申请已获证监会受理，但 1 年之后，世纪瑞尔主动撤回申请，原因是"时机尚不成熟"。直到 2010 年 12 月 13 日，世纪瑞尔才成功登陆创业板，首次发行价格为 32.99 元，实际募资净额为 11 亿元，其中超募资金 8.47 亿元，全部用于公司主营业务相关的项目及主营业务发展所需的营运资金，正式完成了新三板转板创业板的完美一跳。

从 2006 年 1 月到 2010 年 1 月，这家主营工业监控产品和解决方案的企业，从新三板迈向创业板用了整整 4 年时间。尽管 IPO 路程有些坎坷，但世纪瑞尔的股东们倒是获益颇丰，尤其是当年参与了新三板定增的股东，在转板之后大赚一笔。

在公司的招股材料中发现，此次冲击创业板的关键因素，除了企业自身的资质以外，还有时下被炒得火热的高铁概念，那个时候，只要与铁路沾边的行业或者企业都备受投资者的关注。而世纪瑞尔冲击 IPO 的定位恰恰是"充分受益于高铁建设的铁路行车监控系统龙头企业"。

近年来，高铁建设成为国家重点扶持的项目，而世纪瑞尔依赖铁路综合视频监控等产品也迎来新的发展机遇。由新三板转板到创业板的世纪瑞尔上市之初，也一度给了投资者以很大的想象，尤其是公司上市首日以 56.99 元开盘，较 32.99 元发行价上涨近 73%。

然而，2011 年 "7·23 动车追尾事故" 之后，世纪瑞尔虽然在第一时间内停牌，但是公司股票并没有躲过这次事件的影响。2013 年 7 月 20 日，公司收盘价为 10.96

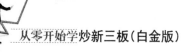

元，较开盘首日的 56.99 元，下降 81%。

12.3　老股民潜伏新三板赚大钱

金先生于 20 世纪 90 年代末进入股市，可谓资深股民，但 10 多年却没赚到什么钱，他把原因归结为"流动性太好"致使操作的主动性太强。于是，当 2006 年新三板一推出，他就一头扎了下去。在这个流动性欠佳的市场，他却找到感觉，屡战屡胜，自称迄今为止只有两只股票失过手。

到 2016 年 6 月 22 日，7616 家新三板公司有 1556 家选择做市交易，有 6060 家选择协议转让。金先生更喜欢协议转让，因为他认为要获取暴利，在协议转让交易阶段可以"捡漏"。

"老股东着急变现时，协议转让的价格能低到让你不敢相信，绝对是暴利。"金先生说，让他印象深刻的是，有一家新三板公司的公开信息显示，其挂牌前 PE 入股价格约 20 元/股，协议转让开始后他试着挂了 8 元/股，竟然有股东联系他，愿以此价格成交，但条件是让他一口气吃掉 50 万股。金先生推测是入股这家公司的 PE 产品到期或有了更好的项目，所以着急变现。让金先生遗憾的是他没有足够的资金买下 50 万股。如果当时买下，按最近成交价大约上涨 3 倍，而花费的时间还不到 1 年。

像这样的机会有很多，金先生的秘诀就是，先选好公司然后等待。他看好的公司一类是主板上没有的稀缺品种，还有一类是主板上有，但新三板上便宜得多的公司。金先生会仔细阅读公司相关公告，看它有没有 PE 进入。一旦有公司股东要转让，他就会围绕 PE 增资价格附近报价，成功概率就很大。

"做市转让有利于个人投资者进入。"金先生说，之前新三板只有协议转让这一种交易方式，想买几万股往往大股东不会搭理你，他们一出手就是要几百万元资金来接盘。然而，个人投资者出于风险考虑又不愿意过分集中持股，而做市转让最低 1000 股就能买卖，解决了这个问题。不过，金先生认为新三板转为做市后的价格短期涨幅太高，已经透支了获利空间，他还是倾向于在协议转让阶段用较低价格获得股票，然后可以等着转为做市交易后再卖出。

"还有一些很好的企业没有加入到做市，这里面就蕴含着巨大机会。"金先生说，以首批参与做市的"新眼光"为例，它在做市首日涨幅最高约 3 倍，最高到 28.6 元/股，而此前几天协议转让价格曾达到每股 6 元多，短短几周就翻了几倍。

12.4　新三板"原始股"骗局

在一般人的心目中，"原始股"一向是稳健赢利的代名词。然而，多地近期连续发生"假股票"投资骗局。在河南、山东、上海等多省市，一些群众在"一夜暴富净赚几十倍"的诱惑下，巨额资金面临血本无归的危险。

12.4.1　"原始股"融资 2 亿多

"原始股"是指公司上市之前发行、可在上市一段时期后售出的股票。从公安机关了解到，因涉嫌以"原始股"非法集资，上海优索环保科技发展有限公司原法人代表段国帅近日被依法批捕，其炮制的假股票骗局骗取上千名河南群众的 2 亿多元资金。

据了解，嫌疑人段国帅是河南漯河人，由他控制的上海优索环保科技发展有限公司在河南多地设立分公司，自称"环保产业的先锋企业"。通过互联网宣传造势，不少投资者以为这是一家潜在的"绩优股"企业。

"利用该企业在上海某地方股权交易市场挂牌的身份，对外宣称'上市公司'，是不法分子得手的关键。"办案人员介绍，段国帅等人在河南召开"增资扩股"发布会，宣布该"上市公司"将定向发行"原始股"。同时，这家所谓的"上市公司"还一度发售股权理财集资，承诺年收益达 48%，超过同期银行存款收益 20 多倍。

据初步了解，上海优索环保科技发展有限公司利用"原始股"共向群众非法融资 2 亿多元，涉及上千名投资者。"几十万元都打了水漂。"郑州市民王先生说，"当时听信了他们所说的企业马上要在上海证券交易所上市，原始股能获得几倍甚至几十倍的收益。"

同样遭遇假股票骗局的还有陕西、江苏、上海等多地的群众。

12.4.2　李鬼引消费者上当

根据证券法规定，公开发行证券必须符合法律、行政法规规定的条件，依法报经国务院证券监督管理机构或者国务院授权的部门核准。

调查发现，有一些企业利用地方性的企业股权挂牌转让市场，冒充上市公司发售"原始股"。例如在多地发生的"原始股"骗局中，均有不法分子宣称自己是"上海股权托管交易中心"的挂牌企业，有明确的上市代码。但事实上，这家股权交易中心只是一个地方机构，不法分子利用其名称易与"上海证券交易所"相混淆，蒙骗消费者。

"受骗后才知道，上海股交中心仅是地方机构，企业在这个中心挂牌的门槛很低，跟 A 股市场根本没有关系。"因投资所谓"原始股"遭遇亏损的河南籍受害者王先生说。

　　据警方查明，还有一些"三无"企业没有任何实际项目，没有经营资产，更没有申请上市，却自称"马上要上市"需要融资。

　　一些企业以证券投资为名，以高额回报为诱饵，通过"股权众筹"等名义诈骗群众钱财。

　　1) 全国建厂百家

　　上海优索环保科技发展有限公司就一度号称将在全国 100 个县级以上城市建设生活垃圾处理厂。中国证监会及全国股权系统发布的拟上市预披露名单均显示，该企业从未提交过任何上市申请，截至案发，其骗取的数亿元资金也没有用来兴建一座污水处理厂。

　　2) 5 万能当股东

　　南京一家名为"虾米电子科技"的公司声称 2016 年"很快将在新三板上市"，需要通过股权投资融资：任何投资者购买公司至少 5 万元的股权，就能够成为"上市公司的创业股东"。经法院认定，该公司的这一经营模式构成传销。

　　3) 将在美国上市

　　在近期公安机关查处的骗局中，一些假股票甚至傍上境外资本市场。经查，嫌疑人张建军通过虚假出资设立"陕西嘉隆高科公司"，印制虚假传单，向 4700 余名群众出售虚假股权。其间这家公司将自己描绘为一家外资企业，称将在美国纳斯达克上市。集资供不法分子挥霍。

附录　全国中小企业股份转让系统挂牌公司分层管理办法(试行)

第一章　总则

第一条　为进一步完善全国中小企业股份转让系统(以下简称"全国股转系统")市场功能，降低投资人信息收集成本，提高风险控制能力，审慎推进市场创新，根据《国务院关于全国中小企业股份转让系统有关问题的决定》和《非上市公众公司监督管理办法》《中国证监会关于进一步推进全国中小企业股份转让系统发展的若干意见》等有关规定，制定本办法。

第二条　全国股转系统挂牌公司的分层管理适用本办法。

第三条　挂牌公司分层管理遵循市场化和公开、公平、公正原则，切实维护挂牌公司和市场参与主体的合法权益。

第四条　全国股转系统设立创新层和基础层，符合不同标准的挂牌公司分别纳入创新层或基础层管理。

第五条　全国中小企业股份转让系统有限责任公司(以下简称"全国股转公司")制定客观、公开的分层标准和维持标准，并据此定期调整挂牌公司所属市场层级。挂牌公司所属市场层级及其调整，不代表全国股转公司对挂牌公司投资价值的判断。

全国股转公司可以根据挂牌公司层级划分和调整的需要，要求挂牌公司或者主办券商等中介机构提供相关资料。

第二章　分层标准和维持标准

第一节　分层标准

第六条　满足以下条件之一的挂牌公司可以进入创新层：

(一)最近两年连续盈利，且年平均净利润不少于 2000 万元(以扣除非经常性损益前后孰低者为计算依据)；最近两年加权平均净资产收益率平均不低于 10%(以扣除非经常性损益前后孰低者为计算依据)。

(二)最近两年营业收入连续增长，且年均复合增长率不低于 50%；最近两年营业收入平均不低于 4000 万元；股本不少于 2000 万股。

(三)最近有成交的 60 个做市转让日的平均市值不少于 6 亿元；最近一年年末股东权益不少于 5000 万元；做市商家数不少于 6 家；合格投资者不少于 50 人。

第七条　根据第六条的规定进入创新层的挂牌公司，还应当满足以下条件：

(一)最近 12 个月完成过股票发行融资(包括申请挂牌同时发行股票)，且融资额累计不低于 1000 万元；或者最近 60 个可转让日实际成交天数占比不低于 50%。

(二)公司治理健全，股东大会、董事会和监事会制度、对外投资管理制度、对外担保管理制度、关联交易管理制度、投资者关系管理制度、利润分配管理制度和承诺管理制度完备；公司设立董事会秘书并作为公司高级管理人员，董事会秘书取得全国股转系统董事会秘书资格证书。

(三)最近 12 个月不存在以下情形：

1．挂牌公司或其控股股东、实际控制人，现任董事、监事和高级管理人员因信息披露违规、公司治理违规、交易违规等行为被全国股转公司采取出具警示函、责令改正、限制证券账户交易等自律监管措施合计 3 次以上的，或者被全国股转公司等自律监管机构采取了纪律处分措施。

2．挂牌公司或其控股股东、实际控制人，现任董事、监事和高级管理人员因信息披露违规、公司治理违规、交易违规等行为被中国证监会及其派出机构采取行政监管措施或者被采取行政处罚，或者正在接受立案调查，尚未有明确结论意见。

3．挂牌公司或其控股股东、实际控制人，现任董事、监事和高级管理人员受到刑事处罚，或者正在接受司法机关的立案侦查，尚未有明确结论意见。

(四)按照全国股转公司的要求，在会计年度结束之日起 4 个月内编制并披露年度报告；最近两个会计年度的财务会计报告被会计师事务所出具标准无保留意见的审计报告；按照第六条第二项规定进入创新层的挂牌公司，最近三个会计年度的财务会计报告被会计师事务所出具标准无保留意见的审计报告。

(五)全国股转公司规定的其他条件。

第八条 申请挂牌公司满足以下条件之一的，可以挂牌时直接进入创新层：

(一)最近两年连续盈利，且年平均净利润不少于 2000 万元(以扣除非经常性损益前后孰低者为计算依据)；最近两年加权平均净资产收益率平均不低于 10%(以扣除非经常性损益前后孰低者为计算依据)；申请挂牌同时发行股票，且融资额不低于 1000 万元。

(二)最近两年营业收入连续增长，且年均复合增长率不低于 50%；最近两年营业收入平均不低于 4000 万元；挂牌时股本不少于 2000 万股。

(三)做市商家数不少于 6 家；申请挂牌同时发行股票，发行对象中包括不少于 6 家做市商，按发行价格计算的公司市值不少于 6 亿元，且融资额不低于 1000 万元；最近一期期末股东权益不少于 5000 万元。

第九条 根据第八条的规定进入创新层的申请挂牌公司，还应当满足以下条件：

(一)申请挂牌即采用做市转让方式。

(二)公司治理健全，股东大会、董事会和监事会制度、对外投资管理制度、对外担保管理制度、关联交易管理制度、投资者关系管理制度、利润分配管理制度和承诺管理制度完备；公司设立董事会秘书并作为公司高级管理人员，董事会秘书取得全国股转系统董事会秘书资格证书。

(三)最近 12 个月不存在以下情形：申请挂牌公司或其控股股东、实际控制人，现任董事、监事和高级管理人员被中国证监会及其派出机构采取行政监管措施或者被采取行政处罚，或者正在接受立案调查，尚未有明确结论意见。

(四)最近两年及一期的财务会计报告被会计师事务所出具标准无保留意见的审计报告；按照第八条第二项规定进入创新层的申请挂牌公司，最近三个会计年度的财务会计报告被会计师事务所出具标准无保留意见的审计报告。

(五)全国股转公司规定的其他条件。

第十条　未进入创新层的挂牌公司进入基础层。

第二节　维持标准

第十一条　进入创新层的挂牌公司应当满足以下维持条件之一：

(一)最近两年连续盈利，且年平均净利润不少于 1200 万元(以扣除非经常性损益前后孰低者为计算依据)；最近两年加权平均净资产收益率平均不低于 6%(以扣除非经常性损益前后孰低者为计算依据)。

(二)最近两年营业收入连续增长，且年均复合增长率不低于 30%；最近两年营业收入平均不低于 4000 万元；股本不少于 2000 万股。

(三)最近有成交的 60 个做市转让日的平均市值不少于 3.6 亿元；最近一年年末股东权益不少于 5000 万元；做市商家数不少于 6 家。

第十二条　进入创新层的挂牌公司除满足第十一条规定的维持条件外，还应当满足以下条件：

(一)合格投资者不少于 50 人。

(二)最近 60 个可转让日实际成交天数占比不低于 50%。

(三)公司治理符合第七条第二项的要求，且最近 12 个月不存在以下情形：

1．挂牌公司或其控股股东、实际控制人，现任董事、监事和高级管理人员因信息披露违规、公司治理违规、交易违规等行为被全国股转公司采取出具警示函、责令改正、限制证券账户交易等自律监管措施合计 3 次以上的，或者被全国股转公司等自律监管机构采取了纪律处分措施。

2．挂牌公司或其控股股东、实际控制人，现任董事、监事和高级管理人员因信息披露违规、公司治理违规、交易违规等行为被中国证监会及其派出机构采取行政监管措施或者被采取行政处罚，或者正在接受立案调查，尚未有明确结论意见。

3．挂牌公司或其控股股东、实际控制人，现任董事、监事和高级管理人员受到刑事处罚，或者正在接受司法机关的立案侦查，尚未有明确结论意见。

(四)按照全国股转公司的要求，在会计年度结束之日起 4 个月内编制并披露年度报告；最近三个会计年度的财务会计报告被会计师事务所出具标准无保留意见的审计报告。

(五)全国股转公司规定的其他条件。

第三章　层级划分和调整

第十三条　全国股转公司根据分层标准及维持标准，于每年 5 月最后一个交易周的首个转让日调整挂牌公司所属层级(进入创新层不满 6 个月的挂牌公司不进行层级调整)。基础层的挂牌公司，符合创新层条件的，调整进入创新层；不符合创新层维持条件的挂牌公司，调整进入基础层。

全国股转公司可以根据分层管理的需要，适当提高或降低挂牌公司层级调整的频率。

第十四条　全国股转公司正式调整挂牌公司层级前，在全国股转系统官网公示进入基础层和创新层的挂牌公司名单。挂牌公司对分层结果有异议或者自愿放弃进入创新层的，应当在 3 个转让日内提出。全国股转公司可视异议核实情况调整分层结果。

层级调整期间，挂牌公司出现本办法第七条第三项或者第十五条规定情形的，不得调整进入创新层。

第十五条　创新层挂牌公司出现以下情形之一的，自该情形认定之日起 20 个转让日内直接调整至基础层：

(一)挂牌公司因更正年报数据导致财务指标不符合创新层标准的。

(二)挂牌公司被认定存在财务造假或者市场操纵等情形，导致挂牌公司不符合创新层标准的。

(三)挂牌公司不符合创新层公司治理要求且持续时间达到 3 个月以上的。

(四)全国股转公司认定的其他情形。

第四章　附则

第十六条　全国股转公司分别揭示创新层、基础层挂牌公司的证券转让行情和信息披露文件。

第十七条　本办法下列用语的含义：

(一)净利润：是指归属于挂牌公司股东的净利润，不包括少数股东损益。

(二)最近有成交的 60 个做市转让日：是指以 4 月 30 日为截止日，在最长不超过 120 个转让日的期限内，最近有成交的 60 个做市转让日。

(三)最近 12 个月：是指以 4 月 30 日为截止日，往前计算的最近 12 个月。

(四)最近 60 个可转让日：是指以 4 月 30 日为截止日，扣除暂停转让日后的最近 60 个转让日。

(五)股东权益：是指归属于挂牌公司股东的所有者权益，不包括少数股东权益。

(六)合格投资者：是指符合《全国中小企业股份转让系统投资者适当性管理细则

(试行)》第三条至第五条规定的投资者。

(七)申请挂牌同时发行股票：是指申请挂牌公司在依法取得全国股转公司同意挂牌函后至正式挂牌前，按照全国股转公司有关规定向合格投资者发行股票的行为。

(八)本办法第六条、第十一条和第十二条规定的股本、做市商家数、合格投资者，以截止到 4 月 30 日为准。

(九)不少于、不低于、以上均含本数。

第十八条　本办法由全国股转公司负责解释。

第十九条　本办法自发布之日起施行。